Renate Zimmer

Handbuch der Bewegungserziehung

Grundlagen für Ausbildung und pädagogische Praxis

Renate Zimmer

Handbuch der Bewegungserziehung

Grundlagen für Ausbildung und pädagogische Praxis

HERDER

FREIBURG · BASEL · WIEN

2. Ausgabe der überarbeiteten und erweiterten Neuausgabe
(15. Gesamtauflage)

Gedruckt auf umweltfreundlichem, chlorfrei gebleichtem Papier

Umschlaggestaltung und Konzeption:
R•M•E Roland Eschlbeck / Rosemarie Kreuzer
Fotos: Renate Zimmer
Zeichnungen: Kerstin Tieste

www.herder.de
Satz & Layout: Zumstein Design, Merzhausen;
www.zumstein-design.de
Druck und Bindung: fgb•freiburger graphische betriebe 2005
www.fgb.de
ISBN 3-451-28420-0

Inhalt

Vorwort

Der Stellenwert von Bewegung und Bewegungserziehung im pädagogischen Konzept von Tageseinrichtungen für Kinder hat sich in den letzten Jahren erheblich verändert. Zunehmend setzt sich die Ein sicht durch, dass in einer Welt ständig wachsender Bewegungseinschränkungen Erziehungsinstitutionen sich verstärkt einer entscheidenden Frage stellen müssen: Nehmen wir alle Chancen wahr, Kindern Raum und Gelegenheit für eine ganzheitliche Entwicklung, die auch Erfahrungen mit dem Körper und mit allen Sinnen umfasst, zu geben?
Der Kindergarten als erste Stufe des Bildungssystems trägt eine besondere Verantwortung, denn hier ist es am ehesten möglich, zivilisationsbedingten Bewegungsmangel auszugleichen und Kindern einen ihren Bedürfnissen entsprechenden Lebensraum zu schaffen. Bewegungserziehung wurde so in den vergangenen Jahren ein unter fachspezifischen Gesichtspunkten begründeter Erfahrungsbereich, der in Form regelmäßiger „Bewegungsstunden" in den meisten Kindergärten und Kindertageseinrichtungen berücksichtigt wurde.
Veränderte Auffassungen vom Prozess der kindlichen Entwicklung, aber auch veränderte pädagogische Leitvorstellungen führen in jüngster Zeit dazu, Bewegung einerseits als übergreifendes Medium der Entwicklungsförderung zu sehen und andererseits als wichtigen Bildungsbereich im Kindergarten zu betrachten. Es wird gefordert, Bewegung so in den Tagesablauf des Kindergartens zu integrieren, dass über die regelmäßigen Bewegungszeiten hinaus Lernen und Erfahren durch Bewegung und Wahrnehmung zu einem allgemeinen Prinzip pädagogischer Arbeit in Tageseinrichtungen für Kinder wird.
Ein solcher Wandel in der Sicht kindlicher Erziehung erfordert auch eine veränderte Ausbildung der Erzieherinnen. Sie müssen dafür qualifiziert werden, die umfassende Bedeutung, die Bewegung im Rahmen frühkindlicher Erziehungs- und Bildungsprozesse einnimmt, zu erkennen und entsprechende Rahmenbedingungen im Kindergartenalltag zu schaffen.
Mit dem vorliegenden Buch soll eine Basis für die Ausbildung der Erzieherinnen geschaffen werden. Hier wird ein Konzept von Bewegungserziehung vorgestellt und begründet, das sich am Kind, seinen Bedürfnissen und seiner Lebenssituation orientiert. Bewegung gilt dabei einerseits als Mittel der Welt- und Wirklichkeitserfahrung,

andererseits als unmittelbarer Ausdruck kindlicher Lebensfreude. Aufbauend auf diesen anthropologischen Vorannahmen werden die pädagogischen und entwicklungspsychologischen Grundlagen für eine kindgerechte Bewegungserziehung aufgearbeitet und die Bedeutung von Körper- und Bewegungserfahrungen für die Persönlichkeitsentwicklung dargestellt. Dabei werden neue Erkenntnisse der Hirnforschung einbezogen und Ergebnisse der Säuglingsforschung integriert. Einen wesentlichen Stellenwert nimmt die Diskussion der didaktisch-methodischen Grundlagen einer kindorientierten Bewegungserziehung ein; auch hier werden praktische Konsequenzen erläutert. An verschiedenen Beispielen wird aufgezeigt, wie offene und angeleitete Bewegungsangebote gestaltet werden können. Neben dem Kindergarten werden auch andere Einrichtungen zur Betreuung und Erziehung von Kindern – Krippe, Spielgruppe und Hort – angesprochen.
Meine eigenen Erlebnisse mit Kindern, meine Erfahrungen in zahlreichen Kindergruppen und Kindergärten im Rahmen von Projekten und Modellvorhaben verschiedener Bundesländer und ebenso die Rückmeldungen von Erzieherinnen bei Fortbildungsveranstaltungen haben mir gezeigt, dass die Aus- und Fortbildung der Erzieherinnen die Grundsteine für eine Erziehung legen, die Kindern ganzheitliche Erfahrungen – mit Körper und Geist, mit Gefühl und Fantasie – möglich macht und entsprechende Rahmenbedingungen hierfür schafft. Das vorliegende Buch wurde daher vor allem im Hinblick auf die Ausbildung pädagogischer Fachkräfte in Tageseinrichtungen für Kinder geschrieben. Aber auch die erfahrene Erzieherin wird das Buch als Nachschlagewerk nutzen können, wenn sie sich über allgemeine Fragen der kindlichen Entwicklung oder spezifischere Problembereiche, wie dem Zusammenhang von Sprache und Bewegung oder der Entstehung des Wetteiferverhaltens in verschiedenen Altersstufen informieren will.
Oft ist es auch nötig, die eigene Überzeugung durch „offizielle" Begründungen zu belegen, um das eigene Tun und Handeln nach außen (vor Eltern oder Trägervertretern) legitimieren zu können, wenn es z. B. darum geht, Kindern mehr Bewegungsmöglichkeiten im Kindergarten zur Verfügung zu stellen, neue Räume für Bewegung zu erschließen oder das selbstbestimmte Tun der Kinder mehr zu fördern.
Schließlich braucht jede Erzieherin in ihrem Berufsalltag Anregungen und Tipps, die die eigene Fantasie beleben und den Erfahrungsaustausch mit Kolleginnen und vielleicht auch mit Eltern und Lehrern anregen. Ich hoffe, dass dieses Buch Impulse für Gespräche im Team

für eine am Kind und seinen Bedürfnissen orientierte Gestaltung des Kindergartenalltags gibt und die hierfür erforderlichen theoretischen und praktischen Grundlagen auch für die Ausbildungseinrichtungen liefert.

Als „Handbuch" ist dieses Buch zwar auf den ersten Blick ein „Theoriebuch", die Praxis wird jedoch keineswegs vernachlässigt: Sie ist zum größten Teil in die Darstellung der theoretischen Grundlagen integriert. Praktische Beispiele und Anregungen sind da aufgenommen, wo sie in den thematischen Zusammenhang passen.
Dies ist kein Trick, um die mehr praxisorientierten Leserinnen dazu zu zwingen, sich auch durch die Theorie „durchzubeißen". Es sollte vielmehr eine stärkere Theorie-Praxisanbindung erreicht werden (eine gute Theorie hat immer auch praktische Konsequenzen, ebenso wie jede gute Praxis theoretisch begründet ist). Dieses Verfahren geht allerdings zu Lasten der Übersichtlichkeit in der Praxis, denn hier ist nun eine systematische Ordnung nach Praxisthemen, die einfach nachgeschlagen werden können, nicht mehr möglich. Zur besseren Orientierung wurden deswegen folgende Gliederungsmaßnahmen getroffen:

1. Immer wenn im Text nebenstehendes Symbol erscheint, ist dies ein Hinweis, dass nun Praxisbeispiele zum behandelten Thema folgen.

2. Dieses Symbol macht darauf aufmerksam, dass hier wichtige Hinweise, die bei der Gestaltung der Bewegungsangebote bedacht werden sollten, aufgeführt sind.

3. Dieses Symbol weist auf weiterführende Literatur hin.

Ich danke den vielen Erzieherinnen und sozialpädagogischen Fachkräften, mit denen ich bei Fortbildungsseminaren und -tagungen die hier angesprochenen Inhalte intensiv diskutieren und dadurch auch die Sicht der Betroffenen besser kennen lernen konnte.
Vor allem aber danke ich meinen beiden Kindern Elisa und Tobias, die mich in meinen Annahmen über die Bedeutung von Spiel und Bewegung immer wieder bestätigten, viele meiner pädagogischen Theorien aber auch einfach auf den Kopf stellten, indem sie mir die Unmittelbarkeit des kindlichen Erlebens und Handelns tagtäglich vorlebten und dabei auch meine Geduld vielfach auf die Probe stellten. Nach wie vor tragen sie dazu bei, meine Neugierde für alle Fragen, die die Entwicklung von Kindern betreffen, weiter wach zu halten.
Da die meisten der in Kindertagesstätten tätigen pädagogischen Fachkräfte Frauen sind, wird im Folgenden meistens von Erzieherinnen gesprochen. Das Buch wendet sich natürlich ebenso an die (wenigen) männlichen Erzieher.

Renate Zimmer

1. Einführung: Bildung in Bewegung – Bildung durch Bewegung

Das Thema „Bildung“ ist in Bewegung geraten. „Frühe Förderung“ ist zum Schlagwort heutiger Bildungspolitik avanciert. „Investieren in die Zukunft der Kinder“, „Bildung als Voraussetzung für ein selbstbestimmtes Leben“ , „Bildung von Anfang an“, so lauten die Aussagen, Appelle und Forderungen von Politikerinnen und Politikern, von Pädagoginnen und Pädagogen. Sie greifen dabei auf Erkenntnisse der Hirnforschung, der Entwicklungspsychologie und der Kognitionspsychologie zurück und betonen, wie wichtig gerade die ersten Lebensjahre für die menschliche Entwicklung sind. In keiner Lebensphase wenden sich Kinder mit so großer Begeiste-

rung und so viel Neugierde ihrer Umwelt zu wie in den ersten sechs Lebensjahren. Nirgendwann sonst lernen sie so viel Neues und sind so voller Fragen.
Dementsprechend wird auch den Institutionen, die sich neben der Familie um die Erziehung und Bildung von Kindern bemühen, verstärkt Aufmerksamkeit geschenkt. War es noch vor einigen Jahren vorwiegend das Thema „Betreuung", das bei der Versorgung mit Kindergartenplätzen die wichtigste Rolle spielte, so wird heute mehr nach der pädagogischen Qualität der elementarpädagogischen Einrichtungen gefragt.
Mit der Diskussion um Inhalte frühkindlicher Erziehung einher geht auch die Diskussion darum, was Bildung bedeutet und wie Bildung sich vollzieht.
Bildung galt schon zu Zeiten Wilhelm von Humboldts – einem Klassiker der Pädagogik – als Prozess, in dessen Verlauf alle Kräfte eines Menschen angeregt werden sollen, damit sich diese in der Aneignung der Welt optimal entfalten können. In der Tradition des Bildungsbegriffs Humboldts wird kindliche Bildung vorwiegend als „Selbstbildung" aufgefasst, die geprägt ist durch die aktive Aneignung der Welt, vorwiegend in Form des Spiels (Schäfer 2003).

Bildung als „Selbstbildung"

Bildung ist also kein Programm, das man auflegt, um Kinder in den drei bis vier Jahren ihres Aufenthalts in den Einrichtungen des Elementarbereichs fit für die Schule zu machen, sondern sie ist abhängig von der Eigenaktivität des Kindes, von der sozialen Interaktion mit seiner Umwelt und den Anregungen, die von dieser ausgehen.
Bildung ist mehr als Wissenserwerb, sie schließt auch emotionale, soziale, ästhetische Kompetenzen ein (v. Hentig 1996). Das Kind wird als „aktiv Lernender" (Fthenakis, 2003, 29) gesehen, die Aufgabe des Pädagogen liegt nach dieser Auffassung darin, für Lerngelegenheiten zu sorgen und Lernbedürfnisse des Kindes zu unterstützen.
Schäfer (2003, 33) betont in seinen Thesen zur frühkindlichen Bildung insbesondere die Bedeutung sinnlicher Erfahrungen:

Bedeutung sinnlicher Erfahrungen

„Frühkindliche Bildung ist zunächst ästhetische Bildung. Frühkindliche Bildung ist auf die eigenen Wahrnehmungen des Kindes angewiesen."
An anderer Stelle macht er deutlich:
„Dabei müssen kleine Kinder lernen, ihre Wahrnehmungsfähigkeit zu gebrauchen und zu differenzieren, sowie ihre eigenen Wahrnehmungen und Erfahrungen so zu ordnen, dass sie daraus etwas erkennen können."
(ebd., 38) Sinnliche Erfahrungen sieht er als Ausgangspunkt für forschendes Lernen.

Laewen und Andres (2002) heben ebenfalls den Aspekt der Eigenaktivität als besonders wichtigen Faktor des Bildungsprozesses hervor und beschreiben Bildung als die zentrale Aktivität des Kindes über die es sich die Welt aneignet. Über seine Sinneserfahrungen und sein Handeln macht es sich ein Bild von der Welt und entwickelt innere Strukturen, auf denen alles spätere Denken und Fühlen aufbauen wird. Auch aus den Erkenntnissen der Säuglingsforschung lässt sich ablesen, zu welch erstaunlichen Leistungen Kinder bereits in den ersten Lebenswochen und -monaten fähig sind. Die Vertreter der Säuglingsforschung betonen dabei immer wieder die Bedeutung der Sinnesentwicklung als Anfang aller Erkenntnisse. Es sind die Sinne, durch die der Mensch seine Außenwelt wahrnimmt, mit ihr kommuniziert, auf sie einwirkt. Dornes (1996) spricht vom „kompetenten Säugling" und zeigt an vielen Beispielen auf, dass der Säugling bereits in den ersten sechs Monaten sowohl in seiner Wahrnehmungsorganisation als auch in seinem Interaktionsverhalten aktiv und differenziert ist. Ausdrücklich verweist er dabei auf die den Bewegungshandlungen innewohnenden Rückmeldemöglichkeiten für die Einschätzung der eigenen Person (das Kind erhält über die Sinne ein sensorisches Feedback). Das „Selbst" wird als Urheber von Handlungen erlebt.

Nach Fthenakis steht in den neuen Curricula nicht mehr die Vermittlung von Kenntnissen im Vordergrund, sondern von Lernkompetenzen (2003, 28):

„Es geht darum zu lernen, wie man lernt und sein eigenes Wissen organisiert, um Problemsituationen zu lösen, und zwar auf eine sozialverantwortliche Weise." Einen zweiten Schwerpunkt sieht Fthenakis in der frühzeitigen Stärkung individueller Kompetenzen. Darunter ist zu verstehen die Stärkung des Selbstkonzeptes und des Selbstwertgefühls, die Ent-wicklung von Selbstvertauen und Selbstwirksamkeit.

Personale Kompetenzen

Das in diesem Buch vorgelegte Konzept einer Bewegungserziehung stellt diese personalen Kompetenzen in den Vordergrund. Über den Körper und über die Bewegung setzen Kinder sich mit ihrer Umwelt auseinander, sie lernen, sich einzuschätzen und gewinnen Vertrauen in die eigenen Fähigkeiten. Sie machen Erfahrungen der eigenen Selbstwirksamkeit und gewinnen damit die Voraussetzungen für den Aufbau eines positiven Selbstkonzeptes (vgl. Kap. 2.1, außerdem Zimmer 2003b, 2004a).

Ausdrücklich weist auch Wehrmann (2003, 301) auf den engen Zusammenhang zwischen verschiedenen Kompetenzbereichen und ihrer Herausbildung durch Bewegungserfahrungen hin:

„Sowohl Basiskompetenzen als auch kognitive und sprachliche Kompetenzen entwickeln Kinder im Vorschulalter zum größten Teil durch Bewegung und auf der Grundlage von Bewegung. Durch Bewegungshandeln lernen Kinder, sich selbst, ihre Umwelt und ihre Bezugspersonen kennen. Durch Bewegung lernen sie, etwas zu bewirken und erhalten Rückmeldungen über das, was sie können, über Erfolg und Misserfolg. Im Handeln und Bewegen lernen sie, zu lernen.“

Bildung ist also immer an die Eigenaktivität des Kindes gebunden. Das Kind ist Konstrukteur seiner Welt und seiner Selbst. Dabei ist es aber auch auf Anregung und Begleitung angewiesen. Bildung bedarf der sozialen Beziehungen, der Auseinandersetzung mit anderen, der Anregung durch den Erwachsenen. Es ist Aufgabe des Erwachsenen, eine Umgebung zur Verfügung zu stellen, in der sich die Stärken der Kinder entwickeln können, in der ihre Kräfte angeregt werden. Die Aneignung selbst aber muss vom Kind her kommen. Sein eigenes Tun, seine Aktivität, seine sinnliche Auseinandersetzung mit der Umwelt bilden die Voraussetzung, auf der diese Anregung aufbaut. Auch wenn die Umsetzung dieser Forderungen in der Elementarerziehung nur schwerfällig vonstatten geht und z. T. sogar Rückschritte durch die Gefahr einer zunehmenden Verkopfung des Lernens, einer Verengung des Bildungsbegriffs auf kognitive Förderung und intellektuelle Leistungen zu verzeichnen sind, so ergeben sich für die frühkindliche Erziehung doch wesentliche Chancen für eine Aufwertung elementarer Lern- und Erfahrungsbereiche:

Lernen über Wahrnehmung und Bewegung

Lernen in den ersten Lebensjahren ist in erster Linie Lernen über Wahrnehmung und Bewegung, über konkretes Handeln und über den Einsatz aller Sinne. Wenn Kinder mit allen Sinnen ihre Umwelt wahrnehmen, können sie sie auch differenzieren, strukturieren und für sich selbst rekonstruieren. Daraus ergeben sich Erkenntnisprozesse, die das Kind wiederum befähigen, selbst gestaltend auf die Umwelt einzuwirken und sie zu verändern.

2. Kindheit heute: Bewegte Kindheit

Kinder nehmen ihre Umwelt als Bewegungswelt wahr, und nicht immer stoßen sie dabei bei den Erwachsenen auf Verständnis. Kindheit ist eine bewegte Zeit, in keiner anderen Lebensstufe spielt Bewegung so eine große Rolle wie in der Kindheit. Vor allem die ersten sechs Lebensjahre können als Zeit eines ungeheuren Betätigungs- und Bewegungsdrangs, unaufhörlicher Entdeckungen und ständigen Erprobens und Experimentierens bezeichnet werden. Das Kind entdeckt sich und die Welt durch Bewegung, es eignet sich seine Umwelt über seinen Körper und seine Sinne an.

Schritt für Schritt ergreift es von ihr Besitz. Dabei enthält jeder Tag aufs Neue Herausforderungen, Aufgaben, entdeckenswerte Dinge: Treppen hochsteigen, Mauern erklettern, einen Zaun überwinden, Pfützen überspringen, rennen, toben, spielen. Das Kind entdeckt die Welt über sein eigenes Tun. Es braucht allerdings auch ausreichend Gelegenheiten, diesen elementaren Bedürfnissen nachkommen zu können. Es braucht sie in seiner alltäglichen Lebenswelt genauso wie bei jeder Form institutioneller Erziehung und Bildung.

Die Welt durch eigenes Tun entdecken

Die Lebensbedingungen in unserer hochtechnisierten, motorisierten Gesellschaft engen den kindlichen Bewegungsraum jedoch zunehmend ein. Ständig steigender Medienkonsum und eine Verarmung der unmittelbaren kindlichen Erfahrungswelt tragen dazu bei, dass das Kind in seinem Bedürfnis nach Eigentätigkeit und Selber-Ursache-Sein immer mehr eingeschränkt wird.

Verarmung der kindlichen Erfahrungswelt

Vor dem Hintergrund dieser Entwicklung erhalten anthropologische Einsichten über die Bedeutung von Bewegung und Spiel als elementare kindliche Betätigungsformen ein besonderes Gewicht (Grupe 1992).

Die Frage nach der Bedeutung von Spiel und Bewegung ist nur dann zu beantworten, wenn man ein Ziel von Entwicklung vor Augen hat. Abhängig sind solche normativen Vorgaben in erster Linie vom Menschenbild, vom Bild des Kindes, das implizit immer vorhanden ist, wenn man sich Gedanken über Erziehung, Entwicklung und ihre Förderung macht. Es ist ein großer Unterschied, ob man ein Kind als noch unselbstständiges, hilfsbedürftiges Wesen betrachtet, dessen Entwicklung man steuern, lenken und beeinflussen muss, oder ob man Kinder als neugierige, aktive, selbsttätige Menschen begreift, die durch eigene Erfahrung und unbeirrbares Tätigsein Schwierigkeiten meistern und Unabhängigkeit und Selbstständigkeit entwickeln.

Bild des Kindes

Dieser Aspekt, der auch in den derzeit aktuellen Bildungskonzepten eine wichtige Rolle spielt, soll im folgenden Abschnitt aufgearbeitet werden, um anschließend die Merkmale einer sich verändernden

Kindheit, die die Aneignung der Wirklichkeit durch Spiel und Bewegung begrenzen, aufzuzeigen und Konsequenzen für die Erziehung von Kindern abzuleiten.

2.1 Spiel und Bewegung – elementare Betätigungs- und Ausdrucksformen des Kindes

Spiel und Bewegung stellen grundlegende kindliche Betätigungsformen, zugleich aber auch elementare Medien ihrer Erfahrungsgewinnung und ihrer Ausdrucksmöglichkeiten dar.

Mensch = Erfahrungswesen

Bewegung ist ein Grundphänomen menschlichen Lebens, der Mensch ist von seinem Wesen her darauf angewiesen. Die Bewegungsentwicklung beginnt bereits im Mutterleib, und erst mit dem Tod hört jede Bewegung auf. Der Begriff umfasst so unterschiedliche Dinge wie laufen, essen, Klavier spielen, malen und Fußball spielen, sogar Gefühle kann man als „innere Bewegung" verstehen. Bewegung bedeutet also zunächst einmal keineswegs nur sportliche Betätigung und ist auch nicht vornehmlich auf die Fortbewegung bezogen. Sogar bei absolutem Stillstand unseres Körpers sind wir doch in Bewegung: das Herz klopft, das Blut kreist in unserem Körper, die Lungen atmen usw. Im Laufe der menschlichen Entwicklung verändert sich nicht nur der Stellenwert, den vor allem großräumigere, ganzkörperliche Tätigkeiten einnehmen; ältere Menschen können lange Zeit entspannt in einem Sessel sitzen und das „Nichtstun" genießen, während für Kinder das „Stillsitzen" meist eine große Strafe und Belastung darstellt.

Bewegung hat in Abhängigkeit von den Lebensbedingungen, der jeweiligen Situation und dem Lebensalter auch unterschiedliche Bedeutungen. Von der Alltagswirklichkeit des Menschen ausgehend, unterscheidet Grupe (1982, 84) vier unterschiedliche Bedeutungsdimensionen:

Werkzeugcharakter der Bewegung

1. Die instrumentelle Bedeutung, indem ich mit meiner Bewegung etwas erreichen, herstellen, ausdrücken, darstellen und durchsetzen, aber auch erfahren, erproben und verändern kann. Bewegung wird im Alltag, im Sport, im Arbeitsleben, im sozialen Umgang mit anderen funktional und instrumentell benutzt, als eine Art „Werkzeug", um etwas zu erreichen, durchzusetzen, herzustellen: Rad fahren, zur Straßenbahn laufen, tanzen, Klavier spielen, dies alles schließt meist sehr unauffällig Bewegung ein. Erst bei Ermüdung oder Erschöpfung spüre ich meinen Körper.

Erfahrungssuche durch Bewegung

2. Die wahrnehmend-erfahrende Bedeutung, indem ich durch meine Bewegung etwas über meine Körperlichkeit, über die materiale Beschaffenheit der Dinge und über die Personen meiner Umgebung erfahre. Dies kann sowohl im Sinne der instrumentellen Bedeutung geschehen, indem Bewegung gezielt auf Erfahrungssuche und Erfahrungsgewinn ausgerichtet ist, als auch eher beiläufig und zufällig erfolgen.

Kommunikation

3. Die soziale Bedeutung, indem ich durch Bewegung Beziehungen zu anderen Menschen aufnehme (kommuniziere), oder indem ich etwas über Bewegung zum Ausdruck bringe. Jemandem zuwinken, sich umarmen, Begrüßungsküsse gehören zu den Bewegungen, die einen Mitteilungscharakter annehmen und oft zu Ritualen werden. Ihre sozialen Bedeutungen muss man erst lernen, und ebenso sind Regeln in einem Spiel auf soziale Übereinkünfte angewiesen, damit alle Mitspieler sie in der gleichen Weise verstehen und anwenden.

Selbsterfahrung

4. Die personale Bedeutung, indem ich in meiner Bewegung und durch sie mich selbst erlebe und erfahre, mich aber auch verändern und verwirklichen kann.

In den jeweiligen Entwicklungsstufen und Lebensabschnitten des Menschen können diese Bedeutungsdimensionen der Bewegung durchaus ein unterschiedliches Gewicht einnehmen. Im Kleinkindalter herrscht z.B. die explorativ-erfahrende Bedeutung vor. Eine weitere Analyse und Zusammenfassung der vielfältigen Funktionen, die Bewegung vor allem für die Entwicklung von Kindern haben kann, führt zu folgender Differenzierung (vgl. auch Zimmer 2001a):

Funktionen der Bewegung für die Entwicklung von Kindern:

personale Funktion:	Den eigenen Körper und damit sich selber kennen lernen; sich mit den körperlichen Fähigkeiten auseinander - setzen und ein Bild von sich selber entwickeln.
soziale Funktion:	Mit anderen gemeinsam etwas tun, mit und gegeneinander spielen, sich mit anderen absprechen, nachgeben und sich durchsetzen.
produktive Funktion:	Selber etwas schaffen, herstellen, mit dem eigenen Körper etwas hervorbringen (z. B. eine Bewegungsfertigkeit wie auf Händen stehen oder einen Ball auf ein Ziel werfen).
expressive Funktion:	Gefühle und Empfindungen in Bewegung ausdrücken, körperlich ausleben und ggf. verarbeiten.
impressive Funktion:	Gefühle wie Lust, Freude, Erschöpfung und Energie empfinden, durch Bewegung spüren.
explorative Funktion:	Die dingliche und räumliche Umwelt kennen lernen und sich erschließen, sich mit Objekten und Geräten auseinander setzen und ihre Eigenschaften erkunden, sich den Umweltanforderungen anpassen bzw. sich eine Situation passend machen.
komparative Funktion:	Sich mit anderen vergleichen, sich miteinander messen, wetteifern und dabei sowohl Siege verarbeiten als auch Niederlagen ertragen lernen.
adaptive Funktion:	Belastungen ertragen, die körperlichen Grenzen kennen lernen und die Leistungsfähigkeit steigern, sich selbstgesetzten und von außen gestellten Anforderungen anpassen.

Bei dieser Auflistung von Funktionen, die Bewegung im Rahmen kindlicher Entwicklung einnehmen kann, muss beachtet werden, dass es sich hierbei um unterschiedliche Sichtweisen ein und derselben Sache handelt, die allein aus analytischen Gründen getrennt worden sind. Zum Teil ergänzen sich die Aspekte, sie können sich überlagern, und oft sind mit einer Tätigkeit auch mehrere Funktionen zugleich verbunden.

Bewegungserziehung bei Kindern kann – entsprechend ihren pädagogischen Zielvorstellungen – unterschiedliche der o.g. Aspekte in den Vordergrund stellen. Dies hat Konsequenzen sowohl hinsichtlich der methodischen Vorgehensweise als auch im Hinblick auf die Auswahl der Inhalte: Bei stärkerer Betonung der explorativ-erkundenden Funktion werden vor allem offene Bewegungsangebote, bei denen Kinder selbst Materialien ausprobieren und ihre Verwendungsmöglichkeiten herausfinden können, bevorzugt. Die komparative Funktion wird dagegen eher bei Spielen, die Wettbewerbscharakter haben, angesprochen.

In welcher Weise die Bewegungserfahrungen mit kognitiven und sozialen Entwicklungsprozessen, mit der Entwicklung des Selbst und der psycho-physischen Gesundheit des Kindes zusammenhängen und diese sogar beeinflussen, wird in Kapitel 3 näher behandelt.

▶ *Spiel und Bewegung ermöglichen Eigentätigkeit und aktives Handeln*

Primäre Erfahrungen

Bei den Erfahrungen, die Kinder in Spiel und Bewegung machen, handelt es sich um primäre Erfahrungen. Sie werden unmittelbar und direkt durch das eigene Tun, die eigene Aktivität, den Einsatz des Körpers und der Sinne, durch das Erproben und Experimentieren gewonnen. Hier können Kinder das verwirklichen, was man als Selbsttätigkeit und Eigenaktivität bezeichnet und was als die intensivste Form der Aneignung von Erfahrungen gelten kann (Rolff/Zimmermann 2001).

Kind als Subjekt seiner Entwicklung

Selbsttätigkeit ist eine wesentliche Voraussetzung für die kindliche Entwicklung. Das Kind ist angewiesen auf die Aneignung der Umwelt über die aktive Tätigkeit. Über diese Selbsttätigkeit und über die Produkte seiner Tätigkeit kann es sich mit sich selbst identifizieren. In einem Konzept „aktiver Erziehung" wird das Kind nicht als Objekt der pädagogischen Bemühungen, sondern als „Subjekt seiner Entwicklung" (Kautter 1998) gesehen; das Kind muss Gelegenheiten haben, sich selbstständig mit seiner Umwelt auseinander zu

setzen und in möglichst vielen Situationen selbstbestimmt zu handeln. Hierzu braucht es vor allem eine Umgebung, die ihm die Entwicklung von Eigenaktivität möglich macht.
Ein solcher bewegungspädagogischer Ansatz ist den Grundgedanken Piagets und Montessoris verpflichtet, die das spontane, selbstbestimmte Handeln des Kindes als grundlegendes Element seiner Entwicklung ansehen. Bewegung und Spiel ermöglichen die Erfahrungen, selbst tätig werden zu können. Die Pädagogin hat hier vor allem die Aufgabe, eine entwicklungsfördernde Umgebung zu schaffen, die Rahmenbedingungen der Erziehung so zu gestalten, dass das Kind seine Kräfte und Fähigkeiten ausbilden kann. Eine solche „vorbereitete Umgebung" (Montessori 2002) wird dann besonders wichtig, wenn die natürliche Umwelt des Kindes nicht genügend Möglichkeiten für spontanes, selbstbestimmtes Handeln enthält.

2.2 Veränderte Kindheit – verändertes Spielen

Noch nie hatten Kinder so viele Sachen zum Spielen, noch nie gab es so viele Einrichtungen, die sich um ihre Freizeit, ihre musischen und sportlichen Aktivitäten kümmern wie heute.
Noch nie waren Kinder allerdings gleichzeitig so arm an Möglichkeiten, sich ihrer Umwelt über die Sinne, ihren Körper, selbstständig zu bemächtigen.
Veränderungen der sozialen und ökologischen Umwelt haben dazu geführt, dass Kindern der aktive Umgang mit ihrer Lebenswelt immer mehr verwehrt wird. Enge Wohnungen, fehlende öffentliche Spielflächen und die Zunahme des Straßenverkehrs behindern sie in ihrer körperlichen und motorischen Entwicklung.

Charakteristisch für die heutige Kindheit ist:

Merkmale heutiger Kindheit

1. der Rückzug der Straßenspielkultur und die zunehmende Verhäuslichung des Kinderspiels (vgl. Zinnecker 2001);

2. der Verlust natürlicher Spiel- und Bewegungsgelegenheiten und der Ersatz durch künstlich geschaffene Plätze zum Spielen, die von Kindern oft nicht selbstständig erreicht werden können und wo zudem das Spielen ohne Aufsicht durch Erwachsene kaum möglich ist;

3. die Ausgliederung der Bewegungsspiele aus dem Kinderalltag in den institutionalisierten, organisierten Sport;
4. die Verinselung kindlicher Lebensräume, indem Kinder von einem

Freizeitangebot zum anderen, zu entfernten Freunden, zu Schwimmbädern und Musikschulen chauffiert werden. Zwischen diesen Inseln besteht kein Zusammenhang, Kinder erleben ihren Alltag nicht als selbstbestimmbaren Freiraum und als zusammenhängende Zeiteinheit, sondern als zerstückeltes Termingeschäft, das sich in z.T. völlig verschiedenen Welten abspielt (vgl. Zeiher 1999);

5. die Entdeckung der Kinder als Zielgruppe für die Konsumgüterindustrie, die selbst vor der Pädagogisierung des Spielzeugs nicht halt macht;

6. die Monofunktionalität des Spielmaterials, das meist nur für bestimmte Zwecke vorgesehen ist und den Kindern nur wenig Raum lässt für Veränderungen;

7. die Zunahme des Medienkonsums und die damit einhergehende Verdrängung vieler für die Entwicklung des Kindes wichtiger Aktivitäten.

So eignen sich Kinder die Welt heute vorwiegend aus zweiter Hand an, anstatt sie durch eigenes Handeln, durch Ausprobieren und Experimentieren zu entdecken.

„Mediatisierung" der Erfahrungen

Der für Pädagogen wesentlichste Wandel der Kindheitsbedingungen betrifft den Verlust an Eigenständigkeit und die „Mediatisierung" von Erfahrungen (Rolff/Zimmermann 2001). Während Technik und Motorisierung Kinder auf der einen Seite an der unmittelbaren Erschließung ihrer Lebens- und Erfahrungsräume hindern, sind sie heute auf der anderen Seite einer unüberschaubaren Vielzahl von elektronischen Medien ausgesetzt, deren Einfluss sie sich kaum entziehen können. Computer und Videospiele erfordern ein minimales Ausmaß an Körperbewegung, zugleich aber auch ein maximales Ausmaß an Konzentration und Aufmerksamkeit. In geistiger und körperlicher Starre sitzen Kinder oft wie gelähmt vor dem Bildschirm. Ihre Sinnestätigkeit wird auf die auditive und visuelle Wahrnehmung beschränkt.

Das, was sie sehen und hören, können sie nicht (wie es für ihre Erkenntnisgewinnung wichtig wäre) fühlen, betasten, schmecken, riechen, mit ihren Händen und mit ihrem Körper erfassen.

Der Verlust an unmittelbaren körperlich-sinnlichen Erfahrungen, der Mangel an Möglichkeiten, sich über den Körper aktiv die Umwelt anzueignen, trägt zur Beeinträchtigung kindlicher Entwicklung bei. Neben vielen familiären Unsicherheiten liegt der Grund psychosozialer und physischer Belastungen vor allem in der Art und Weise, wie sich die Welt Kindern präsentiert. Die Folgen sind unverkennbar:

Aufgrund der mangelnden Verarbeitungsmöglichkeiten der auf die Kinder einströmenden Reize und mit der Einschränkung ihrer Handlungs- und Bewegungsmöglichkeiten, kommt es in zunehmendem Ausmaß zu Störungen in der Wahrnehmungsverarbeitung und zu Verhaltensauffälligkeiten, Krankheiten mit psychosomatischen Ursachen nehmen zu: Allergien, Kopfschmerzen, Nervosität, körperliche Auffälligkeiten. Vor allem Kinder bezahlen den Preis fortschreitender Technisierung und Motorisierung. Viele Entwicklungs- und Verhaltensauffälligkeiten der Kinder sind als Symptome für Stress zu verstehen (Hurrelmann 1991). Sie sind Anzeichen dafür, dass der Lebensalltag vielen Kindern zu wenig Raum lässt für die Erfüllung ihrer körperlich-sinnlichen Bedürfnisse.

Verlust an körperlich-sinnlichen Erfahrungen

2.3 Konsequenzen für die Erziehung von Kindern

Die veränderten Kindheitsbedingungen stellen an alle Institutionen, die sich der Betreuung und Erziehung von Kindern widmen, hohe Anforderungen. Sie erfordern Reaktionen vor allem hinsichtlich der tief greifenden Veränderungen, auf die Kinder bei der Aneignung ihrer Lebenswirklichkeit stoßen. Mehr als bisher muss hier Raum, Zeit und Gelegenheit gegeben werden, damit Kinder sich auf die ihren Entwicklungsvoraussetzungen entsprechende Weise mit den Umweltgegebenheiten auseinander setzen und Erfahrungen mit sich selbst, mit ihrer dinglichen und sozialen Umwelt machen können.

▶ *Kinder brauchen Spielraum*

Für eine gesunde, harmonische Entwicklung brauchen Kinder Spielraum in zweierlei Hinsicht: Sie benötigen Orte zum Spielen, die in ihrer architektonischen Gestaltung und materialen Ausstattung auf die kindlichen Bedürfnisse abgestimmt sind und ihnen die Möglichkeit des Entdeckens, Ausprobierens, Erkundens und „Selbertuns“ eröffnen. Kinder benötigen aber auch Spielraum für eigene Entscheidungen, individuelle Sinngebungen und selbstständiges Handeln. Mit „Spielraum“ sind also nicht nur die räumlichen Gegebenheiten und die materiale Umwelt gemeint, auch personale Voraussetzungen sind hier von Bedeutung: Inwieweit den Kindern Handlungsspielraum zugestanden wird, inwieweit sie sich für Aktivitäten selbst entscheiden und deren Sinn selbst bestimmen können. Was Kindern heute fehlt, ist weniger die organisierte Spielgelegenheit,

Raum für selbstständiges Handeln

es ist vielmehr der Raum, der eigenverantwortliches Handeln möglich macht. Sie benötigen Freiraum für eigene Entdeckungen und Erkundungen. Nischen und Ecken, die sie auch einmal vor dem Zugriff durch die Erwachsenen bewahren, die sie selber gestalten und ihren Vorstellungen entsprechend definieren können. Vor allem brauchen Kinder die unmittelbare Beteiligung ihres Körpers und ihrer Sinne bei der Erfahrungsgewinnung. Verloren gegangene natürliche Bewegungsgelegenheiten sollten so weit wie möglich zurückerobert oder aber durch kindgerechte Bewegungsräume ersetzt werden.
Insgesamt sollten folgende Gesichtspunkte – unter besonderer Berücksichtigung der Chancen, die sich durch die verstärkte Beachtung von Spiel und Bewegung im Rahmen frühkindlicher Erziehung ergeben – bedacht werden:

1. Alle Einrichtungen, die sich der Erziehung und Bildung von Kindern widmen, müssen auf die Bedürfnisse der Kinder nach sinnlicher Wahrnehmung und nach Bewegung einstellen. Dies betrifft die Raumgestaltung der Einrichtungen und die selbstgewählten Aktivitäten der Kinder ebenso wie die von den Pädagoginnen geplanten und begleiteten Angebote.

2. Im gesamten Tagesablauf sollte Kindern einerseits Freiraum für selbstgewählte, situative Bewegungsaktivitäten gegeben werden, andererseits sollten aber auch durch pädagogisch begleitete Bewegungserziehung die Erfahrungs- und Handlungsmöglichkeiten der Kinder erweitert werden.

3. Kinder sollten viele Gelegenheiten habe, sich ihre Lebensumwelt selbsttätig anzueignen. Voraussetzung hierfür sind u.a. veränderbare Spielräume, die noch selbst gestaltet bzw. verändert werden können (z.B. Außenspielgelände der Einrichtungen) und Materialien, die eine eigene Sinngebung im Spiel möglich machen.

4. Der Tendenz der zunehmenden Verhäuslichung des Spielens sollte entgegengewirkt werden, indem Einrichtungen für Kinder verstärkt Aktivitäten nach draußen verlagern.

5. Als Gegenpol zu der Reizüberflutung der körperfernen Sinne sollten Kinder vor allem elementare Erfahrungen mit ihren „körpernahen" Sinnen (tasten, fühlen, sich bewegen) machen können.

6. Primäre Erfahrungen (durch unmittelbares Tun und Handeln) sollten der durch Technik und Medien vermittelten sekundären Erfahrungswelt vorgezogen werden. Gleichzeitig sollten Kinder jedoch auch Möglichkeiten haben, die „aus zweiter Hand" gewonnenen Erfahrungen zu verarbeiten.

3. Zur Bedeutung von Körper- und Bewegungserfahrungen für die kindliche Entwicklung

Die Erfahrungen, die Kinder in Bewegung und im Spielen machen können, gehen weit über den körperlich-motorischen Bereich hinaus. Das Kind setzt sich über Bewegung mit seiner materialen und sozialen Umwelt auseinander, gewinnt Erkenntnisse über deren Regeln und Gesetzmäßigkeiten; über seinen Körper macht es auch wichtige Erfahrungen über seine eigene Person, die die Grundlage seiner Persönlichkeitsentwicklung darstellen. Im folgenden Kapitel soll beschrieben werden,

- welche Rolle Körper- und Bewegungserfahrungen beim Aufbau von *Selbstbewusstsein und Selbstvertrauen* haben,
- wie sie mit der *sozialen Entwicklung* in Zusammenhang stehen,
- welche Bedeutung sie für die *geistige Entwicklung* der Kinder haben und
- wie sie sich auf die *psycho-physische Gesundheit* von Kindern auswirken.

Ganzheitlichkeit des Handelns und Erlebens

Die Differenzierung in einzelne Bereiche bedeutet jedoch nicht, dass diese auch in der Person des Kindes getrennt voneinander gesehen werden können. Der Mensch ist nur als Ganzheit vorstellbar; Denken und Fühlen, Handeln, Wahrnehmen und Sichbewegen sind untrennbar miteinander verbunden und beeinflussen sich gegenseitig. Bei Kindern ist diese Ganzheitlichkeit im Handeln und Erleben besonders stark ausgeprägt. Sie nehmen Sinneseindrücke mit dem ganzen Körper wahr, drücken ihre Gefühle in Bewegung aus, sie reagieren auf äußere Spannungen mit körperlichem Unwohlsein, und ebenso können freudige Bewegungserlebnisse zu einer körperlich wie psychisch empfundenen Gelöstheit und Entspannung führen. Die im Folgenden vorgenommene Trennung in einzelne Bereiche dient der Übersicht über die vielschichtigen Zusammenhänge und Wechselwirkungen der kindlichen Entwicklung.

3.1 Entwicklung des Selbst

Über die Erfahrungen, die das Kind mit seinem Körper macht, entwickelt es ein Bild von den eigenen Fähigkeiten, es erhält eine Vorstellung von seinem „Selbst“ (Filipp 1995, Zimmer 2004b). Es macht die Erfahrung von Können und Nicht-Können, von Erfolg und Misserfolg, von Leistung und Grenzen, von Selbstständigwerden und den hierfür erforderlichen Mitteln.
Kinder erleben durch ihre körperlichen Aktivitäten, dass sie selbst

imstande sind, etwas zu leisten, ein Werk zu vollbringen (z. B. einen Turm zu errichten, der so hoch wie ein Tisch ist, oder aus Schaumstoffteilen eine Bude zu bauen, die mehreren Mitspielern Unterschlupf bietet). Dieses alles sind Werke, die sie selber schaffen – ohne Hilfe der Erwachsenen – und die sie manchmal auch genauso schnell wieder zerstören, weil sie wissen, dass sie sie ja mit eigener Kraft wieder aufbauen können.
„Selber machen" ist der erste Ausdruck des Kindes im Hinblick auf sein Selbstständigkeitsstreben. Bei kleinen Kindern äußert sich das Bemühen um Selbstständigkeit am deutlichsten in körperlich-motorischen Handlungen. Sich alleine anziehen, ohne fremde Hilfe laufen, auf eine Mauer klettern und wieder hinunterspringen – dies sind körperliche Errungenschaften, die dem Kind (und auch seinen Eltern und Bezugspersonen) schrittweise die zunehmende Unabhängigkeit beweisen.

Der Aufbau des „Selbst" ist beim Kind wesentlich geprägt von den Körpererfahrungen, die es in den ersten Lebensjahren macht. Sie können damit auch als Grundlage der kindlichen Identitätsentwicklung angesehen werden.
Neubauer (1976) betrachtet Körpermerkmale und körperliche Fähigkeiten als „Ankervariablen" für die Entwicklung des Selbstkonzeptes. Unter Selbstkonzept wird dabei das Bild, das ein Kind sich von seiner Person macht, verstanden.

▶ *Bedeutung des Selbstkonzeptes*

Selbstkonzept = das Bild, das sich ein Kind von seiner Person macht

Ob sich ein Kind für „stark" oder „schwach" hält, welche Eigenschaften es sich zuschreibt, wie es sich einschätzt und welche Erwartungen es an sich stellt – dies alles hängt ab von dem Bild, das ein Kind von sich selbst hat. Es resultiert aus den Erfahrungen, die das Kind in der Vergangenheit im Hinblick auf seine Leistungen, Fähigkeiten und Verhaltensweisen machen konnte. So entwickelt jeder Mensch im Laufe seiner Biographie ein System von Annahmen über seine Person, er gibt sich quasi eine Antwort auf die Frage „Wer bin ich?"
Um zu einer solchen „Theorie" über sich selbst zu kommen, stehen ihm unterschiedliche Informationsquellen zur Verfügung:

- Beobachtungen des eigenen Verhaltens;
- Informationen über die sensorischen Systeme;

- Folgerungen aus der Wirkung des eigenen Verhaltens und dem Vergleichen und Sich-Messen mit anderen;
- Zuordnung von Eigenschaften durch andere.

Da vor allem die drei letztgenannten Aspekte wesentlichen Aufschluss über die Merkmale der eigenen Person geben und die Beziehung, die ein Kind zu sich selbst gewinnt, beeinflussen, sollen sie im Folgenden näher erläutert werden (vgl. hierzu auch Zimmer 2004b).

▶ *1. Körpererfahrungen sind Selbsterfahrungen*

Die ersten Erfahrungen über die eigene Existenz macht das Kind über seine sensorischen Systeme und seinen Körper.

Körper-Selbst

Der Körper gilt als eines der elementarsten und wichtigsten Experimentiergebiete des Menschen zum Aufbau des „Selbst“: *„Die ersten entscheidenden Eindrücke zur Differenzierung zwischen dem eigenen Körper als Gegenstand und den übrigen Gegenständen setzen schon sehr früh ein. Von besonderer Bedeutung ist dabei die beginnende Unterscheidung zwischen dem eigenen Körper und den übrigen Gegenständen, die Körperempfindungen hervorrufen (z.B. Schmerz, Kälte, Wärme)“.* (Neubauer 1976, 72)

Die Erfahrung, die das Kind in den ersten Lebenswochen über seine sensorischen Systeme macht, führen zur ersten Stufe in der Entwicklung des Selbst, dem „Körper-Selbst“. Auch von seinem Körper-Selbst macht sich das Kind ein Bild, eine Vorstellung, die Körperbau, Stimme, aber auch Körpergrenze und Lage im Raum erfasst. Dieses „Körperkonzept“wird als unmittelbar zur eigenen Person gehörend empfunden: „Es ist mein eigenes.“

Das Körper-Selbst bildet die Basis für das Bewusstsein der eigenen Person, durch die Wahrnehmung des Körpers ist dem Säugling und dem Kleinkind die Unterscheidung von Ich und Umwelt möglich.

Körper = Bindeglied zwischen dem „Selbst“ und der Umwelt

Der Körper ist das Bindeglied zwischen dem Selbst und der Umwelt, es vermittelt zwischen „innen“ und „außen“. Das Kind wird zum Objekt der eigenen Wahrnehmung – zu beobachten ist dies z. B. beim Spiel des Kleinkindes, wenn es taktil den eigenen Körper untersucht oder bei der Beobachtung der eigenen Gestalt im Spiegel.

Körpergestalt und Aussehen sind wichtige Merkmale für die Verankerung der kindlichen Identität. Gerade für Kinder im Vor- und Grundschulalter erhalten Körpergröße und -stärke eine zentrale Bedeutung für das Selbstverständnis. Häufig folgt die soziale Rangordnung in der Gruppe der Gleichaltrigen diesen Merkmalen.

▶ 2. Selbsterfahrungen aus dem Erleben der Wirksamkeit eigenen Verhaltens

Selbstwirksamkeit

Auch aus der Beobachtung der Wirkung des eigenen Verhaltens kann das Kind Rückschlüsse auf seine Person ziehen. Dies gilt gleichermaßen für die Auseinandersetzung mit Objekten wie für seine Beziehung zu anderen. Auch dieser Aspekt ist noch eng mit dem Körpererleben des Kindes verbunden: Es baut mit Holzklötzen einen Turm und wirft ihn wieder um, immer wieder wiederholt es diese Handlung und kann sich dabei beweisen, dass es selber Kontrolle über diese Situation hat.

Handlungsergebnisse werden auf die eigene Person zurückgeführt

Gerade in Bewegungshandlungen erleben Kinder, dass sie Ursache bestimmter Effekte sind. Im Umgang mit Dingen, Spielsituationen und Bewegungsaufgaben rufen sie eine Wirkung hervor und führen diese auf sich selbst zurück. Das Handlungsergebnis verbinden sie mit dem eigenen Können – und so entsteht ein erstes Konzept eigener Fähigkeiten. Sie lernen im Experimentieren und Ausprobieren: Ich bin der Urheber einer Wirkung, ich kann etwas – und dieses Gefühl ist die Basis für das Selbstvertrauen bei Leistungsanforderungen.

Das „Konzept“ von Fähigkeiten, Begabungen und dem eigenen Können muss nicht immer auch ein genaues Abbild der tatsächlichen Fähigkeiten sein. Es entsteht vielmehr aus der Bewertung der eigenen Handlungen und Leistungen und dem Vergleich mit anderen.

▶ 3. Zuordnung von Eigenschaften durch andere

Die für die Entwicklung des Selbstkonzepts wichtigen Einstellungen werden auch durch die Erfahrung und Verarbeitung von *Fremdeinschätzungen* vermittelt.

Bewertung der eigenen Handlungen durch andere

Mit einer Bewertung der eigenen Fähigkeiten durch andere wird das Kind außerhalb der Familie vor allem im Kindergarten konfrontiert. Hier bahnt sich ein Vergleich mit anderen Gruppenmitgliedern an, das Kind sieht, ob es schneller oder langsamer als andere ist, ob es in seiner Geschicklichkeit mit anderen mithalten kann. Entscheidend für die Selbstbewertung ist daher auch das Bild, das sich andere nach den eigenen Vorstellungen von einem machen. So sieht das Kind sich selbst oft im Spiegel seiner Kindergartengruppe oder seiner Spielkameraden. Obwohl es objektiv vielleicht gar nicht ungeschickt, unbeholfen oder langsam ist, schätzt es sich doch selbst so ein, wenn es von den Eltern, der Erzieherin oder anderen Kindern so beurteilt wird.

So bestimmen nicht nur die objektiven Leistungen und körperlichen Fähigkeiten das kindliche Verhalten, sondern auch die Annahme, wie andere es einschätzen (Mrazek 1991).

Selbstwahrnehmung

Fremdwahrnehmung

Die unterschiedlichen Wertschätzungen, die das Kind wahrnimmt (durch Eltern, Erzieher, Gleichaltrige) können dazu führen, dass es *fremde Wertmaßstäbe* übernimmt und die eigene Bewertung des Selbst danach ausrichtet.

Unter Berücksichtigung dieser Überlegungen ist zu bedenken, dass das Selbstkonzept zur „Sich-selbst-erfüllenden Prophezeiung" werden kann. Besonders deutlich wird dies bei Kindern, die körperliche und motorische Schwächen haben: Spiel und Bewegung stellen für Kinder bedeutsame Situationen dar, in denen Anerkennung und Prestige häufig über körperliche und motorische Fähigkeiten und Leistungen erreicht werden.

„Sich selbst erfüllende Prophezeiung"

In einem Alter, in dem Geschicklichkeit, körperliche Leistung und motorische Fähigkeiten sehr hoch im Kurs stehen, wirkt sich die Erfahrung körperlicher Unterlegenheit, Ängstlichkeit und Unsicherheit schnell auf das Selbstbild des Kindes und ebenso auf den sozialen Status und die Position in der Gruppe aus.

Das Selbstwertgefühl ist bei Kindern fast immer an ihre körperlich-motorischen Fähigkeiten geknüpft.

Ein Kind, das von einem Spielkameraden oder auch von den Erwachsenen als ungeschickt, als „Tolpatsch" eingestuft wird, von dem Leistungen und Fertigkeiten erst gar nicht erwartet werden, fühlt sich auch selbst als Versager. Es reagiert mit Resignation und Rückzug und verhält sich übermäßig angepasst, es meidet den Kontakt mit anderen und gibt bei auftretenden Problemen schnell auf. Andere wiederum versuchen, das Gefühl der eigenen Minderwertigkeit zu kompensieren, indem sie aggressiv werden und ihre motorische Unterlegenheit durch körperliche Angriffe auf andere zu verdecken suchen. Motorische Anforderungen werden aus Angst vor neuen Misserfolgserlebnissen gemieden, durch mangelnde Übung wird schließlich der Leistungsabstand zu den Gleichaltrigen noch größer – ein Teufelskreis, aus dem es ohne Hilfe von außen meist kein Entrinnen gibt.

Teufelskreis

▶ 4. Auswirkungen des Selbstkonzeptes auf die Selbstwahrnehmung

Verhalten in unbekannten Situationen

Kinder wie Erwachsene werden in ihrem gesamten Verhalten sehr von ihrem Selbstkonzept beeinflusst. Ihre Zufriedenheit, ihre Ausgeglichenheit, die Art und Weise, mit Problemen umzugehen oder sich mit neuen Situationen auseinander zu setzen, ist davon abhängig, wie sie sich selbst wahrnehmen, einschätzen und bewerten. So erleben Kinder mit einem eher *negativen Selbstkonzept* unbekannte Situationen und neue Anforderungen häufiger als bedrohlich, sie fühlen sich ihnen nicht gewachsen und geben leichter auf; auf Kritik und Misserfolg reagieren sie unangemessen empfindlich und besitzen eine nur geringe Frustrationstoleranz. Kinder mit *positivem Selbstkonzept* gehen dagegen mit geringerer Ängstlichkeit und größerer Energie an neue Aufgaben heran und sind auch bei Misserfolgen nicht so leicht zu entmutigen. Besonders schwerwiegend ist, dass die Einschätzung des eigenen Selbstwertes meist sehr stabil und änderungsresistent ist. Die meisten Menschen tendieren dazu, eine gewisse Grundeinstellung sich selbst gegenüber beizubehalten und spätere Erfahrungen so zu steuern, dass eine Übereinstimmung zwischen dem Selbstkonzept, dem eigenen Verhalten und den Erwartungen von Seiten anderer besteht, sie versuchen also *„mit sich selbst identisch zu bleiben"*. Zudem sind Einstellungen, die bereits in der frühen Kindheit erworben wurden, am schwierigsten zu ändern (Eppstein 1993).

Generalisierung der Erfahrungen

Kindheitserfahrungen sind auch deswegen von besonderer Bedeutung, weil Kinder unangemessene Generalisierungen vornehmen. Negative Erfahrungen, die sie z. B. aufgrund ihrer körperlichen Fähigkeiten machen, übertragen sie leicht auch auf andere Gebiete. So befürchten sie schließlich nicht nur bei Bewegungsspielen, von den anderen nicht anerkannt zu werden, sondern ziehen sich auch bei anderen Aktivitäten in der Gruppe zurück.

Erklärungen der Ursachen für Erfolg und Misserfolg

Vor allem die *Ursachen für Erfolg und Misserfolg* werden unterschiedlich erklärt. Kinder mit *positivem Selbstkonzept* sehen Erfolge als Resultat ihrer eigenen Anstrengung und als Bestätigung ihrer Leistungsfähigkeit. Misserfolg erklären sie eher mit „Zufall" oder „Pech" und betrachten ihn nicht als repräsentativ für ihre Fähigkeiten. Im Gegensatz dazu relativieren Kinder mit *negativem Selbstkonzept* – wenn sie tatsächlich einmal Erfolg haben – die Schwierigkeit einer Aufgabe, machen Glück oder Zufall dafür verantwortlich und schreiben ihn weniger sich selbst zu; Misserfolg interpretieren sie als Beweis für das eigene Unvermögen; sie führen ihn oft auf mangelnde Begabung zurück. Bei negativem Selbstkonzept ist die Erfolgserwartung des Kindes in der Regel niedriger als bei einem positiven Selbstkonzept, was wiederum Konsequenzen für die Erwartungshaltung von Seiten der sozialen Umwelt hat, denn wer sich selbst nichts zutraut, dem trauen auch andere nicht viel zu.

▶ *5. Hilfen zum Aufbau einer positiven Selbstwahrnehmung*

Eine wesentliche Vorbedingung für die Entwicklung eines positiven Selbstwertgefühls ist das Bereitstellen von Situationen, in denen das Kind selbst aktiv werden kann. Für ein Kind ist es wichtig zu erfahren, dass seine Motive und Handlungsimpulse in ein – aus seiner Sicht sinnvolles – Verhalten umgesetzt werden können. Selbstständigkeit, Entscheidungsfähigkeit und Planung des eigenen Verhaltens können von einem Kind nur dann gelernt werden, wenn ihm ein entsprechender *Handlungsspielraum* zur Verfügung steht . Dies heißt allerdings nicht, dass man das Kind im Sinne eines „Laisserfaire" einfach sich selbst überlassen sollte. Eine völlig offene Situation, die weder durch konkrete Aufgabenstellungen noch durch äußere Grenzen eingeengt ist, überfordert das Kind. Ein möglichst großer Handlungsspielraum innerhalb einsichtiger und sinnvoller Grenzen, die z. B. vom Material, von strukturierten Angeboten und den Anregungen der Erzieherin und der anderen Kinder ausgehen können, gibt ihm dagegen die Freiheit der Entscheidung, aber auch Hilfen für die selbstständige Bewältigung der Situation.
Die Erzieherin hat darüber hinaus die Möglichkeit, die positive Selbstwahrnehmung des Kindes zu unterstützen, indem sie

- Vergleiche mit anderen meidet,
- dem Kind das Gefühl gibt, dass sie Vertrauen in seine Fähigkeiten hat,
- Bewegungsaufgaben in ihrem Anforderungsgrad so staffelt, dass jedes Kind Erfolgserlebnisse haben kann,
- in Bewegungssituation auch ängstliche und gehemmte Kinder erfahren lässt, dass sie eigene Entscheidungen treffen, selbst aktiv werden und durch ihr Handeln in der Umwelt etwas bewirken können (vgl. hierzu auch Kap. 3.4).

Die Bewegungserziehung sollte immer auch so konzipiert sein, dass Kinder sich aus unterschiedlichen Schwierigkeitsstufen das Angebot auswählen können, das ihren Voraussetzungen entspricht. Kein Kind sollte gezwungen oder auch nur gedrängt werden, an einem Bewegungsangebot teilzunehmen oder eine bestimmte

Differenzierte Schwierigkeitsstufen anbieten

Aufgabe, die von der Erzieherin gestellt wird, auszuführen. Kinder wissen sich meist sehr genau einzuschätzen und haben einen Grund, wenn sie die Teilnahme an Bewegungsspielen verweigern. Für ihre Selbst-Entwicklung ist wichtig, abzuwarten, bis sie von sich aus bereit sind, bestimmte Leistungen zu vollbringen.

Positive Bewegungserfahrungen können vor allem bei jüngeren Kindern wesentlich dazu beitragen, dass sie ein realistisches, aber leistungszuversichtliches Selbstbild aufbauen. In der richtigen Form von Erzieherinnen und Eltern angeleitet und begleitet, können Kinder auch unabhängig von ihrer objektiven Leistungsfähigkeit die Voraussetzungen für Selbstvertrauen und Selbstbewusstsein entwickeln.

3.2 Soziale Entwicklung

Bindungserfahrungen

Die soziale Entwicklung der Kinder ist in hohem Maße geprägt von den ersten Bindungserfahrungen, die Kinder in ihrer Familie erlebt haben. Der Kindergarten erweitert das Netz der sozialen Beziehungen von Kindern, dabei finden soziale Lernprozesse weniger durch bewusste Erziehungsmaßnahmen, durch verbale Belehrungen oder Anleitung statt, viel entscheidender werden sie beeinflusst durch die Erfahrungen, die Kinder im alltäglichen Umgang und im *Zusammenleben mit anderen* machen: Hier lernen sie nachgeben und sich behaupten, streiten und sich versöhnen, sich durchsetzen und sich unterordnen, teilen und abgeben, aushandeln und bestimmen. Sie erleben, wie sie von anderen geliebt und angenommen, manchmal aber auch abgelehnt und ausgeschlossen werden.

Das Kindergartenalter zählt neben den ersten Lebensjahren in der Familie zu den für die Entwicklung sozialer Verhaltensweisen wichtigsten Entwicklungsabschnitten. Viele in dieser Zeit erworbene Verhaltensmuster überdauern und prägen nachfolgende Lebensabschnitte (vgl. Verlinden/Haucke 1995). Hier wird die Grundlage für den Erwerb sozialer Verhaltensweisen gelegt, die das Hineinwachsen des Kindes in sein soziales Umfeld wesentlich beeinflussen.

Viele Kinder wachsen heute in Kleinfamilien auf, sie haben wenig Gelegenheit, mit Geschwistern elementare Formen des sozialen Verhaltens einzuüben.

Kinder brauchen Kinder, um in eine soziale Gemeinschaft hineinwachsen zu können. Vor allem altersgemischte Gruppen bieten die Chance, sich gegenseitig zu helfen, voneinander zu lernen und sich auf die jeweiligen Fähigkeiten jüngerer oder älterer Kinder einzustellen (Colberg-Schrader u. a. 1991). Bewegungsangebote und Bewegungsspiele scheinen hierfür besonders gut geeignet zu sein. Sie beinhalten zahlreiche Situationen, die es erforderlich machen, dass Kinder sich mit ihren Spielpartnern auseinander setzen, Konflikte lösen, Rollen übernehmen, Spielregeln aushandeln und anerkennen (vgl. Ungerer-Röhrich u. a. 1990). Konkrete, im Spiel auftauchende Probleme sind dabei oft der Anlass, dass Grundregeln des Sozialverhaltens erprobt werden. So lernen Kinder z. B., sich mit anderen über ein Spielthema oder einen Spielinhalt zu einigen, schwächere oder stärkere Mitspieler anzuerkennen. Oft ahmen sie dabei die Umgangsformen ihrer Mitmenschen (Eltern, Erzieherinnen, andere Kinder) nach und verinnerlichen sie, ohne dass dies den Beteiligten überhaupt bewusst ist.

Erprobung von Grundregeln des Sozialverhaltens

Die auf der folgenden Seite zusammengestellten sozialen Grundqualifikationen, die in Bewegung und Spiel erworben werden können, sind nicht als „abhakbare" Lernziele zu verstehen, sondern geben eher die Richtung an, die im Hinblick auf eine soziale Erziehung durch Spiel und Bewegung angestrebt wird. Sie können nicht durch methodische Tricks oder „Lernspiele" vermittelt werden sondern stellen umfassende Kompetenzen dar, die nur in kleinen Schritten und nur langfristig zu erreichen sind.

Grundqualifikationen sozialen Handelns:

1. Soziale Sensibilität	• Gefühle anderer wahrnehmen • sich in die Lage eines anderen hineinversetzen • die Bedürfnisse anderer erkennen und im eigenen Verhalten berücksichtigen • Wünsche anderer erkennen
2. Regelverständnis	• Gruppenspiele mit einfachen Regeln spielen • den Sinn von Regeln verstehen • selber einfache Regeln für ein Spiel aufstellen • flexibel mit Regeln umgehen und sie der jeweiligen Situation anpassen
3. Kontakt- und Kooperationsfähigkeit	• im Spiel Beziehungen zu anderen aufnehmen • andere als Mitspieler anerkennen • Hilfe annehmen und anfordern • miteinander spielen • gemeinsam Aufgaben lösen • anderen helfen • eigene Gefühle ausdrücken und anderen mitteilen • sich verbal mit anderen auseinander setzen
4. Frustrationstoleranz	• Bedürfnisse aufschieben, zugunsten anderer Werte zurückstellen • nicht immer im Mittelpunkt stehen müssen • mit Misserfolgen umgehen lernen • sich in eine Gruppe einordnen können
5. Toleranz und Rücksichtnahme	• die Leistungen anderer akzeptieren und anerkennen • die Andersartigkeit anderer respektieren • die Bedürfnisse anderer tolerieren und sich beim gemeinsamen Spiel darauf einlassen • Schwächere ins Spiel integrieren • auf schwächere Mitspieler Rücksicht nehmen

▶ *Altersspezifische Probleme der sozialen Entwicklung*

Die o. g. sozialen Qualifikationen stellen hohe Anforderungen an Kinder im vorschulischen Alter und können auch bei Erwachsenen nie als „erreicht" gelten. Man muss allerdings berücksichtigen, dass jüngere Kinder eine spezifische Sicht ihrer sozialen Umwelt und ihrer eigenen Person in dieser Welt haben: Während Kleinkinder sich noch ohne Vorbehalte weitgehend untereinander akzeptieren wird es für Kinder ab drei Jahren zunehmend wichtig, Freunde selbst auswählen zu können und dabei auch konstantere Spielpartner zu haben. Dies hat zur Folge, dass sie bei Partneraufgaben oder Kreisspielen nicht mehr jeden als Partner oder Nachbarn akzeptieren; so entsteht leicht die Gefahr, dass einzelne Kinder ausgeschlossen werden.

Sich in andere hineinversetzen

Für das Verständnis des sozialen Verhaltens ist es auch wichtig zu wissen, wie schwierig es für 3- bis 4-jährige Kinder ist, sich in andere hineinzuversetzen, ihre Gefühle zu verstehen. Zwar sind auch Dreijährige durchaus schon fähig, anhand des Verhaltens eines anderen (erkennbar an der Mimik: traurig sein, weinen, sich freuen) dessen Gefühle zu erkennen, sie können jedoch noch nicht die *Perspektive eines anderen* einnehmen und sich in seine Person hineinversetzen. Sie berücksichtigen deswegen die Situation eines Mitspielers auch kaum und handeln im Spiel vielfach so, als wenn sich alles nur um sie drehe.

Egozentrische Sichtweise

Piaget (1975) prägte für diese Altersstufe den Begriff „Egozentrismus", d.h., die Haltung des Kindes ist noch sehr Ich-bezogen, es betrachtet sich selbst als Mittelpunkt der Welt. Ein dreijähriges Kind hält sich z. B. beim Versteckenspielen die Augen zu und meint, nun könne es auch von den anderen nicht mehr gesehen werden.

Ab dem 4. Lebensjahr beginnen Kinder zwar schon zu erkennen, dass es verschiedene Perspektiven gibt (dass Menschen z. B. unterschiedlich denken, weil sie sich in unterschiedlichen Situationen befinden), aber erst ab ca. 6 Jahren werden sie fähig, das eigene Handeln aus der Perspektive eines anderen zu reflektieren und umgekehrt dessen Reaktion auf das eigene Handeln vorwegzunehmen (Silbereisen 2002, 711). Erst jetzt können sie also mögliche Reaktionen und Gefühle anderer vorhersehen und das eigene Verhalten darauf einrichten.

Anlässe für Gespräche

Bewegungsspiele bieten gute Möglichkeiten der Erprobung sozialer Verhaltensweisen, ohne dass dies von der Erzieherin als „Training"oder bewusste Förderung verstanden werden muss. Wohl sollte sie aufmerksam beobachten, wie die Zuteilung von Spielrollen (Fänger,

Spielanführer) vonstatten geht, um bei Bedarf solche Situationen auch einmal im Gespräch aufzugreifen. Folgende Situationen können z. B. angesprochen werden:

- Wie fühlt sich ein Kind, wenn es bei gemeinsamen Spielvorhaben immer wieder von den anderen ausgeschlossen wird?
- Wie können die Regeln für ein Spiel so vereinfacht werden, dass auch jüngere Kinder mitspielen können?
- Wie kann die Verteilung beliebter Spielgeräte, die nicht in ausreichender Anzahl vorhanden sind, für alle befriedigend gelöst werden?

  Konkrete Begebenheiten können auch Anlass für Spielvariationen oder für *Rollenumkehrungen* sein. Auftretende Konflikte sollten also nicht nur verbale Belehrungen oder Zurechtweisungen zur Folge haben, sondern Alternativen für das eigene Handeln im Spiel erleben lassen.

▶ *Die Erzieherin als soziales Lernmodell*

Verhalten bei Konflikten

Kinder lernen soziales Verhalten oft auch über die Nachahmung ihrer Mitmenschen. Neben den Eltern ist vor allem die Erzieherin Modell für das Sozialverhalten (Schäfer 2003, 192). Die Kinder übernehmen – unbewusst – ihre Art des sozialen Umgangs mit anderen. Vor allem im Hinblick auf die Fähigkeit zur Regelung sozialer Konflikte sollte die Erzieherin sich einmal selbst überprüfen (oder von einer Kollegin beobachten lassen), zu welchen Verhaltensweisen sie eher tendiert:

- Gibt sie die Regeln vor und vermeidet Konflikte bereits in ihrem Ansatzpunkt?
- Hält sie sich aus dem Streit der Kinder heraus und überlässt sie sich selbst?
- Beobachtet sie die Art und Weise, wie ein Streit entsteht und wie die Kinder damit umgehen, gibt sie Hilfen, wenn der Konflikt die sozialen Fähigkeiten der Kinder überfordert?
- Regt sie zu Spielvariationen an, bei denen die Kinder eigene Lösungen finden können?

Beispiel für die Lösung sozialer Konflikte bei Bewegungsspielen:

Zwei Kinder streiten sich um einen großen Pezzi-Ball, von dem es nur einen gibt und der von allen Kindern sehr begehrt ist. Die Erzieherin hat folgende Möglichkeiten, auf den Konflikt zu reagieren:

- Sie überlässt es den Kindern, wie der Streit um den Ball ausgeht.

Wahrscheinlich wird der Stärkere, Unnachgiebigere siegen, der Schwächere wird sich enttäuscht zurückziehen. Die Kinder machen hier die Erfahrung: Der Stärkere setzt sich durch.

Reaktionen der Erzieherin

- Sie entscheidet, dass jedes Kind fünf Minuten mit dem Ball spielen darf und ihn dann abgeben muss. Die Kinder lernen dabei, dass Streit, der zwischen ihnen entsteht, sofort von den mächtigeren Erwachsenen geschlichtet wird und diese für sie die Entscheidungen treffen.
- Sie wartet zunächst, wie die Kinder mit dem Konflikt umgehen. Sofern keine Lösungsvorschläge oder -ansätze von ihnen selbst kommen, regt sie an, gemeinsam mit dem Ball zu spielen und herauszufinden, welche Formen des Zusammenspiels es gibt, die einem Kind alleine nicht möglich wären. Die Kinder lernen hier, dass ein anderer ihnen zwar Hilfen bei der Lösung von Streitigkeiten gibt, sie jedoch selbst Ideen im gemeinsamen Spiel entwickeln können und dabei zugleich auch auf neue Verwendungsmöglichkeiten des Spielgerätes stoßen.

In jedem Fall sollte die Erzieherin eingreifen, wenn ein Kind regelmäßig von den anderen diskriminiert oder zurückgesetzt wird oder wenn es bei Auseinandersetzungen immer unterliegt.

▶ *Konsequenzen für die Praxis der Bewegungserziehung*

Die genannten sozialen Grundqualifikationen (siehe S. 36 oben) umfassen wünschenswerte soziale Verhaltensweisen von Kindern. Was aber tatsächlich bei Spiel und Bewegung gelernt wird und was aus pädagogischer Sicht gelernt werden soll, ist nicht immer deckungsgleich. Die Beobachtung von Kindern beim Spielen macht deutlich, dass es nicht ausschließlich positive soziale Erfahrungen sind, die Kinder hier mit anderen machen. Manchmal werden schwächere Kinder eben auch vom gemeinsamen Spiel ausgeschlossen, ordnen jüngere sich den Befehlen der älteren unter, und manche Kinder können es auch nicht ertragen, wenn ihre Wünsche und Vorstellungen im Spiel nicht von den anderen berücksichtigt werden.

Soziale Konflikte

Damit Kinder lernen, soziale Konflikte nicht nur auf der Ebene körperlicher Auseinandersetzungen auszutragen, benötigen sie die einfühlsame Beobachtung und behutsame Einflussnahme durch den Erwachsenen, der die Situation eher als sie überblicken kann. Manchmal bedarf es auch der Vermittlung und des Einlenkens durch die Erzieherin. Zu schnelles Eingreifen sollte dabei aber auf jeden Fall vermieden werden, damit Kinder die Chance erhalten, auch selbst-

ständig Kompromisse auszuhandeln und die hierfür notwendigen *sozialen Kompetenzen* wie *Einfühlungsvermögen* und *Rücksichtnahme* zu erwerben.
Durch Bewegungsspiele werden zwar immer soziale Lernprozesse in Gang gesetzt, diese müssen jedoch nicht immer auch zu Rücksichtnahme und Toleranz und damit zu einer Verbesserung der sozialen Kompetenzen der Kinder führen. Manche Bewegungsspiele provozieren geradezu das Entstehen von Konkurrenzverhalten und Rivalität und sollten daher in der Bewegungserziehung mit Kindern möglichst vermieden werden.
Sowohl durch die Auswahl der Spiele als auch durch die damit verbunden organisatorischen Maßnahmen kann die Erzieherin dazu beitragen, dass die sozialen Beziehungen in der Kindergartengruppe positiv beeinflusst werden.

Beispiele für Bewegungsspiele unter dem Aspekt der Vermittlung sozialer Erfahrungen:

„Mein rechter Platz ist frei"
Um bei diesem bekannten und beliebten Spiel der Gefahr vorzubeugen, dass einzelne Kinder immer wieder aufgerufen, andere aber gar nicht gewählt werden, ist folgende Variation möglich: Jedes Kind erhält einen Bierdeckel. Wird es aufgerufen, legt es seinen Bierdeckel in die Mitte und wechselt seinen Platz. Es dürfen nur noch die Kinder aufgerufen werden, die noch einen Deckel haben (vgl. Verlinden/Haucke 1995, 120).

Fangspiele
sollten nie das endgültige Ausscheiden eines Kindes aus dem Spiel zur Folge haben, sondern die Möglichkeit des Erlösens beinhalten.

„Verzaubern"
Der Fänger hat einen Zauberstab in der Hand (Papprolle o. Ä.); wenn er ein Kind damit berührt, ist dieses verzaubert und muss stehen bleiben. Es kann wieder erlöst werden, wenn ein anderes Kind es antippt und sagt: „Eins – zwei – drei – du bist frei".

„Autoraser"
Die Kinder stellen Autofahrer dar, die mit großem Tempo durch die Stadt fahren. Sie werden verfolgt von einem Polizisten. Wenn er einen zu schnellen Fahrer erwischt hat, muss er mit gegrätschten Beinen stehen bleiben – so lange, bis ein anderer „Autofahrer" ihn umkreist oder durch seine gegrätschten Beine kriecht.

„Inselüberflutung"

Für jedes Kind ist eine Teppichfliese vorhanden, die auf dem Boden liegt und eine Insel im Meer darstellt. Bei einer großen Flutwelle wird jedes Mal eine der Inseln überspült (eine Fliese wird von der Erzieherin weggenommen), es sollen aber alle Kinder noch einen Platz auf einer Insel finden. Es müssen sich also immer mehr Kinder auf einer Fliese zusammendrängen, keiner darf mit den Füßen das Wasser berühren. Wie viele Kinder passen auf eine Fliese?

„Die Reise nach Jerusalem"

Der Anzahl der Kinder entsprechend werden Stühle in einem Kreis aufgestellt. Die Kinder bewegen sich zur Musik (Kassettenrekorder oder Tamburinbegleitung durch die Erzieherin) um den Stuhlkreis herum. Sobald die Musik stoppt, suchen sich alle einen Platz auf einem Stuhl. Bei jeder Runde wird ein Stuhl entfernt; wer keinen Platz findet, muss sich zu zweit auf einen Stuhl setzen. Wie viele Runden schaffen die Kinder? Wie viele Stühle müssen stehen bleiben, damit die ganze Gruppe Platz findet? (Wie viele Kinder passen auf einen Stuhl?)

„Blindenführer"

Ein Kind wird mit geschlossenen Augen von einem Partner (seinem „Blindenhund") durch den Raum geführt. Der Blindenhund ist dafür verantwortlich, dass der Blinde nirgendwo anstößt und mit keinem anderen Paar zusammentrifft.

„Gruppenaufgaben"

Jeweils vier Kinder haben ein Bettlaken und sollen herausfinden, was man gemeinsam mit dem Tuch machen kann (z. B. ein Kind auf dem Laken durch den Raum tragen, ziehen, einrollen; das Bettlaken an den vier Ecken fassen und einen Ball darüber rollen lassen, ihn hochwerfen und wieder auffangen; sich unter dem Betttuch verstecken, ein Riesengespenst darstellen).

3.3 Kognitive Entwicklung

Bewegung ist der Motor der Entwicklung – auch der kognitiven Entwicklung. Diese beginnt bereits bei der Geburt und wird maßgeblich beeinflusst von den Wahrnehmungs- und Bewegungserfahrungen, die das Kind von seinem ersten Lebenstag an machen kann. Vertreter der Hirnforschung und der Entwicklungspsychologie betonen die Bedeutung der ersten Lebensjahre für die kognitive

Entwicklung, sie zeigen gleichzeitig auf, wie Sinnesreize die Vernetzung des kindlichen Gehirns unterstützen und wie sie in Bewegung ihre Umwelt erforschen (Gopnik 2003, Eliot 2002).

▶ *Wie Kinder lernen*

Kinder lernen nicht nach dem Prinzip des „Nürnberger Trichters“: Indem man ihrem Kopf einen Trichter aufsetzt und alles Wissenswerte von oben hineinfüllt – in der Hoffnung, dass es dann schon irgendwie verarbeitet wird. Sie lernen nur das, was sie auch selber tun können, was sie sich selbst aneignen und mit den Mitteln und Methoden, über die sie verfügen, verstehen können. Lernen ist kein passiver Vorgang, bei dem Informationen aufgenommen und „verdaut“ werden, das Kind eignet sich seine Umwelt vielmehr produktiv an.

Produktive Aneignung der Umwelt

Wichtig ist die Eigenaktivität des Kindes, das selbstständige Tun, das Interesse an der Sache, denn nur wenn das Kind auch von ihr „infiziert“ ist, wenn sie ihm etwas bedeutet, wird es die Ausdauer aufbringen, sich länger damit zu beschäftigen. Lernen geht aus von der sinnlichen Erfahrung: Die Sinne sind die Antennen, mit Hilfe derer Informationen aufgenommen und verarbeitet werden. Durch sie nimmt das Kind Kontakt mit der Umwelt auf, über die Sinne lässt es die Umwelt in sich hinein. Sie sind die Nahtstelle zwischen innen und außen, zwischen dem Kind und der Welt. Durch die Sinne nimmt es seine Umwelt wahr und wirkt gleichzeitig auf die Umwelt ein, es kann sie – in bestimmten Grenzen – gestalten.

Sinnliche Wahrnehmung

Für Kinder stellt die sinnliche Wahrnehmung den Zugang zur Welt dar. Sie ist die Wurzel jeder Erfahrung, durch die sie die Welt jeweils für sich wieder neu aufbauen und verstehen können.

Aus der Vielfalt der Erfahrungen, die ein Kind täglich macht, wählt es die aus, die ihm wichtig erscheinen; es speichert sie, ordnet sie ein, erinnert sich an sie, greift auf sie zurück, wenn ihm etwas Neues begegnet.
Beim Lernen sind also immer Wahrnehmen und Empfinden, Fühlen und Denken, Handeln und Denken beteiligt, je mehr sie in jedem Lernprozess berücksichtigt werden, umso nachhaltiger wird das Ereignis sein.
Wissen kann umso besser und langfristiger gespeichert werden, je mehr Kanäle für die Wahrnehmung genutzt werden.

▶ *Erkenntnisse aus der Hirnforschung*

Das Gehirn ist die Schaltzentrale all unseres Denkens und Handelns. Es entwickelt sich bei seinem Gebrauch und steht dabei mit dem Körper und den Sinnesempfindungen in unmittelbarer Verbindung. Die Neurowissenschaften beschreiben, wie sich Strukturen des Gehirns bilden und wie im Laufe der Entwicklung bestimmte Funktionen ausgebildet werden. Für diese Entwicklungsprozesse im Gehirn ist die Verarbeitung der von den Sinnessystemen aufgenommenen Reize entscheidend. Die Entwicklung von Denkstrukturen und von Wahrnehmungsleistungen ist eng an die Motorik gebunden. Voraussetzung zu ihrer Ausbildung sind ausreichende Bewegungs- und Sinneserfahrungen.

Verknüpfung der Nervenzellen

Bei der Geburt verfügt der Mensch über mehr als einhundert Milliarden Nervenzellen, die jedoch erst dann funktionsfähig sind, wenn sie miteinander verknüpft worden sind. In der frühen Kindheit werden durch Sinnestätigkeit und körperliche Aktivität Reize geschaffen, die diese Verknüpfungen unterstützen. Die Verbindungen zwischen den Nervenzellen werden komplexer, je mehr Reize durch die Sinnesorgane zum Gehirn gelangen. Die Plastizität des Gehirns ist groß, es muss jedoch in der Kindheit durch möglichst vielseitige Sinnestätigkeiten angeregt werden.

Die Aufgabe der Neuronen ist die Speicherung und Verarbeitung von Informationen. Zur Weiterleitung von Informationen sind aber Verbindungen zu anderen Nervenzellen notwendig. Wenn eine Nervenzelle heranreift, bildet sie zahlreiche Fortsätze aus, um Kontakte zu anderen Nervenzellen herzustellen. Die Verbindung zwischen beiden nennt man Synapse. Bilden zwei Neuronen eine Synapse, dann können chemische Stoffe zwischen ihnen hin- und herfließen, die Verbindung ist hergestellt.

Synapsen

Neurowissenschaftler weisen immer wieder darauf hin, dass die Vernetzung aktivitätsabhängig ist. Nervenzellen schließen sich zusammen, indem sie sich gegenseitig elektrische Signale schicken.

Stimmulation des Gehirns durch Sinnesreize

Die Nervenzellen müssen aktiviert werden, um richtig miteinander verschaltet werden zu können. Diese Aktivität wird durch die Stimulation des Gehirns über Sinnesreize erreicht. Jede Berührung, jede Bewegung, jede sinnliche Wahrnehmung wird in elektrische und chemische Aktivität übersetzt, die zur Bildung neuer Verbindungen und damit zu einer Differenzierung des Gehirns beiträgt (Zimmer 2004, 27 ff.).

Obwohl die Vertreter der Hirnforschung allgemein auf eine kritische Periode hinsichtlich der Plastizität des Gehirns hinweisen und damit auch die Bedeutung der ersten Lebensjahre untermauern, betonen sie jedoch, dass das Gehirn sich noch ein Leben lang verändere (Singer 2000, 177 f.) Die Effizienz der bestehenden Verbindungen hängt von ihrer Benutzungshäufigkeit ab. Das Gehirn geht dabei nach dem einfachen Prinzip „Use it or lose it" vor. Es baut überschüssige Kontaktstellen vor allem aufgrund von Lernerfahrungen ab. Nur die häufig genutzten Verbindungen bleiben bestehen (Pauen 2003).

Die Übermittlung von Nachrichten funktioniert nur mit der ausreichenden Genauigkeit und Schnelligkeit, wenn die Synapse in Übung ist, d.h. wenn sie ständig benutzt wird. Je häufiger eine Synapse gebraucht wird, umso schneller kann eine Verbindung durch sie hergestellt werden (vgl. Ayres 1984, 65). Wenn z.B. durch Reizentzug die Hirntätigkeit reduziert wird, tritt ein Schwund der Kontakte zwischen den Nervenzellen und Gehirnregionen bzw. -funktionen ein. Damit wird der Informationsfluss im Gehirn gestört, die Zusammenarbeit der einzelnen Nervenzellen erschwert.

▶ *Erkenntnisse der kognitiven Entwicklungspsychologie*

Sensorische Reize können also als Nahrung für das Gehirn aufgefasst werden. Durch Bewegungsaktivitäten werden vermehrt Botenstoffe produziert, die die Bildung neuer synaptischer Verbindungen unterstützen und damit Lernprozesse fördern.

Kinder suchen sich selbst sensorische Reize. Dies zeigt ihre Vorliebe für alles, was ihr Gleichgewichts- und Bewegungssystem in Schwung bringt: Schaukeln, Schwingen, Springen, Balancieren ...

Die „Kognitive Entwicklungspsychologie" befasst sich mit der Frage, wie Kinder und Jugendliche Wissen und Verständnis erwerben. Als ihr Begründer gilt der Schweizer *Jean Piaget* (1896–1980). Er beschäftigte sich vor allem mit der Art und Weise, wie Kinder verschiedenen Alters aktiv Probleme lösen und Schlussfolgerungen ziehen. Piaget sah in den einfachen Handlungen und Tätigkeiten des Kindes die Basis für jede weitere Erkenntnisgewinnung.

Nach Piaget (1975) entwickelt sich die Intelligenz in der handelnden Auseinandersetzung des Kindes mit den Objekten seiner Umwelt. Denken vollzieht sich zunächst in der Form aktiven Handelns. Über die praktische Bewältigung von Situationen gelangt das Kind zu deren theoretischer Beherrschung.

Denken = Probehandeln

Handlungen werden so verinnerlicht, dass zu einem späteren Zeitpunkt dann die Abstraktion von der konkreten Tätigkeit möglich ist, das Ergebnis der Handlungen vorweggenommen werden kann und nun die Vorstellung an die Stelle des Ausprobierens tritt. Als grundlegend für die Entwicklung der Intelligenz erachtet Piaget die Möglichkeiten des Kindes, experimentierend und erforschend mit den Objekten seiner Umwelt umzugehen und selbstständig Erfahrungen sammeln zu können (vgl. Zimmer 1996).

Materiale Erfahrungen

Erfahrungen physikalischer Gesetzmäßigkeiten

Grundlegende Bewegungstätigkeiten

Scherler (1975) hat diese Art der Erfahrungsgewinnung als „materiale" Erfahrung bezeichnet. Materiale Erfahrungen sind vor allem Erfahrungen physikalischer Phänomene. Kinder machen sie beim Variieren ihrer Handlungen unter verschiedenartigen Handlungsbedingungen. So sind Begriffe wie Schwung, Gleichgewicht, Beschleunigung, Schwerkraft usw. unmittelbar an das eigene Tun gebunden. Sie können von Kindern nur über grundlegende Bewegungstätigkeiten beim Schaukeln, Rutschen, Balancieren, Klettern, Rollen, Springen usw. gewonnen werden. Über die Veränderung der Spiel- und Bewegungssituationen (z. B. beim Balancieren über unterschiedlich breite und hohe Geräte, beim Halten des Gleichgewichts auf instabilen Materialien) erleben sie unmittelbar Ursache und Wirkungen und lernen, Zusammenhänge zu erkennen. Beobachtet man ein Kind z. B. auf einem Wackelbrett, dann kann man feststellen, dass es sich nicht mit einfachem Stehen oder Wippen auf dem Brett zufrieden gibt. Es verändert vielmehr seine Position, steht mal breitbeinig, mal mit geschlossenen Füßen auf dem Brett, die Gewichtsverlagerungen werden langsam oder ganz schnell und kraftvoll ausgeführt und so lange gesteigert, bis es herunterfällt; es läuft über das Brett und bleibt dabei auf der (ungefährlichen) Mitte, während es beim nächsten Mal über die Außenseiten zu gehen versucht. All diese Handlungen wiederholt es unzählige Male, jedes Mal

Experimentieren mit Bewegungshandlungen

mit kleinen Veränderungen, und nur ein genaues Beobachten des Kindes lässt den Erwachsenen erkennen, wie vielseitig die Experimente des Kindes mit dem Wippen und Balancieren auf dem Brett sind. Es versucht – zwar nicht bewusst, aber doch schon sehr planvoll – das „Prinzip“ der Gleichgewichtserhaltung zu erkennen.

Um diese gleichsam „hinter“ dem Balancieren liegenden Erfahrungen zu machen, bedarf das Kind eines Spielraums, innerhalb dessen es seine Handlungen variieren und mit dem Gleichgewicht experimentieren kann.

Lernen durch Erproben und Experimentieren

Erkenntnisse gewinnen

Bewegungsaktivitäten ermöglichen dem Kind aber auch, mit seiner dinglichen und räumlichen Umwelt zu experimentieren und so Erfahrungen über sie zu sammeln. Im Umgang mit Materialien und Spielobjekten gewinnt es Erkenntnisse, die das Verstehen seiner Umwelt, Eigenschaften und Gesetzmäßigkeiten zur Folge haben; Körper- und Bewegungserfahrungen sind somit auch immer verbunden mit der *Erfahrung der Dinge und Gegenstände,* mit denen und an denen Kinder sich bewegen. Indem sie sie im Spiel handhaben, mit ihnen umgehen und sie erproben, lernen sie ihre spezifischen Eigenschaften kennen.

Sie erfahren z. B., dass ein runder Gegenstand (Ball) wegrollt, ein eckiger (Würfel) dagegen liegen bleibt, dass ein leichter Gegenstand (Luftballon, Zeitlupenball) nur leicht angetippt werden muss, um ihn in die Luft zu befördern, ein schwerer Gegenstand (Medizinball) dagegen besser auf dem Boden rollt. Beim Spielen mit dem Ball stellen sie fest, dass das Prellen des Balles nicht nur abhängig ist von seiner Größe, seinem Gewicht und seinem Material, sondern auch von dem Untergrund, auf dem der Ball geprellt wird. Auf einer Wiese wird er sich anders verhalten als auf einer Asphaltfläche, auf Teppichboden im Bewegungsraum anders als auf den Kunststoffböden im Flur.

Bei solchen Spielhandlungen nimmt das Kind – bewusst oder unbewusst – die Eigenschaften der Gegenstände wahr. Je vielfältiger und abwechslungsreicher die materiale Umwelt gestaltet ist, je mehr die Handlungsbedingungen variiert werden können, umso mehr Erkenntnisse und Wissen erwirbt das Kind über sie.

Sensomotorische Entwicklung

Die Entwicklung der Intelligenz und des Denkens vollzieht sich nach Piaget in 5 Stufen:

Entwicklung des Denkens

1. Die *sensomotorische Periode,* die die beiden ersten Lebensjahre umfasst. Erkenntnisse werden hier in erster Linie über Wahrnehmung und Bewegung gewonnen.

2. Das *symbolische oder vorbegriffliche Denken,* das mit dem Auftreten der Vorstellung entsteht und sich vor allem in den Symbolspielen zeigt (vgl. Kap. 4.4).

3. Das *anschauliche Denken* tritt zwischen 4 und 7 Jahren auf; das Kind ist zwar schon zur Begriffsbildung fähig, die Begriffe haben jedoch noch anschaulichen Charakter.

4. Die *konkreten Denkoperationen* entwickeln sich ab dem 7. Lebensjahr; die geistige Handlung ist nicht mehr von der realen Gegebenheit der Außenwelt abhängig.

5. Formale Denkoperationen treten ab ca. 11 Jahren auf, das Denken läuft nun in Form abstrakter Überlegungen ab.

Im Laufe der ersten beiden Lebensjahre vollzieht sich die geistige Entwicklung besonders rasch; Piaget hält diese Periode für außerordentlich wichtig, da *„das Kind auf dieser Stufe die Gesamtheit der kognitiven Strukturen aufbaut, die als Ausgangspunkt für seine späteren perzeptiven und intellektuellen Konstruktionen dienen.“* (Piaget / Inhelder 1986, 11)

In den ersten beiden Lebensjahren besteht eine besonders enge Verbindung zwischen Wahrnehmungsvorgängen und motorischen Handlungen. Piaget nennt daher die Art der Bewältigung von Problemen in dieser Zeitspanne „sensomotorische Intelligenz“. Sie basiert ausschließlich auf Handlung und Wahrnehmung der Dinge im Umgang mit ihnen, nicht aber auf Vorstellung und Denken. Im Verlauf der kognitiven Entwicklung wird sie zwar von höheren Denkformen überlagert, bleibt jedoch auch in späteren Lebensjahren wichtig.
Die verschiedenen Stufen der kognitiven Entwicklung kann man sich als eine Pyramide vorstellen, bei der die sensomotorische Phase das

Fundament darstellt, jede weitere Stufe baut auf der vorhergehenden auf und wird in die nächste integriert. Die Zeit zwischen Geburt und Spracherwerb sieht Piaget für die weitere Entwicklung als entscheidend an, *„da sich in ihr der Säugling durch Wahrnehmungen und Bewegungen der gesamten praktischen Umwelt bemächtigt.“* (1986, 158)

▶ *Sich anpassen und sich die Umwelt passend machen*

Sensomotorische Phase = Fundament der geistigen Entwicklung

Intelligenz kann demnach als ein System von geistigen Handlungen aufgefasst werden, die zunehmend beweglichere und stabilere Strukturen bildet und einem Gleichgewicht zwischen Umweltanforderungen und geistigen Aktionsmöglichkeiten zustrebt. Aktives Streben nach Wissen, nach der Erkenntnis von Zusammenhängen sowie das Einordnen von Neuem und Bekanntem in die jeweils vorhandene Wissensstruktur, kann nach Piagets Umschreibungen als Ausdruck von Intelligenz verstanden werden. Für ihn stellt die Intelligenz die höchste und beweglichste Form der Anpassung des Organismus an die Umwelt dar, wobei die Anpassung nicht als passive Verhaltensänderung infolge von Umwelteinflüssen verstanden werden darf, sondern als aktive Interaktion zwischen dem Individuum und seiner Umwelt aufzufassen ist. Anpassung bedeutet hier, dass der Mensch sich nicht nur auf seine Umweltverhältnisse einstellt, er passt diese auch sich selbst an. Diese beiden sich ergänzenden Vorgänge bezeichnet Piaget als *„Assimilation“* (sich etwas passend machen) und *„Akkommodation“* (sich anpassen).

Intelligenz = höchste und beweglichste Form der Anpassung des Organismus an die Umwelt

In der Auseinandersetzung mit den Gegebenheiten seiner Umwelt versucht das Kind auf sie einzuwirken, um sie in seine Vorstellungswelt aufzunehmen. Gelingt dies nicht, passt es seine Vorstellungen den Erfordernissen der Umwelt an. Dazu ein Beispiel:

Tobias gelang mit knapp 2 Jahren durch Zufall die Rolle vorwärts. Auf einer schrägstehenden Weichbodenmatte war er kopfüber heruntergekullert und davon wohl so fasziniert, dass er an diesem Tag in der Turnhalle wohl an die 30 Purzelbäume machte. Auch nach der Turnstunde versuchte er sich an allen möglichen Unterlagen und machte dabei auch manche schmerzliche Erfahrung. Während er auf der Wiese und seiner Bettmatratze noch einigermaßen weich landete, schlug das Rollen auf Teppichboden oder auf Sand meist fehl, und er kippte seitwärts um. Trotzdem fuhr er in seinen (Assimilations-)Versuchen fort, bis er irgendwann dazu überging, sich für das Rollen vor allem abfallende

Ebenen (z.B. vom Bett auf ein Kissen herunter oder aber abschüssiges Wiesengelände) auszusuchen. Im Laufe der Zeit veränderte sich auch seine Körperhaltung beim Rollen: Er setzte den Hinterkopf auf und rollte über die Wirbelsäule ab, drückte sich von den Füßen ab, um mehr Schwung zu bekommen.

Assimilation (sich etwas passend machen) und Akkommodation (Anpassung)

Das Kind wechselte also zwischen Assimilation und Akkommodation: Während er zunächst seine Umgebung seinem Wunsch nach Rollen passend zu machen versuchte, egal ob der vorgefundene Untergrund dafür geeignet war oder nicht, passte er sich mehr und mehr den äußeren Bedingungen an. Die Anpassung vollzog sich hier in zweifacher Hinsicht: Einerseits wählte er aus zwischen hartem und weichem Untergrund, zwischen ebenem und abfallendem Gelände, andererseits passte er auch seine Rollbewegungen den Erfordernissen des Untergrundes an: Er ließ sich fallen auf weiche Kissen, drückte sich auf härteren Matten ab, und als dies alles mühelos gelang, suchte er sich Hindernisse zum Überrollen.
Die Assimilation stellt den Versuch dar, jede neue Erfahrung den bereits bestehenden Denkformen anzupassen (ein Ball ist rund und leicht – also kann er auf den Boden geprellt werden). Genügt aufgrund der neuen Anforderungen der Gegenstände oder Situationen die gegenwärtige Denkform nicht mehr, so muss sie diesen angeglichen werden (ein Medizinball ist ebenfalls rund, aber schwer, er kann nicht mehr geprellt – dafür aber gerollt werden, außerdem kann man sich draufsetzen).

Die Entwicklung der sensomotorischen Intelligenz

Piaget unterscheidet innerhalb der sensomotorischen Periode sechs verschiedene Stufen, die zwar nicht zeitlich fixiert sind, das kindliche Verhalten jedoch strukturieren:

I	ca. 0–4 Wochen	Betätigung und Übung der Reflexe (Saugen, Greifen, Augenbewegung)
II	ca. 1–4 Mon.	Primäre Zirkulärreaktionen Einfache Gewohnheiten Üben der Funktionen des Greifens ohne Objektbezug
III	ca. 4–8 Mon.	Sekundäre Zirkulärreaktionen aktive Hinwendung zur Umwelt Interesse an neuen Dingen und ihrer Verwendbarkeit Koordination von Sehen und Greifen
IV	ca. 8–12 Mon.	Differenzierung von Mittel und Zweck Zielgerichtetheit der Handlungen Überwindung und Beseitigung von Hindernissen
V	ca. 12–18 Mon.	Tertiäre Zirkulärreaktionen Entdeckung neuer Mittel durch aktives Ausprobieren Experimentierverhalten, Versuch-Irrtum-Verhalten
VI	ca. 18–24 Mon.	Erfindung neuer Mittel durch geistige Kombinationen Verinnerlichung der bisherigen Erfahrungen Entwickeln neuer Handlungsmöglichkeiten gedankliche Vorwegnahme möglicher Lösungen

1. Stadium

Die ersten Lebenswochen sind durch das Auftreten einfachster Anpassungsverhaltensweisen gekennzeichnet. Nach diesem Stadium der „Reflexe" treten die „ersten Gewohnheiten" oder die „ersten Zirkulärreaktionen" auf.

2. Stadium

Unter diesem Begriff versteht Piaget die Wiederholung einer Handlung entweder aus Freude an der Handlung selbst oder aus Interesse am Handlungseffekt. Wahrnehmung und Bewegung sind hier zwar schon aufeinander bezogen, die Handlungen werden vom Kind jedoch noch zufällig entdeckt, sie sind nicht zielgerichtet und bleiben auf den eigenen Körper zentriert. Beispiele für solche primären Zirkulärreaktionen sind: Wiederholtes Saugen, wiederholtes Öffnen und Ballen der Hände.

3. Stadium

Das 3. Stadium beginnt mit der Ausbildung „sekundärer Zirkulärreaktionen". Das Ereignis, das durch die Wiederholungen aufrecht erhalten werden soll, liegt jetzt in der Außenwelt und ist nicht auf den Körper bezogen. Das Kind beginnt hier zum ersten Mal, bewusst auf die Umwelt einzuwirken. So strampelt es z. B. intensiv mit den Beinen, um einen Gegenstand, der über dem Bett aufgehängt ist, in Bewegung zu setzen.

4. Stadium

Eine Zielgerichtetheit der Handlungen ist jedoch erst dann gegeben, wenn die Handlungen so untereinander koordiniert werden, dass die einen als Ziel, die anderen als Mittel zur Erreichung des Ziels eingesetzt werden. Dies ist im 4. Stadium (Differenzierung von Mittel und Zweck) der Fall. Will das Kind z. B. nach einem Gegenstand greifen, und man hält seine Hand davor, so versucht es, die Hand wegzuschieben oder einen Umweg zu nehmen, um an den Gegenstand zu gelangen.

5. Stadium

Gelingt es dem Kind nicht, bestimmte Gegenstände oder Situationen an die bis jetzt ausprobierten Handlungsschemata zu assimilieren, so zeigt es ab dem 5. Stadium ein überraschendes Verhalten. Es versucht, durch eine Art von Experimentieren herauszufinden, in welcher Beziehung der Gegenstand oder das Ereignis neu ist. Das Kind provoziert das Ereignis immer wieder selbst, und in diesen als „tertiäre Zirkulärreaktionen" bezeichneten Handlungen sieht Piaget ein echtes Explorations-verhalten. Dieses Stadium stellt hinsichtlich der weiter unten zu diskutierenden pädagogischen Konsequenzen einen sehr wichtigen Einschnitt dar. Ab jetzt ist das Kind in der Lage, neue

Probleme zu lösen, auch wenn es hierzu kein bereits vorhandenes Handlungsschema einsetzen kann. Die Aktivität des Kindes konzentriert sich auf das Neuartige eines Gegenstandes oder eines Ereignisses, es gelangt nicht nur unwillkürlich zu neuen Ergebnissen, sondern es ruft sie sogar willentlich hervor und versucht sie zu wiederholen. Die Bewegungen, die zu den interessanten Ergebnissen geführt haben, werden ebenfalls nicht einfach reproduziert (z. B. Fallenlassen eines Gegenstandes), sondern auch abgestuft und systematisch variiert (Fallenlassen des Gegenstandes von verschiedenen Stellen aus und Verwenden verschiedener Gegenstände). In diesem Verhalten steckt nach Piaget die Tendenz des Kindes, sich auszuweiten und die Umwelt zu erobern. Das auf den tertiären Zirkulärreaktionen aufbauende experimentierende Handeln führt zum „Entdecken neuer Mittel durch Ausprobieren". Im Unterschied zu den tertiären Zirkulärreaktionen ist das Ausprobieren jetzt an der Erreichung eines Ziels orientiert. Die Handlung wird vom gestellten Problem geleitet und vollzieht sich nicht mehr um der Erkundung willen. Ein Kind entdeckt in diesem Stadium, dass ein entfernter Gegenstand sich durch eine Schnur, die an ihm befestigt ist, heranziehen lässt.

6. Stadium

Das Abschlussstadium der sensomotorischen Intelligenz und den Anfang des repräsentativen Denkens stellt in Piagets Systematik die „Erfindung neuer Mittel durch geistige Kombinationen" dar. Mit dem Auftreten dieser Verhaltensweisen beginnt eine ganz neue Periode: Stößt das Kind in seinen Handlungen auf Schwierigkeiten, so ist es nun imstande, Mittel zu finden, die es noch nie angewandt hat. Der Erfindungsakt erfolgt plötzlich, er beruht auf der Vorstellung und auf der Einsicht und nicht auf einem sich Schritt für Schritt vollziehenden Lernvorgang, der durch die Tatsachen kontrolliert wird. Um einen unerreichbaren Gegenstand herbeizuholen, verwendet das Kind jetzt einen Stock, selbst wenn es den Stock bisher noch nie in dieser Weise eingesetzt hat.

Neue Verhaltensweisen treten zu den alten hinzu

Piaget weist ausdrücklich darauf hin, dass die charakteristischen Verhaltensweisen der einzelnen Entwicklungsstadien nicht verschwinden, wenn sich neue abzuzeichnen beginnen; die neuen treten zu den alten hinzu, vervollständigen oder korrigieren sie oder können sich auch mit ihnen kombinieren.

Probierende Handlungen

Am Ende des 2. Lebensjahres – also mit dem Erwerb der Sprache – spielt sich die Entwicklung der Intelligenz zwar mehr in den Vorstellungen ab, allerdings wird die Erfahrung, konkret auf die Dinge und

Situationen der Umwelt einzuwirken, während der ganzen Kindheit wichtig bleiben und auch noch im Erwachsenenalter eine Rolle spielen. Dies zeigt sich z. B. bei wiederholenden und probierenden Handlungen, die auch im Verhalten Erwachsener auftreten, wenn die Aktualisierung verinnerlichter Verhaltensstrukturen nicht möglich ist (z. B. bei neuen, ungewohnten Anforderungen; Auch über die beiden ersten Lebensjahre hinaus haben sensomotorische Handlungen eine altersunabhängige Bedeutung. *Wahrneh-mungen und Bewegungen* sind nicht voneinander zu trennen.

Der Erwerb materialer Erfahrungen ist allerdings sowohl abhängig von einer anregungsreichen Umgebung, in der Kinder von Dingen und Objekten angeregt und zum Handeln aufgefordert werden, als auch von einer bestimmten Erzieherinnenhaltung, die dem Kind genügend Raum und Gelegenheiten gibt, etwas zu erforschen, sich mit einer Sache auseinander zu setzen.

Im Folgenden sollen daher die Konsequenzen für die Erziehung von Kindern diskutiert werden. Diese Konsequenzen beziehen sich keineswegs allein auf den Bereich der Bewegungserziehung, sondern haben für den gesamten Bereich frühkindlicher Erziehung Geltung. Sie geben jedoch auch konkrete Hinweise zur Organisation von Bewegungsangeboten.

▶ *Die Förderung der spontanen Aktivität und der Selbsttätigkeit des Kindes*

Den vorangegangenen Überlegungen liegt ein Menschenbild zugrunde, das das Kind als ein neugieriges und entdeckungsfreudiges Wesen betrachtet. Voraussetzung dafür, dass Kinder zu selbstständigem Handeln und aktivem Experimentieren herausgefordert werden, ist eine spezifische Beschaffenheit der Umwelt. Außerdem müssen die Situationen das Kind zum Sammeln materialer Erfahrungen anregen: Der Neuigkeitsgehalt muss so auf seine bisherigen Erlebnisse abgestimmt sein, dass sein Interesse geweckt und es zum Handeln und zur Erweiterung seiner Verhaltenspläne aufgefordert wird.

Anregung zur Selbsttätigkeit

Die Entwicklung der Intelligenz kann durch die Umgebung gefördert oder behindert werden kann. Dabei sind Möglichkeiten zu freien und spontanen Bewegungsspielen, Spielsituationen und Materialien, die Kinder zur Aktivität auffordern und eine ungezwungene, lustbetonte

Atmosphäre die besten Voraussetzungen dafür, dass Kinder von sich aus handeln und initiativ werden.
Um möglichst vielseitige und umfangreiche Erfahrungen und Einsichten zu erreichen, sollten Kinder die Möglichkeit haben, Einfälle auszuprobieren, mit Geräten und Materialien zu experimentieren und Neues zu finden – also das Prinzip der Selbstbestimmung zu realisieren. Im spielerischen Umgang mit unbekannten Materialien können sie das Neue in die bestehenden Erfahrungen integrieren. Neben solchen selbstgefunden Spielsituationen können die Erwachsenen aber auch Anregungen geben, in denen die Übertragung des spontan Gelernten auf neue Situationen provoziert werden, das Bewegungsrepertoire der Kinder erweitert und durch gezielte Aufgabenstellungen ihre Bewegungssicherheit gefördert werden.

Bewegung bedeutet für Kinder einen wesentlichen Zugang zur Welt. Mit dem Erwerb vielseitiger Erfahrungen durch das Medium Bewegung wird eine Erweiterung kindlicher Handlungsfähigkeit erreicht. Das Kind setzt die Bewegungsaktivität ein, um zu einem Wissen über seine Umwelt zu gelangen, ein Wissen, das auf der eigenen, selbstständig gewonnenen Erfahrung basiert und nicht aus zweiter Hand erworben wird.

Ergebnis empirischer Untersuchungen

Dass dies nicht nur hoffnungsvolle Erwartungen, sondern auch nachweisbare Erkenntnisse sind, zeigt eine Untersuchung an 300 Kindern im Alter von 4 bis 6 Jahren. Hier wurde ein sehr enger Zusammenhang zwischen der Bewegungsentwicklung eines Kindes, seiner Intelligenz und dem Grad seiner Selbstständigkeit nachgewiesen. Darüber hinaus wurde durch ein über den Zeitraum von einem Jahr hinweg durchgeführtes regelmäßiges Bewegungsangebot, das vor allem die Förderung der Eigenaktivität der Kinder zum Ziel hatte, nicht nur eine Zunahme der motorischen Leistungen festgestellt, die teilnehmenden Gruppen zeigten auch erheblich bessere Leistungen in einem Intelligenztest (vgl. Zimmer 1996).

Beispiele für den Erwerb materialer Erfahrungen

Neue Verwedungsmöglichkeiten entdecken

Kombination von Materialien, die in dieser Verbindung neue Verwendungsmöglichkeiten provozieren, z. B. Seile, an deren Ende Luftballons angeknüpft werden. Das schwere Seil lässt den Ballon am Boden liegen, der leichte Ballon macht das Ende des Seils jedoch unberechenbar. Es ist

schwer, den Ballon zu fangen, wenn er am Boden mit dem Seil hin- und hergeschlängelt wird.
Die Kinder müssen sich auf solche ungewohnten und unerwarteten Geräteeigenschaften erst einmal einstellen. Anfangs sind sie meist erstaunt und ratlos, und erst nach einigen Versuchen, den Ballon mit dem Seil in Bewegung zu versetzen, entsteht ein Spiel auch zwischen den Kindern (das Seil ist nun z. B. eine Schlange mit Kopf, auf den man zu treten versucht).

Weitere Kombinationsvorschläge:
- Bierdeckel und Tischtennisbälle
- Papprollen und Papierteller
- Stäbe und Bälle

Welche Spiele finden die Kinder bei der Kombination dieser Geräte?

Materiale Eigenschaften erkennen

Einbeziehung unbekannter Geräte, z. B. Teppichfliesen oder Fußmatten: Welche Bewegungsmöglichkeiten ergeben sich, wenn die Fliesen mit der flauschigen Oberseite auf dem Boden liegen? (Rutschen, Schlittschuhlaufen, sich von einem andern Kind ziehen lassen)
Zu welchen Spielen fordern die Fliesen und Matten heraus, wenn die rutschfeste Unterseite auf dem Boden liegt?

Eigene Lösungen finden

Problemlöseaufgaben: Mehrere Geräte (kleine und große Kästen, Turnmatten, Bänke) stehen im Raum verteilt; sie sollen durch Brücken (Bretter, Holzlatten oder auf dem Boden liegende Taue so miteinander verbunden werden, dass man von einem Gerät zum anderen gelangen kann, ohne auf den Boden zu treten.

Für solche komplexen Aufgabenstellungen benötigen Kinder viel Zeit, sie müssen experimentieren und ausprobieren können, Fehler machen, Umwege gehen und verschiedene Lösungsmöglichkeiten erproben. Manchmal ist auch ein Impuls durch die Erzieherin hilfreich – ein Anstoß zum Finden neuer Ideen oder ein Tipp zum Entdecken ungewohnter Verwendungsmöglichkeiten des Materials.
Es gibt viele Möglichkeiten, ein Problem zu lösen. Durch die Frage „Wie kann man ..." werden die Kinder aufgefordert, eigene Lösungswege zu finden, weniger nachzuahmen, sondern selbst herauszufinden, wie sich die Aufgabe bewältigen lässt. Auch Ab- und Umwege sind dabei Wege, zu einer Lösung zu kommen und müssen nicht immer als Irrwege gedeutet werden.

Vgl. Kap. 6.5 (Methoden)

3.4 Gesundheit und Wohlbefinden

Bereits im Kindergarten kann eine gezielte Gesundheitserziehung beginnen: Sie reicht von gesunder Ernährung, die gerade in Kindertagesstätten, in denen Kinder über den ganzen Tag hinweg betreut werden, eine wichtige Rolle spielt, über den häufigen Aufenthalt an der frischen Luft, bis zu einem vielseitigen, kindgemäßen Bewegungsangebot.

Gesundheit als Motiv für Bewegung?

Für viele Erwachsene ist Gesundheit ein wichtiges Motiv, Sport zu treiben. Sie möchten fit, schlank, belastbar und widerstandsfähig sein (oder werden) und bewegen sich deswegen mehr oder weniger regelmäßig. Der Gesundheitsfunktion wird in unserer Gesellschaft derzeit eine hohe Bedeutung zugemessen. Sollen Sport und Bewegung legitimiert werden, wird weder in der Schule noch im Kindergarten auf das Argument „Gesundheit" verzichtet.

Den Kindern selbst liegt ein solches funktionsorientiertes Denken fern. Sie bewegen sich nicht, weil dadurch ihr Herz-Kreislaufsystem belastet wird, sondern weil es eben Freude macht. Dürften sie sich in ihrem Lebensalltag mehr bewegen, dann gäbe es sicherlich weniger Haltungsauffälligkeiten und Muskelschwächen. Dies sind zwar tatsächlich alarmierende Signale, es ist jedoch eher bedenklich, dass die kindlichen Bewegungsbedürfnisse von der Öffentlichkeit erst dann ernst genommen werden, wenn körperliche Beeinträchtigungen die Volksgesundheit zu bedrohen scheinen und die Krankenkassen vor hohen Folgekosten warnen.

Das öffentliche Interesse an den Lebensbedingungen von Kindern und dem Kontext von Erziehung und Bildung im Kindergarten wird besonders geweckt, wenn der Blick auf Missstände, auf Defizite, die die Entwicklung gefährden und die Gesundheit der Kinder beeinträchtigen, fällt. Das Verständnis von Gesundheit ist in den vergangenen Jahren jedoch erweitert worden, zunehmend wird auch die Frage gestellt, was denn die Kinder trotz aller Risikofaktoren, die sich ja nicht alle vermeiden lassen, gesund erhalten kann. Der Blick wird also auch auf die schützenden, „protektiven" Faktoren gelenkt.

Schutzfaktoren

Demnach muss das Interesse vor allem auch der Suche nach den sogenannten „Ressourcen" gelten, die die kindliche Widerstandsfähigkeit stärken. Bewegung kann hier unterschiedliche Aufgaben wahrnehmen.

- **Stärkung körperlicher Gesundheitsfaktoren**
  wie z. B. die Verbesserung der körperlichen Fitness, die Unterstüt-

zung des Immunsystems, die Leistungsfähigkeit des Herz-Kreislaufsystems, die Kräftigung der Muskulatur zur Verbesserung der Körperhaltung

Gesundheitsressourcen

- **Stärkung personale Gesundheitsfaktoren**
  wie z.B. die Bildung einer zuversichtlichen und optimistischen Grundeinstellung, die Unterstützung des Selbstvertrauens und des Selbstwertgefühls
- **Stärkung sozialer Gesundheitsfaktoren**
  wie z.B. die Integration in eine Gruppe, die Bindung an andere Personen und die Akzeptanz in der Gleichaltrigengruppe

Bewegungserziehung in der Kindertagsstätte muss die Stärkung personaler und sozialer Gesundheitsfaktoren ebenso zum Ziel haben wie die Verbesserung der körperlichen Leistungsfähigkeit. Da diese beiden Aspekte bereits in den vorangegangenen Kapiteln angesprochen wurden, wird in den folgenden Überlegungen vor allem auf die Stärkung der körperlichen Gesundheitsfaktoren eingegangen.

▶ *Körperliche Belastungsformen und Reizsetzungen*

Um sich gesund entwickeln zu können, brauchen Kinder regelmäßige, ja sogar tägliche Bewegungsmöglichkeiten. Der Organismus benötigt zur Ausbildung leistungsfähiger Organe genügend Reize. Je nach Dauer, Umfang, Häufigkeit und Intensität der Belastung kommt es zu unterschiedlichen Anpassungserscheinungen bei den verschiedenen Organsystemen des Körpers. Dabei werden folgende großen Organsysteme unterschieden:

Organsysteme

- der passive und aktive Stütz- und Bewegungsapparat
- das Atmungs-Herz-Kreislaufsystem
- das Stoffwechselsystem
- das Nervensystem (vgl. Cicurs 1990)

Die Struktur und die Leistungsfähigkeit eines Organs ist nicht nur abhängig von seinem Erbgut, sondern vor allem auch von der Qualität und Quantität seiner Belastung (Hollmann 2004, 37 f.). Eine Bewegungsstunde pro Woche ist als Belastungsreiz nicht ausreichend. Kinder müssen vielmehr täglich Gelegenheit haben, sich zu verausgaben und damit quasi im Spiel funktionelle Reize zu setzen.
Im Gegensatz zu älteren Kindern und Jugendlichen müssen jüngere Kinder nicht zur Bewegung motiviert werden, ihr natürlicher Bewegungsdrang braucht nur genügend Raum und Gelegenheit zum Aus-

leben. Die wohltuende und befreiende Wirkung von Bewegung wird auch von ihnen selbst wahrgenommen: So äußern sie bereits bei kürzeren Konzentrationsphasen, in denen sie sich ruhig verhalten oder still sitzen sollten, den Wunsch, aufzustehen und sich zu bewegen, und signalisieren dies auch eindeutig in ihrem Verhalten.

Organische Belastungsreize durch Bewegungsspiele

Aus pädagogischer wie auch aus medizinischer Sicht kann das Toben, Rennen und „Sichverausgaben" also durchaus wichtig sein für die körperliche, wie auch für die seelische Entwicklung der Kinder. Es unterstützt Wachstumsreize, regt das *Herz-Kreislaufsystem* an, trainiert die *Muskulatur* und verbessert die *Koordinationsfähigkeit.*

Darüber hinaus haben Kinder hier auch Gelegenheit zum Erfahren und Kennenlernen des eigenen Körpers, seiner Reaktionen bei bewegungsintensiven Spielen (Schwitzen, Atemlosigkeit usw.). Diese Prozesse laufen beim Kind zwar nicht bewusst ab, sie tragen jedoch dazu bei, dass Kinder Signale ihres Körpers wahrnehmen und sie auch einzuordnen wissen.

▶ *Auswirkungen der Umweltbedingungen auf die Gesundheit von Kindern*

Das Verständnis von Gesundheit ist heute nicht mehr einseitig auf die körperliche Funktionstüchtigkeit bezogen. Nach der Definition der Weltgesundheitsorganisation (WHO) wird Gesundheit sogar als *„vollkommenes körperliches, geistiges und soziales Wohlbefinden"* und nicht nur als Abwesenheit von Krankheit verstanden. Damit wird der Begriff Gesundheit sehr viel enger mit der sozial-ökologischen Situation, in der Menschen aufwachsen, verknüpft und nicht mehr allein auf den körperlichen Bereich beschränkt.

So hängen vor allem bei Kindern Gesundheit und Wohlbefinden eng mit den Bedingungen zusammen, denen sie in ihrer alltäglichen Lebensumwelt ausgesetzt sind. Die Einschränkung der Spiel- und Bewegungsmöglichkeiten infolge einer immer stärker expandierenden Technisierung und Motorisierung, der Verlust an unmittelbaren körperlich-sinnlichen Erfahrungen, hat ohne Zweifel entscheidenden Anteil an den bei Kindern in den letzten Jahren gehäuft auftretenden Haltungs- und Bewegungsauffälligkeiten. Gerade im vorschulischen Alter vollziehen sich grundlegende Entwicklungsprozesse, die die Basis der späteren Haltung und Leistungsfähigkeit bilden. Der heranwachsende Organismus ist jedoch auch besonders anfällig gegen Störfaktoren, bedingt durch Zivilisationseinflüsse, wie z. B. Bewegungsmangel oder falsche Ernährung.

Bewegungsmangelerkrankungen

Die bereits in Kap. 3 ausführlich beschriebene unausgewogene Umweltstimulierung und die mangelnden Verarbeitungsmöglichkeiten der auf das Kind einströmenden Reize führen zusammen mit der oft gleichzeitig einsetzenden Einschränkung seiner Bewegungsmöglichkeiten nicht selten zu Bewegungsmangelerkrankungen. In zunehmendem Ausmaß kommt es auch zu Störungen in der Wahrnehmungsverarbeitung und zu Verhaltensauffälligkeiten. Kommunikative Störungen, Ängste, Aggressivität, mangelnde Konzentrationsfähigkeit und Hyperaktivität sind Symptome, die immer häufiger auftreten und die auch auf die sich verändernden Lebensbedingungen von Kindern zurückzuführen sind (Hurrelmann 2004, 19 ff.).

Gesundheitliche Beeinträchtigungen bei Kindern

Eine solche Veränderung der Lebens- und Erfahrungswelt hat sowohl Folgen für die psycho-soziale als auch für die körperlich-motorische Entwicklung von Kindern. Zwar ist die allgemeine gesundheitliche Betreuung durch die Vorsorgeuntersuchungen in den letzten Jahrzehnten aus medizinischer Sicht ständig verbessert worden, Kinderärzte warnen jedoch vor den gravierenden Folgen, die der ständig zunehmende Bewegungsmangel bei Kindern hat. Die Bundeszentrale für gesundheitliche Aufklärung weist darauf hin, dass viele Kinder im vorschulischen Alter Defizite bei körperlichen Ausdauerbelastungen, altersgerechter Körperkraft und bei Koordinationsleistungen aufweisen (Pott 2002, 22).

Übergewicht

Als besonders alarmierend muss auch die zunehmende Zahl der übergewichtigen Kinder gesehen werden. Ca. 15 bis 20% aller Schulanfänger haben Übergewicht, diese Zahl ist mit zunehmendem Alter ansteigend (Franzkowiak 2003, 33).

▶ *Psycho-soziale Faktoren der Gesundheit*

Damit neben der Verbesserung der körperlichen Leistungsfähigkeit auch die personalen Gesundheitsressourcen, wie der Aufbau von Selbstvertrauen und die Stärkung des Selbstwertgefühls (vgl. Kap. 3.1.) erreicht werden kann, ist es notwendig, dass die Bewegungsangebote auf den individuellen Entwicklungsstand und auf die Bedürfnisse der Kinder abgestimmt sind; sie sollten gewährleisten, dass alle Kinder sich als erfolgreich wahrnehmen und sich in der Gruppe wohl fühlen. Voraussetzung hierfür ist eine Atmosphäre des Vertrauens und der Freiwilligkeit, in der Kinder keine Angst haben, Schwächen zu zeigen, und in der auch die äußeren Rahmenbedingungen dazu beitragen, dass sie ihre eigenen Fähigkeiten entdecken können.

Reaktionen von Angst und Unsicherheit

Kinder haben manchmal Angst vor Bewegungssituationen,

- wenn ihnen diese neu und unbekannt sind und sie nicht wissen, was sie erwartet,
- wenn sie in ähnlichen Situationen schmerzhafte Erlebnisse hatten oder Verletzungen erlitten haben,
- wenn die Schwierigkeit der Bewältigung der Situation ihnen zu groß erscheint und sie sich davor fürchten, evtl. zu versagen.

Diese Angst äußern sie nicht immer unmittelbar,

- sie verweigern die Teilnahme, „blockieren", sagen einfach „nein, ich will nicht",
- sie sind verkrampft, verspannt, auch wenn sie sich an den Bewegungsspielen beteiligen,
- sie stören oder ärgern andere Kinder, werden aggressiv,
- sie flüchten sich in Bauchschmerzen, klagen über Halsschmerzen, täuschen eine Verletzung vor.

Solche Verhaltensweisen und Äußerungen können Signale dafür sein, dass ein Kind sich überfordert fühlt, dass es die vorgefundene Situation nicht einschätzen kann, dass es Angst hat.
Gesundheitlich bedeutsame Auswirkungen kann ein Bewegungsangebot nur haben, wenn es von den Kindern mit Freude angenommen wird, wenn *Entstehung von Angst verhindert* wird bzw. *vorhandene Ängste abgebaut* werden.

Dies kann die Erzieherin erreichen,

- indem sie dem Kind zeigt, dass sie die Gründe für seine Angst versteht,
- indem sie das Kind ermutigt und ihm Hilfe anbietet,
- indem sie dem Kind deutlich macht, dass sie Vertrauen in seine Fähigkeiten hat,
- indem sie dem Kind zwar „Brücken" baut, die ihm die Teilnahme erleichtern, es aber nicht zu überreden versucht und schließlich auch die Entscheidung des Kindes, bei einem bestimmten Angebot nicht mitzumachen, akzeptiert,
- indem sie Bewegungsangebote so auswählt, dass nicht alle Kinder die gleichen Aufgaben zu bewältigen haben, sondern sich auch für Alternativen entscheiden können,
- indem sie in der Gruppe Hilfsbereitschaft und Rücksichtnahme aufbaut und die Kinder dazu anhält, aufeinander zu achten und sich gegenseitig zu helfen.

Offene Bewegungsangebote (vgl. Kap. 6.6) bieten eine gute Gewähr dafür, dass die individuellen Bedürfnisse der Kinder Berücksichtigung finden. Hier hat die Erzieherin genügend Freiraum, ängstlichere leistungsschwächere Kinder zu unterstützen, ihnen Hilfen zu geben und die Situationen so zu arrangieren, dass auch sie positive Erfahrungen im Hinblick auf ihre Fähigkeiten machen.
Im Sinne einer umfassenden Gesundheitserziehung im Kindergarten sollten auch jene Kinder besondere Beachtung finden, die Entwicklungsdefizite aufweisen, die z. B. in ihren motorischen oder sprachlichen Fähigkeiten nicht dem Altersdurchschnitt entsprechen, Auffälligkeiten oder Störungen aufweisen, die unter konstitutionellen Besonderheiten (z. B. Übergewicht) leiden oder sich nur wenig zutrauen.

Kinder mit Entwicklungsbeeinträchtigungen

Bewegung stellt gerade für diese Kinder ein besonders wirksames Mittel zur Entwicklungsförderung dar, allerdings bedürfen sie einer sensiblen Betreuung, die sich nicht in erster Linie auf die Behebung oder den Ausgleich ihrer spezifischen Schwächen richtet, sondern vielmehr die Stärkung ihres Selbstwertgefühls und die Integration des Kindes in die Gruppe zum Ziel hat.
Auch diese Kinder erleben Bewegung zunächst als positiv, erst die soziale Bewertung ihrer Ungeschicklichkeit und die Misserfolgserlebnisse bei Anforderungen, die an die gesamte Gruppe gestellt werden, führen zu einer negativen Bewertung.
Gerade übergewichtige, ungeschickte, langsame Kinder benötigen die Stärkung ihres Selbstwertgefühls in Bewegungssituationen, damit sie nicht in den in den Abschnitten 3.1 und 3.3 dargestellten Teufelskreis geraten.

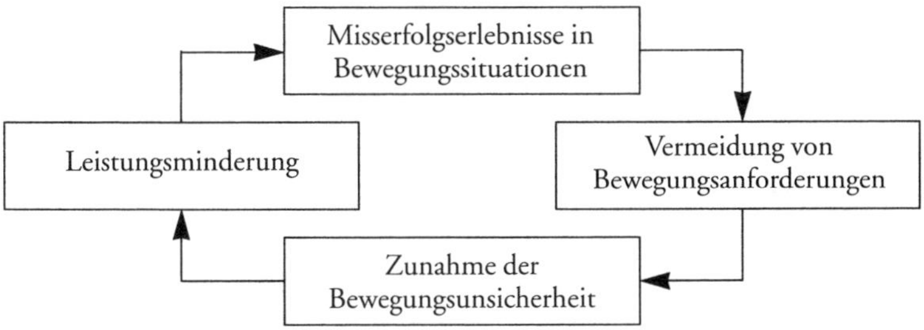

Den besten Beitrag zu einer ganzheitlichen Gesundheitserziehung bereits im Kindergartenalter stellt ein als lustvoll erlebtes und mit Freude ausgeübtes Bewegungsangebot dar, das dem Kind trotz evtl. vorhandener Schwächen Könnenserlebnisse vermittelt und ihm das sichere Gefühl gibt, dass es unabhängig von der objektiven Höhe seiner Leistungen von der Gruppe und von der Erzieherin wahrgenommen wird. Anders als für Erwachsene ist für Kinder Gesundheit zwar kein Motiv für Bewegungsaktivitäten und sportliche Betätigung, in keiner Altersstufe bieten sich jedoch so gute Chancen, Kinder an selbstständige, regelmäßige Bewegungsaktivitäten heranzuführen und so die Basis für eine auch in späteren Lebensjahren noch anhaltende Motivation zu sportlicher Betätigung zu bilden.

▶ *Bewegungserziehung als kindgerechte Gesundheitserziehung*

Neben den o.g. Überlegungen sollten im Sinne einer umfassenden Gesundheitserziehung im Kindergarten folgende Aspekte beachtet werden:

- Vermeiden von zu langen Sitz- und Ruhephasen (z.B. lang andauernde Theaterstücke und Vorführungen, denen die Kinder sitzend zuschauen);
- Alternativen zum Sitzen auf Stühlen finden (Vorlesen, Basteln, Spielen auf den Boden verlagern, so dass die Körperposition von den Kindern selbst entsprechend ihren Bedürfnissen geändert werden kann);
- den Kindern jederzeit das Draußenspielen ermöglichen (bei nassem Wetter für Kleidung zum Wechseln sorgen);
- möglichst häufig Gelegenheiten zum Barfußlaufen geben;
- Elternabende zum Thema „Kindgerechte Gesundheitserziehung" durchführen, an denen in Arbeitsgruppen unterschiedliche Schwerpunkte wie „Spielen", „Ernährung" und „Bewegung" behandelt werden.

Erproben und Üben der Grundbewegungsformen

Darüber hinaus sollten Kinder täglich Gelegenheiten zum möglichst vielseitigen Sichbewegen haben. Durch Bewegungsspiele, bei denen Grundbewegungsformen wie Kriechen, Stützen, Hängen, Rollen, Wälzen, Hüpfen, Ziehen, Schieben usw. (vgl. Kap. 6.4) erprobt und geübt werden, erhält die Muskulatur vielfältige Entwicklungsreize; Kinder sollten dabei selbst ihre Belastungsintensität festlegen können, so kann am ehesten Über- wie Unterforderung vermieden werden. Ein Schwerpunkt gesundheitsorientierter Bewegungserziehung kann z. B. die Haltungsförderung sein. Auch sie ist im Kindergarten in Bewegungsspiele einzubinden. Ein gutes Gefühl für die Körperhaltung vermitteln z. B. alle Gleichgewichtsaufgaben (vgl. Liebisch/Weinmann 1997).

Beispiele für eine kindgerechte Haltungsförderung

(bei der neben der Körperwahrnehmung vor allem auch die Körperkoordination und das Gleichgewicht angesprochen werden):

- Gegenstände auf dem Kopf zu tragen versuchen (wie afrikanische Frauen, die alle Lasten auf dem Kopf befördern); dazu eignen sich Sandsäckchen, Tennisringe, vielleicht sogar ein Buch oder Plastikteller.
- Mit dem Gegenstand auf dem Kopf durch den Raum gehen, jemand anderen begrüßen, Treppensteigen, sich auf einen Stuhl setzen usw.
- Ein Sandsäckchen auf unterschiedlichen Körperteilen balancieren: auf den Schultern, dem Handrücken, dem Fuß, dem Rücken, dem Oberarm usw.; in welcher Körperposition kann man das Säckchen auf dem Bauch oder auf dem Po tragen?
- Das Sandsäckchen hochwerfen und mit unterschiedlichen Körperteilen aufzufangen versuchen.
- In einem Spiegel die eigene Körperhaltung betrachten: Wie sieht es aus, wenn ich Kopf und Schultern nach vorne hängen lasse, wenn ich die Brust herausstrecke und den Kopf aufrichte?
  Wie fühle ich mich bei diesen unterschiedlichen Körperhaltungen?

4. Entwicklungspsychologische Grundlagen der Bewegungserziehung

Jede Erzieherin wird sich irgendwann einmal Gedanken darüber gemacht haben, ob es Anhaltspunkte oder vielleicht sogar Gesetze gibt, die die Entwicklung verschiedener Altersstufen charakterisieren. Für die Planung von Bewegungsangeboten kann es sehr wichtig sein zu wissen, wie Kinder überhaupt lernen und wie sie Informationen aufnehmen und verarbeiten. Diese Überlegungen betreffen also

die *anthropologischen Voraussetzungen und entwicklungspsychologischen Grundlagen* der Bewegungserziehung.
Jeder Erwachsene sieht die von ihm betreuten Kinder immer auch durch eine Brille von entwicklungspsychologischen Vorstellungen, die sich bewusst oder unbewusst in seinem Kopf befinden. Er hat ein Bild davon, wie Kinder sich z. B. im Vorschulalter verhalten, was man ihnen zutrauen kann, in welcher Art sie sich ansprechen lassen und worauf ihre Interessen gerichtet sind. Ohne diese Vorstellungen würde ihm jede Orientierung für seine Planungen fehlen.

Vorannahmen über das Verhalten von Kindern

Die Vorannahmen, wie Kinder in einem bestimmten Alter sind, werden durch viele Faktoren bestimmt: Durch unser *Alltagswissen* („Kleine Kinder spielen gerne"), durch unser *Schul- und Ausbildungswissen* (das uns z. B. vermittelt hat, wann bei Kindern Regelspiele einsetzen) und unsere *Erfahrungen im Umgang mit Kindern* (die uns z. B. wissen lassen, wie sich Kinder an den Bewegungsvorbildern anderer orientieren und sie nachzuahmen versuchen). Solche Vorannahmen sind wichtig zur Einordnung und Orientierung, manchmal handelt es sich jedoch auch um Vorurteile aus der Erwachsenenperspektive.
Durch entwicklungspsychologische Aussagen werden Verhaltensweisen beim Menschen beschrieben, geordnet, erklärt und die Bedingungen ihrer Entstehung beschrieben.

▶ *Zum Begriff der Entwicklung*

Intra-und interindividuelle Unterschiede

Entwicklung ist ein Prozess von Veränderungen während des gesamten Lebenslaufs eines Menschen. Die Veränderungen sind von unterschiedlicher Zeitdauer und von unterschiedlichem Ausmaß, d. h., es gibt bei jedem einzelnen Individuum Unterschiede in der Entwicklung, und zugleich entwickeln sich alle Menschen unterschiedlich.
Veränderungen sind nicht vom Zufall abhängig oder durch beliebige Ereignisse gesteuert, sie unterliegen einer gewissen Systematik und sind im Normalfall nicht umkehrbar. Mit dem Verlauf und den Bedingungen solcher Veränderungen befasst sich die Entwicklungspsychologie. Besonders deutlich ist der Entwicklungsprozess in der Kindheit. Obwohl auch alte Menschen sich noch verändern, sind doch die Fortschritte bei kleinen Kindern am eindrucksvollsten und deswegen wohl auch am ehesten beobachtet und untersucht worden. Vor allem prägen sie auch grundlegend und beeinflussen so entscheidend die weitere Entwicklung des Menschen.
Die Entwicklung ist ein komplexer und vielschichtiger Prozess, an dem sowohl die Erbanlagen als auch die Umweltbedingungen einen

Anteil haben. Es gibt unterschiedliche theoretische Vorstellungen vom Ablauf dieses Prozesses.

► *Entwicklungstheorien*

Jeder Sichtweise von Entwicklung liegt ein bestimmtes Bild des Menschen zugrunde und enthält Annahmen über die Beziehungen des Einzelnen zu seiner Umwelt (Mietzel 2002). Man unterscheidet allgemein zwischen

- reifungstheoretischen,
- milieutheoretischen und
- interaktionistischen Auffassungen (vgl. Eberspächer 1993, 101 ff.).

Entwicklung als vorprogrammiertes Geschehen

Die reifungstheoretischen Ansätze betrachten Entwicklung weitgehend als biologisch vorprogrammiertes Geschehen, in dem Umwelteinflüsse nur eine untergeordnete Bedeutung haben. Entwicklung wird hier als Abfolge von Stufen und Phasen verstanden; anstelle eines kontinuierlichen Verlaufs werden Schübe und Einschnitte angenommen, die als charakteristisch für einen bestimmten Lebensabschnitt gelten (zur motorischen Entwicklung vgl. z. B. Gesell 1992). So entwickelte Möckelmann (1967) unter Berücksichtigung der leiblichen Entwicklung ein Konzept von den Phasenlehren, das viele Richtlinien für den Schulsport beeinflusste und die Zuordnung bestimmter Unterrichtsinhalte zu bestimmten Alters- und Entwicklungsstufen zur Folge hatte.

Zuordnung von Unterrichtsinhalten zu Altersstufen

Die Annahme eines einheitlichen Entwicklungsverlaufs führt jedoch zu problematischen pädagogischen Konsequenzen: Kindern in einer bestimmten Entwicklungsphase wird oft ein einheitliches Erziehungsprogramm vorgegeben, das dann in der Praxis häufig zu einer *Unter- bzw. Überforderung* führt (vgl. Retter 1969).
Motorische Begabung wird nach diesem Ansatz als weitgehend vererbt angesehen. Kaum beachtet wird hierbei, dass die leib-seelische Entwicklung von Kindern nicht das Ergebnis eines schubweise verlaufenden naturgegebenen Reifungsprozesses ist, sondern vor allem beeinflusst wird durch die Art und Weise der vorausgegangenen Lernerfahrungen und Entwicklungsreize.

Entwicklung als Ergebnis von Umwelteinflüssen

Im **milieutheoretischen Ansatz** wird die Vorstellung vertreten, dass die Entwicklung des Menschen weitgehend durch Umwelteinflüsse gesteuert wird. Das menschliche Verhalten wird als Reaktion auf

Erfahrungen und Erlebnisse, die als „Reize“ gelten, verstanden. Ererbte Voraussetzungen spielen dabei nur eine mehr oder weniger untergeordnete Rolle (Watson 2000).
Die Vertreter dieser Richtung gehen davon aus, dass Verhaltensweisen dann umso häufiger auftreten, wenn sie verstärkt worden sind. Dieser Ansatz konnte sich in der Entwicklungspsychologie nicht durchsetzen. Alltagsbeobachtungen von einerseits völlig unterschiedlichen Verhaltenseigenschaften von Geschwistern, die unter den gleichen Lebensbedingungen aufgewachsen sind, und andererseits empirische Untersuchungen an eineiigen Zwillingen, die bei ihrer Geburt getrennt worden waren und trotz unterschiedlicher Lebensbedingungen gleiche Verhaltensweisen zeigten und sogar ähnliche Schicksale hatten, weisen auf einen nicht zu unterschätzenden Einfluss der Erbanlagen hin.

Ausgangspunkt der **interaktionstheoretischen Ansätze** ist die Überlegung, dass Entwicklung sich in einem permanenten Austauschprozess, einer Wechselbeziehung (Interaktion) zwischen der Person und ihrer Umwelt vollzieht. In diesen Prozess gehen sowohl Erbanlagen als auch Umweltbedingungen ein, immer in Wechselbeziehung (Interaktion) zueinander stehen und die Entwicklung beeinflussen.

Entwicklung als Prozess der Wechselbeziehung zwischen Erbanlagen und Umwelteinflüssen

Vgl. Kap. 3.3

Jedes Kind entdeckt nach und nach durch eigenes Erkunden und Probieren die Beschaffenheit der Welt, die uns Erwachsenen so selbstverständlich ist, als hätten wir sie schon immer begriffen und gekannt. In den Erscheinungsformen der Dinge stecken regelhafte Strukturen (z. B. Naturgesetze, physikalische Gesetzmäßigkeiten usw.). Um sie zu verstehen, hat der Erwachsene eine Auffassungsstruktur, eine „geistige Struktur“. Das Kind besitzt diese geistige Struktur noch nicht. Sie entfaltet sich auch nicht wie ein vorprogrammierter Reifungsprozess, und ebenso wenig kann man sie durch Unterricht in es hineinzwingen. Durch den ständigen Umgang mit den Dingen entwickelt das Kind vielmehr seine geistige Struktur, mit Hilfe derer es Eindrücke aus der Umwelt aufnehmen und einordnen kann, um sich so zunehmend besser in der Welt zurechtzufinden (Piaget 2002).

Kind = aktives Wesen

Der wesentliche Unterschied des interaktionstheoretischen Ansatzes zu den beiden zuvor angeführten Theorien der Entwicklung ist die Annahme, dass das Kind nicht als Objekt von Reifung oder Umwelteinflüssen gesehen wird, sondern als aktives Wesen, das sich in Auseinandersetzung mit seiner Umwelt weiter entwickelt und dabei diese gleichzeitig auch in hohem Maße mitgestaltet.

Dies ist eine weitere – über die Theorie von Piaget hinausgehende Position innerhalb der interaktionistischen Ansätze, die als „handlungstheoretische Konzeption" beschrieben wird (vgl. Bauer 1994, 40).

Handlungstheoretische Konzeption

Handlungstheoretische Konzeptionen verstehen Entwicklung als eine über das Handeln der Person selbst konstruierte Lebensgeschichte. Die Person entwickelt sich über ihr Handeln, über ihre Tätigkeiten; in das Handeln gehen aber auch die eigenen genetischen Dispositionen (Erbanlagen) ein, sowie die erworbenen und subjektiv verarbeiteten Erfahrungen, die dann im aktuellen Handeln weiter entwickelt werden. Über das Handeln nimmt also die Umwelt einerseits Einfluss auf die Person, andererseits aber wirkt die Person damit auch auf die Umwelt ein (Baur 1994, 41).

Im folgenden Abschnitt werden einige Bereiche der kindlichen Entwicklung aus der Sicht der Entwicklungspsychologie behandelt. Die Auswahl ist sicherlich subjektiv und in erster Linie unter dem Aspekt der Relevanz der Themen für die Bewegungserziehung mit Kindern vorgenommen worden. Auf die Darstellung der kognitiven Entwicklung und der Sozialentwicklung wurde verzichtet, weil diese bereits in Kap. 3 erörtert worden sind.

4.1 Entwicklung und Bedeutung der Wahrnehmung

Erwachsene sehen in der täglichen Suche von Kindern nach Bewegungsgelegenheiten, im Balancieren, Rennen, Rutschen, Wippen und Springen nur selten einen tieferen Sinn, es erscheint ihnen als einfaches, nutzloses Spiel. Für die kindliche Entwicklung sind diese Bewegungen jedoch von elementarer Bedeutung, denn sie liefern die Basis für *grundlegende Wahrnehmungserfahrungen.* Gleichzeitig sind sie auch Ausdruck des Bedürfnisses von Kindern, in der Begegnung mit ihrer Umwelt alle ihre Sinne einzusetzen, die Welt auf möglichst vielfältige Weise sinnlich zu erfahren.

▶ Die Bedeutung der Wahrnehmung

Wahrnehmungsleistungen nehmen eine Schlüsselfunktion hinsichtlich der Aufnahme und Verarbeitung von Informationen aus der Umwelt ein. Jede neue Situation muss zunächst mit Hilfe der Sinnesorgane erfasst und an das Zentralnervensystem weitergeleitet werden, bevor sinnvolle motorische Handlungen folgen können.

Wahrnehmung = Aufnehmen und Verarbeiten von Reizen

Unter „Wahrnehmung" wird das Aufnehmen und Verarbeiten von Reizen über die verschiedenen Sinnessysteme verstanden. Voraussetzung für die Orientierung in der Umwelt ist die Fähigkeit, *Sinnesreize zu differenzieren,* wichtige Informationen von unwichtigen zu unterscheiden. Der Säugling ist bereits fähig, aus einer Vielzahl von Geräuschen diejenigen herauszuhören, die für ihn von Bedeutung sind: Die Stimme der Mutter kann er z. B. auch aus dem größten Stimmengewirr erkennen.

Sich konzentrieren zu können heißt demnach, bedeutsame Reize von unbedeutenden zu differenzieren und die ganze Aufmerksamkeit auf eine Informationsquelle richten zu können (z. B. auch bei einem hohen Geräuschpegel im Gruppenraum der Stimme der Erzieherin, die gerade eine Geschichte vorliest, zu folgen, und sich von dem umgebenden Lärm nicht ablenken zu lassen).

Die Sinnesreize und Umwelteindrücke müssen erkannt, interpretiert, einander zugeordnet und behalten werden.

Sinnliche Erfahrungen in der richtigen Weise miteinander zu verbinden ist eine wichtige Voraussetzung für jede Art von Lernen.

Sensorische Integration

Ayres (2002) hat diesen Prozess als „Integration der Sinne" bezeichnet. Der Ort der Integration und Koordination der Sinnesreize ist das zentrale Nervensystem.

Ein gut funktionierendes Wahrnehmungssystem kann als Voraussetzung für die Auseinandersetzung des Kindes mit seiner Umwelt betrachtet werden. Zwar sind die meisten Menschen von Geburt an mit einer durchschnittlich guten Fähigkeit zur Wahrnehmung ausgestattet, diese Grundfähigkeit muss jedoch vor allem in der Kindheit durch beständige Anpassung an Situationen, Dinge und Anforderungen geübt werden. Je vielfältiger sensorische Funktionen geübt werden, umso sicherer werden Kinder in ihren Bewegungen und umso besser gelingt es ihnen, den an sie gestellten Anforderungen gerecht zu werden.

Zusammenspiel der Sinne fördern durch Bewegungsaktivität

Ein sensorisches System kann sich nur dann optimal entwickeln, wenn es geübt wird. Das Zusammenspiel der Sinne wird gefördert durch Bewegungsaktivitäten; hier werden Wahrnehmungsleistungen erforderlich, die quasi als „sensorische Nahrung" dienen: Sie setzen komplexe Anpassungsreaktionen in Gang, Kinder lernen Neues hinzu, durch die Anpassungsreaktionen hat das Gehirn die Chance, sich weiterzuentwickeln und sich damit besser zu „organisieren".

▶ *Wahrnehmungssysteme*

Grundwahrnehmungsbereiche

Innerhalb der Wahrnehmungssysteme haben die so genannten Grundwahrnehmungsbereiche (Doering/Doering 1999) eine besondere Bedeutung: Das taktile System (das Tasten und Berühren), das vestibuläre System (das Gleichgewicht) und das kinästhetische System (die Bewegungsempfindungen) stellen die Basis sensorischer Verarbeitung und damit ein Fundament der kindlichen Entwicklung dar. Sie werden auch als „körpernahe Sinne" bezeichnet, im Gegensatz Sehsinn und Hörsinn, die als „körperferne Sinne" gelten.

Wahrnehmungssysteme

	System	Sinnesorgan
Nahsinne	1. Taktiles System	Haut
	2. Kinästhetisches System	Propriozeptoren
	3. Vestibuläres System	Gleichgewichtsorgan, Innenohr
	4. Geschmackssinn (gustatorischer Sinn)	Zunge
	5. Geruchssinn (olfaktorischer Sinn)	Nase
Fernsinne	1. Auditives System	Ohren
	2. Visuelles System	Augen

▶ *Entwicklung der Wahrnehmung*

Die Grundlage der Wahrnehmungsentwicklung bilden die taktilen, die kinästhetischen und die vestibulären Erfahrungen, da sie die von der Entwicklung her jüngeren Formen der Wahrnehmung sind, auf denen alle weiteren aufbauen. Zuerst entwickeln sich die Sinne, die uns Informationen über unseren Körper und seine Beziehung zur Anziehungskraft der Erde geben. Erst danach folgt die Differenzierung der Sinne, die uns Informationen über körperferne Dinge liefern (vgl. Zimmer 2004a). Bei Kindern, die Wahrnehmungs- und Konzentrationsstörungen haben, wird die besondere Bedeutung einer „basalen sensorischen Stimulation" betont (vgl. Doering/Doering 1999).

Tastsinn

Das **taktile System** ist nach J. Ayres (2002) das erste sensorische System, das sich schon im Mutterleib entwickeln und das bereits funktionsfähig ist, wenn visuelle und auditive Systeme sich erst zu bilden beginnen. Taktile Reize werden über die Haut aufgenommen, die Haut kann somit als das größte Wahrnehmungsorgan aufgefasst werden. über die Haut nimmt das Kind Temperatur wahr, es ertastet die Beschaffenheit von Material und Gegenständen, es lernt, mit den Händen zu „sehen".

Bewegungssinn

Die **kinästhetische Wahrnehmung** umfasst die Empfindung von Bewegungen des eigenen Körpers oder einzelner Körperteile gegeneinander und den dabei auftretenden Kraftleistungen. Die Bewegungswahrnehmung erfolgt über Muskeln, Sehnen und Gelenke; über die sog. Propriozeptoren (im Lateinischen bedeutet „Proprius" – der Eigene) werden dem Gehirn Informationen über die Muskelspannung und die Stellung der Gelenke zum Körper vermittelt.

Gleichgewichtssinn

Die **vestibuläre Wahrnehmung** ist für die Gleichgewichtsregulation des Körpers verantwortlich. Für diese Funktion wichtige Rezeptoren befinden sich im Innenohr, daher wird das Ohr oft auch als „Gleichgewichtsorgan" bezeichnet. An der Gleichgewichtserhaltung sind jedoch mehrere Bereiche beteiligt, man bedenke nur, wie unsicher das Gleichgewicht wird, wenn man versucht, mit geschlossenen Augen über einen Balken zu gehen. Die Gleichgewichtsregulation ist also ein sehr komplexer Vorgang, an dem mehrere Sinne Anteil haben, andererseits wirkt sich das vestibuläre System jedoch auch auf die Funktionsfähigkeit der anderen Sinne aus.

Sehsinn

Die **visuelle Wahrnehmung** gehört zu den Sinnesbereichen, die im Alltag einer ständigen Reizüberflutung ausgesetzt sind.
Das Auge ist das wichtigste menschliche Informationsorgan. Der weitaus größte Teil der von außen kommenden Informationen wird über dieses Sinnessystem wahrgenommen. Die visuelle Wahrnehmung betrifft allerdings nicht nur die Aufnahme von Lichtreizen durch das Auge, sondern auch die Verarbeitung der aufgenommenen Informationen durch das Gehirn. Sehschwächen können durch Brillengläser ausgeglichen werden, die visuelle Wahrnehmung beinhaltet jedoch mehr als die reine Intaktheit der Sinnesorgane.

Hörsinn

Ähnlich verhält es sich mit dem auditiven Wahrnehmungssystem. Bereits im Mutterleib nehmen Kinder Geräusche und Töne wahr;

das vertrauteste Geräusch ist der Herzschlag der Mutter. Von diesen Erfahrungen ausgehend differenziert sich die auditive Wahrnehmungsfähigkeit der Kinder immer mehr. Auf ihr baut auch die Entwicklung der Sprache und der Kommunikation auf (vgl. Olbrich 1989).

Verlauf der Wahrnehmungs entwicklung

Die Entwicklung der Wahrnehmung wird von Affolter (1975) als ein hierarchisch aufgebautes Stufenmodell beschrieben, das sich sehr an der Entwicklungstheorie Piagets orientiert: Jeder einzelne Sinn liefert dem Gehirn wichtige Informationen, die zunächst unverbunden neben einander stehen. Nach Affolter handelt es sich hier um das Stadium der „modalitätsspezifischen Wahrnehmung“. Dieses muss intakt sein, bevor die Informationen aus den unterschiedlichen Sinneskanälen miteinander verknüpft werden können. Die Verknüpfung erfolgt auf der Stufe der „intermodalen Wahrnehmung“. Die Koordination des Sehens und Greifens ist ein Beispiel für solche Verknüpfungsvorgänge. Auf der nächsthöheren Stufe der „serialen Wahrnehmung“ können dann verschiedene Handlungsfolgen und nacheinander ablaufende Reize räumlich und zeitlich integriert wahrgenommen werden. Das Kind hat sie nun im Gedächtnis gespeichert und kann sie jederzeit abrufen, so dass ein Handlungsergebnis auch ohne praktischen Vollzug vorweggenommen werden kann.

Eine andere Auffassung vertritt Dornes (1996). Er spricht vom „kompetenten Säugling“, der bei der Geburt bereits über mehr Fähigkeiten verfügt, als allgemein angenommen wird. Aufgrund verschiedener experimenteller Untersuchungen aus der Säuglingsforschung kommt er zu dem Schluss, dass Wahrnehmungen, die mit verschiedenen Sinnesorganen aufgenommen werden, von Anfang an miteinander in Beziehung gesetzt werden. Diesen Prozess der intersensorischen Koordination bezeichent Dornes als „kreuzmodale Wahnehmung“. Sinneswahrnehmungen aus verschiedenen Modalitäten (sehen, hören, schmecken, tasten) werden miteinander koordiniert. Die Vorstellung zur kreuzmodalen Wahrnehmungsfähigkeit geht also davon aus, dass die Wahrnehmung sich zunächst eher ganzheitlich vollzieht, und erst im Lauf der Entwicklung werden dann einzelne Bereiche ausdifferenziert und isoliert.

▶ *Förderung der Wahrnehmungsfähigkeit*

Lustvolle Bewegungserlebnisse

Die Förderung der Wahrnehmungsfähigkeit ist nicht mit starren Lernprogrammen im Sinne eines „Trimm dich“ für die Sinne zu erreichen. Sensorische Erfahrungen sind am wirksamsten, wenn Kinder selbst aktiv werden können, wenn sie selbst tätig sein dürfen. Kinder lieben „sensorische Sensationen“ – nicht, weil damit ihre Gehirnfunktionen trainiert werden, sondern weil es schön, lustvoll und spannend ist, zu springen, zu schaukeln, sich zu drehen. Bewegungsspiele vermitteln Erfahrungen des Gleichgewichts, die Kinder üben sich in der kinästhetischen und der taktilen Wahrnehmung, ohne dass dies ihnen überhaupt bewusst wird und ohne dass sie hierbei gezielt angeleitet und unterwiesen werden müssen. Es sind vielmehr die Geräteangebote, die die Erzieherin bereitstellt, die Spielgelegenheiten, die sie vorbereitet oder bei den Kindern anregt, die von den Kindern selbst kommenden Spielideen, die sie aufgreift: Solche wohlüberlegten und auf den Entwicklungsstand der Kinder abgestimmten Angebote beugen der Gefahr vor, dass aus der Wahrnehmungsförderung ein sensorisches Stimulationsprogramm wird. Wahrnehmungsförderung muss vielmehr eingebunden sein in eine ganzheitliche Förderung, bei der das Kind selbst aktiv beteiligt ist. Diese Grundsätze stellen die Basis der „Psychomotorischen Erziehung“ dar, in der Bewegungs- und Wahrnehmungserfahrungen als Grundlage der kindlichen Erziehung betrachtet werden. Im Rahmen der Darstellung dieses Ansatzes werden auch praktische Beispiele zur kindgerechten Förderung der Wahrnehmungsfähigkeit gegeben. (vgl. auch Zimmer 2004a)

Psychomotorische Erziehung

Vgl. Kap. 6

4.2 Motorische Entwicklung

Der Mensch ist bei seiner Geburt mit einer Reihe von Reflexen ausgestattet, die zum Überleben ausreichen (Saugreflex, Greifreflex usw.), gemessen an anderen Lebewesen ist er jedoch relativ hilflos. Im Laufe des 1. Lebensjahres schreitet seine Selbstständigkeitsentwicklung immer weiter voran. Äußeres Merkmal für die wachsende Selbstständigkeit ist das Bewegungsverhalten eines Kindes.
Im folgenden Abschnitt werden zunächst einige allgemeine Prinzipien der motorischen Entwicklung beschrieben, um anschließend den Verlauf der Entwicklung elementarer motorischer Fertigkeiten im Kleinkind- und Vorschulalter aufzuzeigen. Dabei handelt es sich weniger um sportmotorische als um alltagsmotorische Fertigkeiten, die aber die Voraussetzung für die sich im späteren Kindes- und Jugendalter herausbildenden sportmotorischen Fähigkeiten und Fertigkeiten darstellen.

▶ *Prinzipien der motorischen Entwicklung im Säuglings- und Kleinkindalter*

Differenzierung und Integration

Die motorische Entwicklung in der frühen Kindheit ist gekennzeichnet durch die Prinzipien der Differenzierung und der Integration (vgl. Trautner 1992). Beobachtet man das Bewegungsverhalten eines Säuglings, dann stellt man fest, dass es sich um wenig differenzierte, mehr vom ganzen Körper ausgeführte Bewegungen handelt, die man als „Massenbewegung" charakterisieren kann.
In den ersten Lebensmonaten vollzieht sich die motorische Entwicklung mit großer Schnelligkeit: Die Bewegungen werden differenzierter, aus den unkoordinierten Massenbewegungen des Säuglings werden immer gezieltere Einzelbewegungen. Während ein Kleinkind z.B. noch beide Hände und die Kraft seines ganzen Körpers einsetzt, um einen Ball zu werfen, grenzt es im Laufe der Zeit das Werfen immer mehr ein auf beidarmiges Werfen und später auf das gezielte Werfen mit einem Arm/einer Hand.
Die *Differenzierung* kennzeichnet also eine fortschreitende Verfeinerung, Erweiterung und Strukturierung von Funktionen und Verhaltensweisen.
Mit diesem Prozess einher geht eine scheinbar entgegengesetzte Tendenz, die der Zentralisation bzw. der *Integration*, d.h., dass gleichzeitig mit der Zunahme von Einzelleistungen eine Koordinierung und übergeordnete Steuerung dieser Funktionen im zentralen Nervensystem einsetzt. Das Gehirn bildet hier eine Art Schaltstelle, in der die Einzelleistungen miteinander verbunden und aufeinander abgestimmt werden. Durch die Integration spezifischer Elemente einer Bewegung wird der Aufbau von Bewegungsmustern eingeleitet. Das Kleinkind lernt z.B., Sinnesreize differenziert wahrzunehmen, sie aber auch zueinander in Beziehung zu setzen und zu einem Ganzen zu verbinden.
Differenzierung und gleichzeitige Integration sind Entwicklungsprinzipien, die sowohl auf *physiologischer Ebene* (Zentrales Nervensystem) als auch auf *motorischer und psychischer* Ebene (emotionale Reaktionen) beobachtet werden können.

Die Differenzierung des Bewegungsverhaltens erfolgt nach bestimmten Gesetzmäßigkeiten (vgl. Mussen u.a. 1999):

Entwicklungsrichtung: Vom Kopf zu den Beinen

1. Die motorische Kontrolle der Bewegungen breitet sich vom Kopf bis zu den Füßen hin aus. Der Säugling hebt zuerst den Kopf, ehe Rumpf und Gliedmaßen folgen. Die ersten „kontrollierten" Bewegungen lassen sich zunächst am Kopf, dann an den Armen und zuletzt an den Beinen beobachten („Cephalo-caudale Entwicklungsrichtung").

vom Zentrum zu den Exremitäten

2. In engem Zusammenhang damit steht eine andere Entwicklungsrichtung: Die Kontrolle der Muskeln, die näher an der Hautachse des Körpers liegen, gelingt eher als die Kontrolle der entfernteren Muskeln. Wenn ein Kind also einen Gegenstand ergreifen will, wendet es sich ihm zunächst mit dem ganzen Oberkörper zu, bevor es später gezielt Hände und Finger einsetzt. Grobmotorische Ganzkörperbewegungen gehen den feinmotorischen Bewegungen der Extremitäten voraus („Proximo-distale Entwicklungsrichtung").

Weitere Prinzipien für die Entwicklung der Motorik im Kleinkindalter:

Mitbewegungen

3. Bewegungen, die zunächst nur einseitig ausgeführt werden (z. B. mit der rechten Hand) werden von der Gegenseite (linke Hand) mit ausgeführt („Kontralaterale Mitbewegung").

Große Muskelspannung und hoher Krafteinsatz

4. Bewegungen werden zunächst mit zu hohem Krafteinsatz und zu großer Muskelanspannung ausgeführt. Dadurch wird manchmal der Eindruck eckiger und ungelenker Bewegungen erweckt, die sicherlich auch das Ergebnis einer noch wenig ausgeprägten Steuerungsfähigkeit sind („Hypertonie der Muskulatur").

Große Entwicklungsfortschritte

Diese in den ersten Lebensmonaten und im Kleinkindalter beobachtbaren Prinzipien geben einen Hinweis auf die im Vergleich zu Kindern im Vorschulalter manchmal unkoordiniert und „ungeordnet" erscheinenden Bewegungen von Kleinkindern. Tatsächlich sind jedoch in keiner Altersphase die Veränderungen so gravierend und schnell, wie während der ersten 18 Lebensmonate. In dieser Zeit lernt das Kind, Kontrolle über seine Körperbewegungen zu erreichen, es lernt zu krabbeln, aufzustehen, zu gehen.

▶ *Der Verlauf der motorischen Entwicklung*

Stufen- und Phasenmodelle

Um den Verlauf der motorischen Entwicklung überschaubar zu machen, verwendete man früher die sog. „Stufen- und Phasenmodelle". Diese Modelle verstehen Entwicklung als Abfolge verschiedener Abschnitte, die nacheinander durchlaufen werden. Entwicklung verläuft nach dieser Ansicht in Schüben und wird nicht als kontinuierlicher Prozess aufgefasst.
Während hinsichtlich der psychischen Entwicklung die Stufen- und Phasenmodelle heute als veraltet gelten, wurde in einem großen Teil der praxisbezogenen Sportfachliteratur, die sich mit der motorischen Entwicklung beschäftigt, noch lange auf sie Bezug genommen (Möckelmann 1967). Die motorischen Leistungen eines Kindes sind jedoch nicht allein von angeborenen Anlagen bestimmt, sondern müssen als das Ergebnis von vielfältigen Lernerfahrungen betrachtet werden.
Neuere Konzepte interpretieren die Entwicklung der Motorik als eine kontinuierliche Veränderung, wobei sich das Bewegungsverhalten eines Kindes aufgrund seiner aktiven Auseinandersetzung mit der Umwelt zunehmend ausdifferenziert (Baur u.a. 1994, Winter 2004).

Laufen lernen

Wenn ein Kind mit einem Jahr plötzlich von einem Tag zum anderen laufen lernte, so war dies aus der Sicht der Phasen- und Stufenlehren ein Beweis für die Annahme, dass es Entwicklungsschübe gibt, die das Eintreten in eine neue Entwicklungsstufe kennzeichnen. Tatsächlich handelt es sich jedoch nicht um ein plötzliches Ereignis, sondern um den kontinuierlichen Aufbau einer Leistung, die sich über das Kriechen und Krabbeln, das Sich-Hochziehen, Stehen und Schieben von Gegenständen entwickelt hat und damit eher als äußerlich sichtbares Zeichen sensomotorischer Koordinationsprozesse gesehen werden muss.
Das Vorhandensein bestimmter Fähigkeiten und Fertigkeiten ist zwar auch charakteristisch für ein entsprechendes Alter, wobei wiederum betont werden muss, dass nicht nur die Erbanlagen eine Rolle spielen, sondern dass auch die Anregungen, die das Kind von seiner materialen und sozialen Umwelt erhält, von entscheidender Bedeutung sind.
Das Schema rechts zeigt die Entwicklung elementarer Bewegungsformen und ihre Kombinationen von der Geburt bis zum 7. Lebensjahr, die von Roth (1982) auf der Grundlage vorliegender empirischer Untersuchungen zusammengestellt wurde.

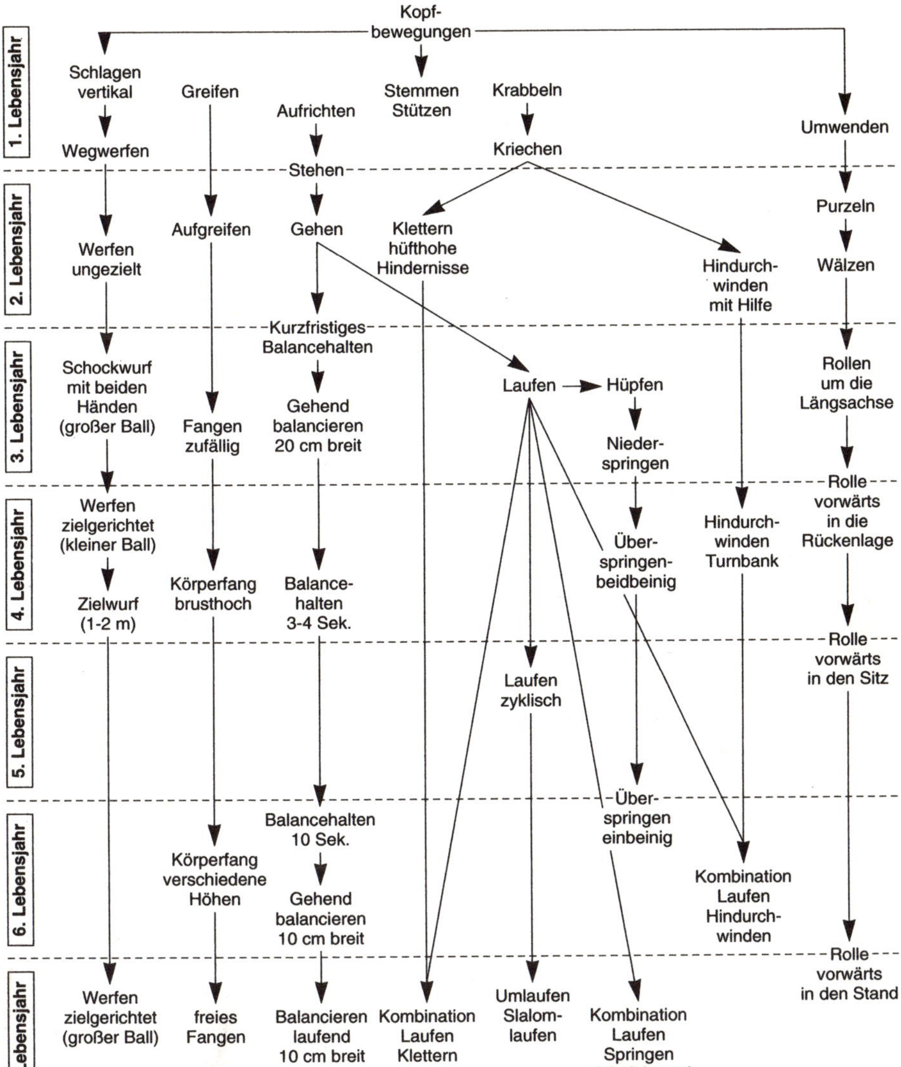

Die Entwicklung elementarer Bewegungen (nach ROTH 1982)

▶ *Motorische Entwicklung im Säuglingsalter*

Selbstständige Fortbewegung

Die wichtigsten motorischen Funktionen, die das Kind bis zum Ende des Säuglingsalters erwirbt, sind das Erlernen des gezielten Greifens, der aufrechten Haltung und der ersten selbstständigen Fortbewegung.

Am Beispiel der selbstständigen Fortbewegung soll im Folgenden die motorische Entwicklung bis zum Ende des Säuglingsalters beschrieben werden (vgl. Holle 2000, Winter 2004). Die Altersangaben sind dabei nur als grobe Orientierungsmerkmale zu verstehen.

Das Neugeborene hat noch keine Kontrolle über seine Kopfbewegungen. Erst im Alter von 3 Monaten kann der Kopf sicher aufrecht gehalten werden, das Kind liegt in Bauchlage auf die Unterarme gestützt und kann sich nach allen Seiten umsehen.

Mit Ende des 4. Lebensmonats gelingt dem Kind die Fähigkeit zur *Kontrolle der oberen Körperpartien;* es kann sich auf beiden Unterarmen abstützen und Kopf und Brust von der Unterlage abheben.

Wenn der Kopf sicher gehalten und gedreht werden kann, beginnt die Entwicklung des *Körpergleichgewichts.*

Das Kind kann mit 6 bis 7 Monaten frei auf dem Boden sitzen, wenn man es in diese Haltung bringt.

Im Alter von 9 Monaten kann es sich selbst aus der Rückenlage aufsetzen, indem es fast in die Bauchlage rollt, die Beine beugt und sich mit den Händen stützt.

Im 8./9. Monat sind die ersten aktiven Versuche einer *zielgerichteten Fortbewegung* festzustellen: Mit Hilfe der Unterarme zieht das Kind den Körper auf eine Unterlage nach, es „robbt" (noch sind die Beine nicht beteiligt).

Bis ca. zum 11. Lebensmonat bewegt sich das Kind hauptsächlich mit Krabbeln fort, es setzt hierzu Hände und Knie ein. Gut entwickeltes Krabbeln wird im „gekreuzten Bewegungsmuster" (Holle 2000, 28) ausgeführt: Arm und Bein der entgegengesetzten Seite werden jeweils gleichzeitig bewegt.

Das Krabbeln stellt eine gute Gleichgewichtsübung dar. Hier liegt der Körperschwerpunkt nicht so hoch wie beim Stehen. Es bereitet den aufrechten Gang vor, indem das Gleichgewicht ohne Stützen ausgebildet wird. Einige Kinder kommen jedoch auch ohne Krabbeln zum Gehen.

Mit ca. 9 Monaten kann das Kind stehen, indem es sich z. B. an einem Möbelstück festhält.

Zwischen dem 10. und 11. Monat kann das Kind – wenn es festgehalten

wird – *einige Schritte vorwärts gehen* und sich an Möbelstücken haltend in den Stand hochziehen. Selbstständig geht das Kind, wenn es sich an einem Möbelstück abstützen kann, zunächst seitwärts. Es kann sich auch nicht wieder hinsetzen, es „plumpst" hin.
Kurze Zeit später kann das Kind schon einen Augenblick ohne Stütze stehen. Es steht breitbeinig und oft leicht O-beinig, um das Gleichgewicht zu halten.
Nun dauert es nicht mehr lange, bis das Kind aus dem Vierfüßlerstand (auf Händen und Knien) selbst zum Stehen kommt und zu gehen anfängt. Das Gehen ähnelt anfangs dem Laufen, das Tempo ist noch sehr hastig: Das Kind „läuft" – ohne anhalten zu können – in die Arme des Erwachsenen, der es auffängt, oder bis es gegen ein Möbelstück stößt. Das langsamere Gehen fällt ihm noch schwer, da dies ein besseres Gleichgewicht erfordert.
Auch der Gang ist zunächst noch sehr breitbeinig („Seemannsgang"), er erfolgt ohne Rotation in der Wirbelsäule oder der Hüfte. Die Füße werden noch nicht abgerollt, sondern flach auf den Boden aufgesetzt. Beim Gehen werden die Arme meist angehoben.

Die Entwicklung der Fortbewegung bei Säuglingen und Kleinkindern weist große individuelle Unterschiede auf. So können z.B. einzelne Formen (z.B. das Krabbeln) fehlen, meist werden sie dann später nachgeholt. Das Gehen erfolgt zwischen 11 und 18 Monaten. Die Ursachen für die individuellen Unterschiede sind auch in den verschiedenartigen Umweltbedingungen, in denen Kinder aufwachsen, zu suchen (Anregungen durch Erwachsene, Gestaltung der räumlichen Umgebung).

▶ *Die motorische Entwicklung im Kleinkindalter (1.–3. Lebensjahr)*

Mit dem Erwerb der aufrechten Haltung und den Anfängen des Gehens wird der Bewegungsradius eines Kindes immer größer. Während es bisher an seine engere Umgebung gebunden und auf die Hilfe durch Erwachsene angewiesen war, gewinnt es jetzt immer mehr an Selbstständigkeit, die sich in dieser Zeit vorwiegend in seinen motorischen Aktionen äußert. Im Kleinkindalter findet eine Verbesserung der gerade erworbenen Fertigkeiten des Laufens und des Gehens statt; diese werden jedoch modifiziert, und dadurch wird der Erwerb neuer Fertigkeiten ermöglicht.

So entwickelt das Kind z.B. folgende Bewegungsformen:

Grundbewegungsformen

Gehen, Laufen, Springen, Kriechen, Rollen, Schieben, Ziehen, Hängen, Balancieren, Steigen und Tragen. Dazu gehören auch erste Formen des Werfens, und am Ende des dritten Lebensjahrs zeigen sich auch schon Versuche des Fangens (z.B. ein großer leichter Ball, Luftballon).

Ausladende Mitbewegungen

Mit dem Neuerwerb der Bewegungsformen sind auch einige altersspezifische *Merkmale der Bewegungsausführung* verbunden: So ist die Bewegung des Kleinkindes gekennzeichnet durch ausladende *Mitbewegungen;* wenn es z.B. – wie oben erwähnt – einen Ball wirft, dann wirft es ihn mit seinem ganzen Körper, Rumpf und Beine begleiten die Bewegung der Arme.
Insgesamt erscheint der Bewegungsablauf noch eckig und unökonomisch. Dies liegt daran, dass die koordinativen Fähigkeiten bei Kleinkindern noch wenig entwickelt sind, dass der Einsatz ihrer geringen Körperkraft wenig dosiert und gesteuert ist.
Betrachtet man jedoch den Lernzuwachs, der die motorische Entwicklung in den ersten Lebensjahren kennzeichnet, dann ist wohl in keiner Altersstufe eine größere Zunahme zu verzeichnen. So wird z.B. das Gehen im 2. Lebensjahr zunehmend stabiler, die Anstrengung der Bewegungsausführung geringer.
Die vorwiegend negativ formulierten Beschreibungen der Bewegungsmerkmale von Kindern in den ersten Lebensjahren, wie sie z.B. von Winter (2004, 291) vorgenommen werden (geringe Bewegungsstärke, langsames Tempo, wenig Bewegungsfluss, geringe Bewegungselastizität, enger räumlicher Umfang usw.), lassen die enorme Weiterentwicklung gerade in diesem Altersbereich in den Hintergrund treten.

Bewegungsrhythmus

Anstrengungsbereitschaft

Kinder von 1 bis 2 Jahren haben zwar noch keinen nach außen ersichtlichen Bewegungsrhythmus beim Laufen oder Hüpfen, in keinem Alter ist jedoch ihr intensives Aufnehmen von Musik und die Wiedergabe des Rhythmus durch Körperbewegungen (Wippen im Stehen, Klatschen usw.) so deutlich erkennbar. Auch sind die *Anstrengungsbereitschaft*, der Bewegungsdrang und die Motivation zum Üben und Vervollkommnen gerade erworbener Fertigkeiten sehr ausgeprägt.

▶ *Die motorische Entwicklung im Vorschulalter (4. bis 6. Lebensjahr)*

Die im Kleinkindalter erworbenen Bewegungsgrundformen werden von der *Grobform* zur *Feinform* hin ausdifferenziert und verbessert.

Nach Winter (2004, 301ff.) äußert sich die rasche Weiterentwicklung der kindlichen Motorik in drei Richtungen:

- der quantitativen Leistungssteigerung,
- der qualitativen Verbesserung der Bewegungsabläufe,
- der Anwendungsfähigkeit in unterschiedlichen Situationen.

Kombination der Grundbewegungsform

Darüber hinaus gelingt es dem Kind nun, Bewegungsformen untereinander zu kombinieren (z. B. Laufen, Springen, Werfen und Fangen).
Fortschritte werden besonders hinsichtlich der *koordinativen Fähigkeiten,* wie z. B. der Gleichgewichtsfähigkeit (zwischen dem 4. und 5. Lebensjahr erlernen viele Kinder das Fahrrad fahren), aber auch hinsichtlich der *feinmotorischen Geschicklichkeit* deutlich.
Während Kinder im Alter bis zu 3 bis 4 Jahren ihre Spielhandlungen und -interessen noch schnell wechseln, wird mit zunehmendem Alter die Aufmerksamkeitsspanne, mit der eine Beschäftigung über eine gewisse Zeit beibehalten werden kann, größer. Aber auch 5- bis 6-jährige Kinder dürfen in ihrer Konzentrationsfähigkeit nicht überfordert werden.
Eine Ursache für die rasche motorische Weiterentwicklung von Kindern im Vorschulalter ist ihr ausgeprägtes *Spiel- und Bewegungsbedürfnis,* ihre Neugierde, ihr Aktivitätsdrang und ihr andauerndes Streben nach neuen Erkenntnissen und Erfahrungen.
Auf diese Antriebe des Verhaltens, die man unter dem Begriff Motivation zusammenfassen kann, wird im Abschnitt 4.6 näher eingegangen.
Zunächst soll jedoch die Bedeutung von Wahrnehmung und Bewegung für die kindliche Sprachentwicklung herausgearbeitet werden.

4.3 Sprache und Bewegung

Welche Bedeutung hat die Sprache überhaupt für die kindliche Entwicklung, in welchem Zusammenhang steht sie mit der Bewegungsentwicklung und welche Möglichkeiten gibt es, sie im Kindergarten zu fördern?

▶ *Bedeutung der Sprache*

Die ursprüngliche Funktion der Sprache ist die der Mitteilung und Verständigung. Durch Sprache und Sprechen stellt das Kind Beziehungen zu anderen, zu Erwachsenen und Kindern her. Es kann Wünsche und

Bedürfnisse äußern, kann sich mitteilen und Dinge erfragen. Bereits Säuglinge nehmen über das Schreien und Weinen Kontakt mit der Umwelt auf. Sprache und Sprechen stellen damit die *Grundlage der Kommunikation mit der sozialen Umwelt* dar. Sprache beinhaltet dabei unterschiedliche Mittel der Kommunikation, wie z.B. die Gestik und Mimik, die Körperhaltung und auch die Zeichensprache. Vor allem jüngere Kinder können ihre Gefühle und Empfindungen, ihre Wünsche und Ängste noch nicht mit Worten ausdrücken. Sie äußern sich auf einer elementaren Ebene und bedienen sich dabei – meist unbewusst – des Mittels der *Körpersprache:* Vor Freude springen sie in die Luft, klatschen in die Hände, tanzen vor Vergnügen wild im Raum umher. Sind sie traurig, lassen sie den Kopf und die Schultern hängen, bewegen sich langsamer als gewohnt, ihre Körperspannung scheint nachzulassen. Bei Wut trommeln sie mit den Fäusten gegen die Wand, stampfen auf den Boden oder attackieren ihre Spielsachen. Kinder benutzen ihren Körper als Ausdrucksmittel; meistens ist ihre Körpersprache auch unmittelbarer Ausdruck innerer Vorgänge, seelischer Prozesse.

Mitteilung und Verständigung

Sprache ist also nicht nur eine Produktion von Lauten, sondern ein komplexer und vielgestaltiger Prozess der Kommunikation, bei dem über den Einsatz der Sprechorgane und Sprachwerkzeuge hinaus der ganze Mensch mit all seinen unterschiedlichen Ausdrucksmitteln beteiligt ist.

Sprechen ist eine besondere Form der Sprache, bei der artikulierte Laute oder Worte benutzt werden, um eine ganz bestimmte Bedeutung zu übermitteln. Ursprünglich undifferenziert gebrauchte Laute werden zunehmend geformt, sodass sie eine in der zwischenmenschlichen Verständigung gebräuchliche Bedeutung haben. So entwickelt sich beim Kind aus der Babysprache, bei der oft nur die Eltern und Geschwister den Sinn der vom Kind geäußerten Worte und Laute verstehen, das Sprechen. Hier werden die Wörter mit bestimmten Gegenständen in Verbindung gebracht und sind auch für andere verständlich.

Kinder nehmen ihre Umwelt über Bewegung und Wahrnehmung in Besitz. Durch das Be-tasten, Be-greifen und das Umgehen mit den Dingen lernen sie deren Beschaffenheit und Eigenschaften kennen. So werden durch das Handeln gewonnene Erfahrungen in Verbindung mit der Sprache zu *Begriffen.* Diese Begriffe ermöglichen dem

Durch das Handeln gewonnene Erfahrungen werden mit Hilfe der Sprache zu Begriffen

Kind die innere Abbildung der Welt. Sprache macht Erscheinungen der Umwelt verfügbar, die Dinge erhalten Namen, Begriffe bezeichnen Erscheinungen und Vorgänge in der Umwelt. Sprache ist also einerseits *Mittel zum Ausdruck* (des individuellen Befindens, der jeweiligen Wünsche und Bedürfnisse usw.), andererseits aber auch ein *wichtiges Instrument zur Aneignung der Welt* (vgl. Wygotski 2002). Handlung und Tun bilden dabei die Basis für das Sprechen und Denken.

▶ *Sprachentwicklung*

Die entwicklungspsychologische Betrachtung der Sprachentwicklung beim Kind ging lange Zeit rein beschreibend vor. Man registrierte die Äußerungen der Kinder vom Lallen bis zum Beherrschen der grammatikalischen Regeln. Sprachentwicklung wurde so eher als *quantitatives Wachstum* im Sinne der Vergrößerung des Wortschatzes betrachtet. Erst später wurde in die Überlegungen einbezogen, dass die kindliche Sprachentwicklung kein isolierter Prozess ist, sondern innerhalb der Gesamtpersönlichkeitsentwicklung des Kindes in *Wechselwirkung mit anderen Bereichen* steht. So sind z. B. Sehen und Hören, Fein- und Grobmotorik eng miteinander verbunden und weisen unmittelbare Beziehungen zur Sprachentwicklung auf (vgl. Lenneberg 1998). Beim Spracherwerb spielt die Nachahmung eine entscheidende Rolle. So passen sich die kindlichen spontanen Lautgebilde (Lallmonologe) zunehmend an die Wortformen der Erwachsenensprache an. Das Verständnis von Sprache ist jedoch schon vor ihrem Gebrauch vorhanden. Einigkeit besteht in der Annahme, dass der entscheidende Abschnitt des Spracherwerbs in der Zeit zwischen dem 2. und 6. Lebensjahr liegt. Spätere Veränderungen im sprachlichen Ausdruck stellen Verfeinerungen und Erweiterungen dar, die je nach vorhandenem sprachlichen Niveau und nach Umweltanregungen das Sprechvermögen stark oder gering steigern. Damit kommt der Sprachförderung vor allem in der Kindertagesstätte große Bedeutung zu.

▶ *Voraussetzungen der kindlichen Sprachentwicklung*

Bewegungs- und Wahrnehmungserfahrungen als Voraussetzung für den Spracherwerb

Noch bevor das Kind sich sprachlich äußern kann, gewinnt es bereits eine Vorstellung über räumliche Beziehungen. Es besitzt dieses Wissen aufgrund seiner Erfahrungen durch Wahrnehmung und Bewegung. Über den eigenen Körper lernt es z. B., was oben und unten, was hinten und vorne ist.

Über seine Sinne nimmt es seine Umwelt wahr und setzt sich mit ihr auseinander.

Wesentliche Voraussetzungen für den Erwerb der Sprache sind daher Bewegungs- und Wahrnehmungserfahrungen, auf ihnen bauen alle komplexeren Lebensprozesse auf.

Vgl. Kap. 4.1

Affolter (1975) betont, dass sprachliche Entwicklung vielfältige Vorprozesse senso-motorischer Art voraussetzt. Auf der Stufe der „serialen Wahrnehmung" bauen *Signalverständnis* und *Nachahmungstätigkeit* auf, die sie als Voraussetzung zum Spracherwerb betrachtet. Bei einer Untersuchung zur Wahrnehmungsverarbeitung sprachentwicklungsgestörter Kinder wurde festgestellt, dass bei ihnen eine Schwäche in der Wahrnehmung schnell aufeinanderfolgender Signale vorliegt. Diese Schwäche betrifft aber nicht nur einzelne Sinnessysteme. Es scheint *„nicht allein eine perzeptuelle, sondern zentrale Störung in der Informationsverarbeitung"* (Szagun 1991, 297) vorzuliegen.

Auch Affolter konnte z. B. bei Kindern mit Sprachentwicklungsproblemen Schwierigkeiten und Ausfälle auf allen Ebenen feststellen. Statt nun am Endpunkt des Entwicklungsprozesses, der Sprache, anzusetzen, ist es vielmehr nötig, auf der Ebene der vorsprachlichen Entwicklung einzugreifen und Sprachentwicklung über Bewegung und Wahrnehmung zu initiieren.

Auch J. Ayres (1984, 91) sieht Sprache und Sprechvermögen als *„Endprodukte der vorausgegangenen sensorischen Integration"* an. Das ungestörte Zusammenwirken aller sensorischen Systeme ist für die Entwicklung von Wortverständnis, Sprache und Sprechen wichtig.

▸ *Spielhandlungen als komplexe Sprachlernsituationen*

Spielhandlungen sind komplexe Sprachlernsituationen

So wichtig die Förderung der Ausdrucksmöglichkeiten des Kindes im Kindergarten auch ist, die Förderung der Sprache muss hier keineswegs einen eigenen, selbstständigen Lernbereich darstellen, sie ist vielmehr in allen Spiel- und Betätigungssituationen relevant. Die alltäglichen Handlungen der Kinder sind Anlässe zum Sprechen, zum Erweitern und Differenzieren ihres Sprachvermögens. So können über Bewegungsspiele sprachliche Lernprozesse provoziert werden. Eine Spielidee liefert den Anlass für Bewegungshandlungen wie auch für Sprachhandlungen, Situationen werden „versprachlicht". Damit sind Spielhandlungen zugleich komplexe Sprachlernsituationen. Wichtig ist, dass die Spielhandlungen aus dem Erlebnisbereich der Kinder stammen. Nur so können sie sich in die Spielhandlung hineinversetzen und eigene Erfahrungen einbringen. Die Identifikation mit Tieren animiert z. B. zu lautlichen Spontanäußerungen: Schreien/Quieken/Jauchzen/Knurren/Fauchen/Bellen ... Die Modulationsfähigkeit der eigenen Stimme kann hier in hervorragender Weise geübt werden, dabei sind es die Kinder selbst, die dem Spiel eine eigene Bedeutung geben.

Im freien Bewegungsspiel stellen Kinder gerne Fahrzeuge dar. Am beliebtesten sind dabei Fahrzeuge, deren Geräusche deutlich hörbar sind, wie z. B. Feuerwehrautos oder Polizeiautos mit eingeschalteter Sirene. Von dieser Idee ausgehend kann die Erzieherin anregen, zu den von ihr genannten Fahrzeugen die passenden Geräusche zu finden: Traktoren, Motorräder, ein langsam fahrendes Auto oder ein Lastwagen. Meist sind die Fahrzeuge in Bewegung, wenn sie zu hören sind (u. U. kann in der Gruppe auch der Unterschied zwischen Parken, vor einer Ampel mit laufendem Motor stehen und dem Fahren auf der Straße ausprobiert werden). Weitere Fortbewegungsmittel, die man bereits an ihren Geräuschen erkennt, können von den Kindern gefunden werden, z. B.:

Differenzierte Lautproduktionen

Ein Bummelzug – langsame Zischlaute
Ein Schnellzug oder ein Intercity – kurze Zischlaute
Eingebunden in eine Geschichte ergeben sich reizvolle Spielsituationen.

Aber auch andere Sinnesmodalitäten, wie z. B. die taktile Wahrnehmung, provozieren Sprache, ohne dass ein Kind mit monotonen Übungen zum Nachsprechen aufgefordert werden müsste. Ein Tasterlebnis kann immer wieder neu interpretiert werden, einem Partner mitgeteilt oder in ein Rätsel eingebunden werden: „Ich fühle was, was du nicht siehst"!

▶ *Ganzheitliche Sprachförderung durch bewegungsorientierte Spielhandlungen*

Bewegungshandeln ist Ausgangspunkt von Sprachhandeln

Effektive Sprachförderung sollte also ansetzen an dem Zusammenhang zwischen Wahrnehmung, Motorik und Sprache.
Ziel ist eine ganzheitliche integrative Sprachförderung, die auf der Basis bewegungsorientierter Spielhandlungen ansetzt. Ausgangspunkt ist das Bewegungshandeln, das Sprachhandeln tritt zunächst in den Hintergrund. Es geht also in erster Linie um die Schaffung von Situationen, in denen Kinder sich auf der Basis gemeinsamer Spielsituationen miteinander verständigen, in denen sie sowohl verbal als auch non-verbal kommunizieren können. Im Kontext sinnvoller Spielhandlungen können dann behutsam zielgerichtetere Möglich-

keiten zur Förderung sprachlich-kommunikativer Kompetenzen angeboten werden. Dazu gehören z.B. die Einnahme verschiedener Rollen bei Rollenspielen, das Aushandeln von Spielregeln, die Erweiterung des Wortschatzes, die Begriffsbildung, grammatikalische Regeln und die Aussprache. Diese Kompetenzen werden jedoch nicht isoliert gefördert, sie sind eingebunden in eine für das Kind bedeutungsvolle, kommunikative Handungssituation, in der ein echtes Mitteilungs- und Verständigungsinteresse besteht (Lüthje-Klose 2004, 38).

Zu den sprachanregenden Anlässen und Situationen zählen auch

Anlässe für Sprachspiele

- Sprechreime
- Abzählverse
- Singspiele
- Reaktions- und Nachlaufspiele mit Frage und Antwortritualen (z.B. „Fischer, Fischer, wie tief ist das Wasser?")
- Darstellende Spiele (z. B. Gespenster, die mit ihrer Stimme unheimliche Geräusche produzieren)

In vielen Kinderliedern zeigt sich die enge Verbindung von Musik, Bewegung und Sprache. So sind z.B. Lieder mit mimisch-gestischer Begleitung, pantomimischer Untermalung und körperlicher Mitbewegung durch Stampfen, Patschen und Klatschen bei Kindern sehr beliebt (vgl. Kleinke 1990, Schaffner 1991).

▶ *Sprachauffälligkeiten und Störungen der Sprachentwicklung*

Kinder, die das Sprechen ganz oder nur in bestimmten Situationen verweigern, sollte man nicht direkt zum Sprechen auffordern. Sprachhemmungen verlieren sich oft ohne jedes Zutun, wenn das Kind sich angenommen fühlt, wenn es Vertrauen zu sich selbst und zu seiner Umwelt gefunden hat.

Spiele, die zum Sprechen herausfordern

Es klingt paradox: Auch durch nonverbale Spiele, durch pantomimische und gestische Spiele kann das Kind seine Sprachentwicklung verbessern. Ebenso tragen Bewegungsspiele, bei denen Kinder mit ihrer Sprache experimentieren können, bei denen sie Rollen übernehmen, die zum sprachlichen Ausdruck stimulieren, zur Sprachförderung bei. So kann das Herunterspringen von einem Kasten oder von einer Sprossenwand auf eine Matte von dem wilden Geschrei Tarzans begleitet oder das Fahren auf einem Rollbrett mit entsprechenden Autogeräuschen verbunden werden.

Solche Spiele fordern das Kind zu lautlichen Äußerungen, zum Erfahren der eigenen Ausdrucksfähigkeiten auch mit der Stimme, zum Sprechen heraus, ohne dass dies als Sprechtraining empfunden wird. Manche Sprachauffälligkeiten sind entwicklungsbedingt und bedürfen keiner besonderen therapeutischen Hilfe. Oft hilft bereits das sprachliche Vorbild der Eltern, der Erzieherin oder anderer Kinder, damit das Kind im Laufe der Zeit das „richtige" Sprechen erwirbt. Bei dauerhaft auffälligem Sprachverhalten (wenn z. B. mehrere Laute nicht richtig ausgesprochen werden können oder die Sprache insgesamt sehr unverständlich ist) ist es jedoch ratsam, die Beratung durch eine Sprachheilpädagogin oder eine Logopädin einzuholen.
Manchmal sind Sprachauffälligkeiten (z. B. Stottern) auch Ausdruck psychischer Probleme, bei deren Bewältigung die zusätzliche Zusammenarbeit mit einer Erziehungsberatungsstelle hilfreich sein kann.

Auch wenn Sprachprobleme vorliegen sollte alles getan werden, um dem Kind freudiges, angstfreies Sprechen zu ermöglichen. Sprechen lernt man zwar nur durch Sprechen, aber die Voraussetzungen für das Sprechen können durch eine vielseitige Bewegungs- und Wahrnehmungsförderung geschaffen werden.

So beschreibt auch Bender (2004, 24 ff.) ihre Arbeit in einer logopädischen Praxis als „psychomotorische Kommunikationsförderung" und betont dabei, dass motorische, sensorische, soziale und emotionale Faktoren bei der Entwicklung der Kommunikationsfähigkeit eine wichtige Rolle spielen.

Psychomotorische Kommunikationsförderung

Grundprinzip jeden Lernens – auch des Erwerbs der Sprache – ist die Eigenaktivität und Selbsttätigkeit des Kindes. Die Freude an der Bewegung, die Freude am Sprechen und an der Verbindung von Bewegung und Sprache sollte in Kita und Kindergarten Ausgangspunkt für eine kindgemäße Sprachförderung sein.

▸ *Wahrnehmungsfähigkeit – Grundlage der Sprachförderung*

Eine differenzierte Wahrnehmungsfähigkeit stellt die beste Voraussetzung für den Erwerb der Sprache dar, diesem Aspekt sollte in der pädagogischen Arbeit im Kindergarten daher besondere Bedeutung beigemessen werden.
Einen besonderen Stellenwert nimmt hier die auditive Wahrneh-

Auditive Wahrnehmung

mung ein, da die Entwicklung der Sprache und Kommunikation auf der Fähigkeit des Zuhörens aufbaut (vgl. Olbrich 2002). (Beispiele zur Förderung der auditiven Wahrnehmung siehe Kapitel 7.2)

Je intensiver das Kind seine Umwelt mit allen Sinnen entdecken kann, umso besser kann es sie auch begrifflich einordnen und sprachlich über sie verfügen.

4.4 Entwicklung und Bedeutung des Spiels

Das Spiel als Quelle des Lernens

Kinder sind oft so in ihr Spiel vertieft, dass sie die Zeit vergessen und selbst elementare Bedürfnisse übersehen. Sie merken nicht, dass es längst Essenszeit ist, vergessen, dass sie zur Toilette gehen müssen, übersehen kleine Verletzungen und Kratzer und nehmen nicht wahr, wenn es draußen dunkel und kalt wird. Sie sind so gefangen von ihrer augenblicklichen Betätigung, dass alles andere in den Hintergrund gerät.
Das Spiel stellt für Kinder die wichtigste Tätigkeit dar, mit der sie die Welt begreifen, Beziehungen zu anderen aufbauen und sich selbst kennen lernen. Beim Spielen wird daher auch keine Zeit und keine Kraft vergeudet, es wird sogar neue Energie gewonnen, das Spiel bereichert das kindliche Leben: Es bereitet Freude und Lust, Kreativität und Fantasie werden entwickelt, Problemlösevermögen und Einsicht in sachliche und soziale Zusammenhänge gefördert. So lernen Kinder im Spiel den Umgang mit anderen und üben sich in sozialem Verhalten.

Vgl. Kap. 3.2

Kinder spielen allerdings nur dann, wenn sie sich sicher und wohl fühlen, wenn sie ihrer Umgebung vertrauen, wenn sie die Spielsituation überblicken können und keine Ängste haben. Manchmal bearbeiten sie im Spiel auch Eindrücke aus dem Alltagsleben (Fernsehserien, Streit mit Erwachsenen oder mit anderen Kindern), bewältigen sie mit den eigenen schöpferischen Ausdrucksformen oder reagieren das, was sie dort „erlebt" haben, ab.
Im Kleinkind- und Kindergartenalter ist das Spiel die vorherrschende Form kindlicher Betätigung. Es stellt einen wichtigen Wesenszug des Verhaltens von Kindern dar und hat innerhalb ihrer Entwicklung bedeutende Funktionen zu erfüllen. Auch ältere Kinder, Jugendliche und Erwachsene spielen noch häufig; für sie hat das Spiel jedoch

Unabhängigkeit des Spiels vom äußeren Zweck

nicht dieselbe Bedeutung wie für jüngere Kinder. Ein wichtiges Merkmal des Spiels ist seine Unabhängigkeit von einem äußeren Zweck. Es geschieht um seiner selbst willen und nicht, um etwas zu erreichen. Auch bei Bewegungsspielen vertieft sich ein Kind oft ganz in eine Tätigkeit. So kann man z. B. beobachten, wie Kinder zahllose Male hintereinander immer wieder dieselbe Handlung ausüben, ohne sich durch ihre Umgebung stören zu lassen, bis sie schließlich ganz spontan aufhören und sich anderen Dingen zuwenden.

Ein Kind lernt beim Spielen. Es spielt jedoch nie, um zu lernen, sondern weil es Freude an seiner Tätigkeit empfindet.

Vgl. Kap. 3.3

Das Kind lernt, indem es die Umwelt erkundet und sich aktiv mit ihr auseinander setzt; ebenso kann es sich im Spiel von der Umwelt lösen, sich zurückziehen. So sammelt es z. B. im spielerischen Umgang mit einem Gegenstand wichtige Informationen über ihn, andererseits missachtet es jedoch auch alle seine spezifischen Eigenschaften: ein Holzklotz wird zu einem Auto, ein Stuhl zu einem Haus.

Materiale Erfahrungen

Oft ist es auch so, dass das Kind sich zuerst mit dem Objekt vertraut macht, seine Merkmale und Eigenschaften zu erkennen versucht, und erst wenn es keine neuen Eigenschaften mehr an ihm entdeckt, dann „spielt“ es mit ihm, gibt ihm eine andere Bedeutung.
Aus der Frage: „Was tut das Ding?“ wird die Frage: „Was kann ich mit dem Ding tun?“ (vgl. Oerter, 1973, 200)

▶ *Wie sich das Spielen entwickelt*

Kinder spielen in jedem Alter anders. Auch der Erwachsene nimmt bei den Spielformen eine unterschiedliche Rolle ein, wenn er das Spiel der Kinder nicht stören, sondern fördern und unterstützen will.

Zunächst soll eine Übersicht über die Spielformen im Laufe der Entwicklung vom 1. Lebensjahr bis zum Grundschulalter eine grobe Orientierung geben (vgl. auch Bühler 1964, Schenk-Danzinger 1983):

Spielformen

Dominierend im Alter von	**Art des Spiels**
ca. 0–2 Jahren	Funktionsspiele
ca. 2–4 Jahren u. später	Konstruktionsspiele
ca. 2–4 Jahren	Fiktions-/Illusionsspiele
ca. 4–6 Jahren	Rollenspiele
ab ca. 5/6 Jahre	Regelspiele/Wettspiele

Die einzelnen Spielformen dominieren in ihrem Auftreten zwar in den angegebenen Altersstufen, sie verschwinden jedoch nicht im höheren Alter, sondern bleiben sogar noch bis ins Erwachsenenalter erhalten.

▶ *Funktionsspiele*

Die früheste Form des Spielens ist das Funktionsspiel. Bereits der Säugling spielt mit seinen Fingern, entdeckt den eigenen Körper, er spielt mit Gegenständen und auch mit Personen, die er manchmal sogar wie einen Gegenstand behandelt. Dabei stehen die Bewegungsvollzüge selbst im Mittelpunkt, der Gegenstand oder das Spielzeug an sich findet zunächst nur wenig Berücksichtigung.

Lust an der eigenen Bewegung am „Funktionieren" eines Gegenstandes

Das Kleinkind übt bei dieser Spielform auch die Steuerung seiner Bewegungen (z. B. die Koordinationen des Sehens und Greifens, Festhalten und Loslassen usw.). Zunehmend gewinnt es dann neue Erfahrungen mit unterschiedlichem Material. Dieses äußert sich darin, dass die Gegenstände immer mehr ihrer Funktion entsprechend behandelt werden, dass also ein Ball gerollt oder auf Bausteine geklopft wird. Das Kind empfindet seine Tätigkeit als ausgesprochen lustvoll, und es wiederholt sie viele Male unmittelbar hintereinander.

Diese Spielform entdecken Kinder spontan – aus Lust an der eigenen Bewegung, am „Funktionieren" eines Gegenstandes oder um ein interessantes Ereignis andauern zu lassen.

Erproben der eigenen Kräfte und der Geschicklichkeit

Kinder sind fasziniert von jedem kleinen Krümel und winzigen Flusen, die sie auf dem Fußboden entdecken, sie stecken alles in den Mund, um es zu „prüfen". Sie sind damit beschäftigt, ihre Finger in jeden Spalt und jedes Loch zu stecken, unter Tischen und Stühlen durchzukriechen, in Schränke zu klettern, Türen zu öffnen und zu schließen, Treppen hinaufzuklettern, Gegenstände fallen zu lassen, mit einem Löffel auf Töpfe zu schlagen und so laute Geräusche zu produzieren. Mit diesen Handlungen erproben die Kinder ihre Kräfte und ihre Geschicklichkeit, sie lernen, ihre Hände und ihren Körper zu gebrauchen, sie im Spiel gezielt und geschickt einzusetzen, ihre Kraft zu dosieren.

Rolle des Erwachsenen

Der Erwachsene hat hier lediglich die Aufgabe, mitzumachen, wenn er in das Spiel einbezogen wird. So freut sich ein Kind, das einen Ball weggeworfen hat, schon darüber, dass der Erwachsene ihm den Ball zurückholt; das Spiel *„Wegwerfen – holen lassen"* kann es unzählige Male wiederholen. Selten wird das Kind dabei des Spielens müde, eher jedoch der Erwachsene, dem es vielleicht schnell langweilig erscheint. Die *Wiederholungen* sind jedoch sehr wichtig für das Kind, weil es nur so seine eigenen Fähigkeiten und Eigenschaften des Spielobjektes kennen lernt.

Im Funktionsspiel hat das Kind Freude an der *unmittelbaren Tätigkeit;* es entdeckt neue Fähigkeiten im Umgang mit sich selbst oder mit Gegenständen. Auch in späteren Lebensjahren kann man noch Funktionsspiele beobachten. Sie treten vor allem in Form von Bewegungsspielen auf (Hüpfspiele, Seilspringen usw.).

▶ *Konstruktionsspiele*

Aus den Funktionsspielen entwickeln sich allmählich die „Konstruktionsspiele". Das Kind baut, stapelt, steckt zusammen und nimmt auseinander.

Ein Produkt schaffen

Mit dem Spielmaterial geht es zunehmend sachgerechter um und beginnt, damit etwas zu schaffen, zu produzieren. So schiebt es eine Kiste nicht nur durch den Raum, setzt sich hinein oder versucht, auf sie zu steigen, sondern es beginnt, mit mehreren Kisten einen Turm zu bauen, einen Zug mit mehreren Waggons zu erstellen. Dies geschieht meistens gegen Ende des zweiten und zu Beginn des dritten Lebensjahres. Mit zunehmendem Alter geht das Kind planvoller und konsequenter vor.

Praktisches Problemlösen

Die Konstruktionsspiele tragen dazu bei, Kenntnisse über Objekteigenschaften zu vermitteln sowie das praktische Problemlösen und die schöpferischen Fähigkeiten zu entwickeln.

Gegen Ende der Kindergartenzeit stellen sie die häufigste Spielform dar und nehmen während der Grundschulzeit noch weiter an Bedeutung zu. Mehr und mehr tritt die Bewegung bei den spielerisch-konstruktiven Tätigkeiten in den Hintergrund und wird von der Vorstellung und Überlegung abgelöst.

▶ *Fiktions- und Illusionsspiele*

Fantasiespiele

Im Kleinkindalter, ca. zwischen dem zweiten und vierten Lebensjahr, treten auch die so genannten Fiktions-, Symbol- oder Illusionsspiele auf. Die Fantasie des Kindes wird immer ausgeprägter. Es „isst" seinen aus Sand gebackenen Kuchen auf, ein Gymnastikseil deutet es als Schlange und zieht es über den Boden, oder es setzt sich auf einen Mattenwagen und „angelt" mit dem Seil. Oft wird die Bedeutung des Gegenstandes aufgegeben oder rasch gewechselt. Durch diese Spielhandlungen wird eine ab jetzt immer wichtiger werdende geistige Funktion – die Vorstellung – geübt.

symbolische Handlungen

Mit fortschreitendem Alter muss das Kind nämlich nicht immer alles in der Realität ausprobieren, es kann das Ergebnis seiner Handlung auch innerlich vorwegnehmen. Dadurch wird deutlich, dass das Symbolspiel eine wichtige Vorübung für „inneres" Handeln – das Denken – darstellt.

▶ *Rollenspiele*

Identifikation mit Rollen

Im Kindergartenalter (3./4.–6. Lebensjahr) bevorzugen Kinder das Rollenspiel. Die übernommenen Rollen stammen aus ihrer Erlebnis- und Erfahrungswelt, manchmal auch aus ihrer Fantasie. Bevorzugt werden dabei Personen aus ihrer näheren Umwelt, also Vater, Mutter, Erzieherin oder Briefträger, ähnlich beliebt sind jedoch auch Tiere und Fahrzeuge. Die Kinder ahmen nicht nur die Rollen ihrer Bezugspersonen oder bestimmte Tätigkeiten nach, sie identifizieren sich mit der übernommenen Rolle. Sie sind wilde Löwen, ein König oder ein Auto. Da die Rollen und Situationen in Bewegung dargestellt und meist mit körperlichen Mitteln zum Ausdruck gebracht werden, eignen sich Rollenspiele auch sehr gut zur Einbeziehung in die Bewegungserziehung.

Darstellendes Spielen und Tanzen

Vor allem im darstellenden Spiel, im Tanzen, aber auch bei einfachen Bewegungsspielen, lassen sich die kindliche Vorstellungsfähigkeit und Fantasie gleichermaßen nutzen wie fördern. Hier kann das Kind auch einmal Rollen übernehmen, die es im Alltag nur selten oder nie innehat. So ermöglicht die Darstellung von Tieren, ihren Bewegungsformen und Verhaltensweisen, dem Kind, in die Rolle des Stärkeren, aber auch des Schwächeren zu schlüpfen. Spielt es z. B. ein starkes, unbesiegbares Tier, können in ihm Fähigkeiten (z.B. Durchsetzungsvermögen, sich zur Wehr setzen) geweckt werden, die es sich selbst nicht zugetraut hätte. Oft übernimmt es auch die Rolle dessen, vor dem es sich fürchtet. Es spielt den bösen Hund, die Hexe oder ein Furcht erregendes Gespenst. Mit Hilfe der *Reproduktion* und auch der *Vorwegnahme von Situationen,* die angstbesetzt sind, kann das Kind Spannungen abbauen, Aggressionen abreagieren, unerfüllte oder unerlaubte Wünsche in konkreter oder symbolischer Form realisieren und so sein seelisches Gleichgewicht stabilisieren.

Verarbeitung innerer Spannungen

Umgekehrt lässt die Übernahme der Rolle eines schwächeren, kleineren und auch jüngeren Tieres die Möglichkeit des Beschütztwerdens zu. Endlich einmal muss man nicht groß, stark und vernünftig sein, sondern kann in der „Babyrolle" die Hilfsbereitschaft anderer annehmen.

Ein Tier kann sich kaum „daneben" benehmen; es darf am Boden herumrollen, auf allen Vieren kriechen, es kann auch Aggressionen ausdrücken und fauchen, brüllen oder „die Zähne zeigen". Damit kann unter Berücksichtigung der körperlichen Unversehrtheit der Mitspieler auch mit Verhaltensweisen experimentiert werden, die im realen Lebensalltag nicht erlaubt sind (vgl. Zimmer 2000).

▶ *Regelspiele*

Das ca. im 5./6. Lebensjahr einsetzende Regelspiel ist durch verstärkte Formen des Miteinander- und Zusammenspielens gekennzeichnet. Regeln werden von der Erzieherin übernommen, aber vor allem auch im freien Spiel von älteren Kindern an die jüngeren weitergegeben.

Spielregeln als „Zwangsregeln"

Kinder im vorschulischen Alter haben die – entwicklungsbedingte – Tendenz, Spielregeln als „Zwangsregeln" zu betrachten, die von Erwachsenen eingesetzt werden und unantastbar sind. „Richtiges Spielen" heißt bei Kindern oft Gehorsam gegenüber den Spielregeln. Kinder können sehr ungehalten werden, wenn man mit ihnen Regelspiele auf eine andere als die gewohnte Art spielt. Sie brauchen Ordnung und Kontinuität, und dazu gehört, dass Spiele mit einem bestimmten Namen auch immer in der gleichen Art gespielt werden. Regelveränderungen führen zu einem neuen Spiel, und manchmal ist es für Kinder leichter, wenn das „neue" Spiel dann auch mit einer

Spielregeln als soziale Vereinbarungen

neuen Bezeichnung versehen wird. Erst im Grundschulalter kommen sie zu der Einsicht, dass Spielregeln soziale Vereinbarungen sind, die man jederzeit verändern kann, sofern alle Spielteilnehmer zustimmen. Zwar kann die Erzieherin durchaus versuchen, mit Kindern über Spielregeln und ihre Bedeutung für den Ablauf des Spiels zu sprechen, sie sollte dabei jedoch bedenken, dass das Denken und Sprechen der Kinder über Spielregeln von ihrem Handeln nach Regeln erheblich abweichen kann.
Bewegungsspiele mit einfachen Spielregeln werden meist als „kleine Spiele" bezeichnet. Sie haben oft grundlegende Themen wie z.B.

- Jagen/Verfolgen – Flüchten/Entkommen (z. B. „Wer hat Angst vor schwarzen Mann?")
- Angriff – Verteidigung (Katz und Maus)
- Fangen – Befreien
- Suchen – Verstecken

Der Ablauf ist oft streng ritualisiert, die Rituale geben den Kindern die Sicherheit, das Spiel überall – auch mit wechselnden Spielpartnern – spielen zu können. Regelspiele verlangen von den Kindern unterschiedliche Fähigkeiten:

- Sie müssen Spielrollen einnehmen, die mit bestimmten Verhaltensvorschriften verknüpft sind (z.B. beim Versteckspiel die Augen eine gewisse Zeitlang schließen).
- Sie müssen fähig sein zum Rollenwechsel, innerhalb kurzer Zeit nehmen sie z.B. mehrfach die Rolle des Fängers oder die des Läufers ein.
- Sie müssen bestimmte Fertigkeiten beherrschen, die für die Beteiligung an dem Spiel Voraussetzung sind (Laufen, Hüpfen, einen Ball werfen etc.).

Spiele mit Wettkampfcharakter sollten im Kindergartenalter die Ausnahme bilden. Insbesondere Spiele, deren Regeln es vorsehen, dass ein Kind endgültig aus dem Spiel ausscheidet (z.B. wenn es bei einem Fangspiel abgeschlagen wird), sind aus pädagogischen Gründen weniger geeignet (vgl. hierzu Kap. 4.6 und Zimmer 2003, 109 ff).

4.5 Wie Kinder lernen

Wenn ein Kind einen Ball auffangen, eine Schleife binden kann oder seine Telefonnummer auswändig kennt, dann gehen wir davon aus, dass es etwas gelernt hat: Es hat motorische Fertigkeiten oder Wissen und bestimmte Kenntnisse erworben. Aber kann man auch von Lernen sprechen, wenn sich ein Kind beim Anblick einer Zitrone schüttelt und das Gesicht verzieht, wenn es beobachtet, wie ein anderes Kind sich im „Affenhang" an der Reckstange bewegt und es dies auch übernimmt? Oder wenn das Kind nach langem vergeblichen Herumprobieren, einen Ball aus der Regenrinne zu holen, dies schließlich mit Hilfe eines Schirms schafft und es den Schirm beim nächsten Mal sofort einsetzt?
Auch bei diesen Beispielen hat das Kind gelernt, wenn auch der Weg, wie dieses Lernen vor sich ging, jedes Mal ein anderer war.

Lernen = überdauernde Verhaltensänderung

Der Begriff des Lernens ist in der Psychologie sehr viel weiter gefasst als in unserem Alltagsverständnis. Als Lernen wird jede überdauernde Verhaltensänderung bezeichnet, die durch Erfahrung, Beobachtung oder Übung, nicht aber durch Reifung oder Zufall entstanden ist (Oerter 1973). Der Lernprozess selbst ist nicht sichtbar, nur die Auswirkungen dieses Prozesses auf das Verhalten können beobachtet werden.
Wenn Lernen als *„Änderung von Verhalten"* verstanden wird, so umfasst dies z. B. auch die bewusste Auseinandersetzung des Kindes mit einem Problem, und auch Gefühle können gelernt werden (Angst, Freude usw.). Der Lernbegriff umfasst sowohl absichtliche, gezielte Lernprozesse als auch beiläufiges Lernen, wie es z. B. beim Erwerb von Einstellungen und Handlungen der Fall ist (vgl. Singer 2000). Nun liegen nicht allen Formen des Lernens die gleichen Gesetzmäßigkeiten zugrunde. Für die Gestaltung von Spiel- und Bewegungssituationen, aber auch für das Verhalten und die Reaktionen der Erzieherin im Zusammensein mit Kindern ist es wichtig, sich der Bedingungen, unter denen Lernen stattfindet, bewusst zu sein. Daher werden im Folgenden einige Lernmodelle vorgestellt und ihre Bedeutung zur Erklärung des kindlichen Lernens diskutiert.

▶ Reiz-Reaktions-Lernen

Eine der einfachsten Lernarten ist das Reiz-Reaktions-Lernen. In dieser Form werden hauptsächlich unwillkürliche Reaktionen erlernt, wie z.B. Gefühle der Angst und Freude, aber auch Einstellungen zu Personen oder Situationen.

Erwerb von Einstellungen, lernen unwillkürlicher Reaktionen (Angst, Freude)

Wie Erwachsene gegenüber dem Sport eingestellt sind, wird z.B. bereits in den ersten Lebensjahren erworben, indem die Umwelt das Verhalten und die Bewegungsaktivitäten von Kindern bewertet. Ein übergewichtiges Kind wird z.B. von seinen Mitschülern im Sportunterricht häufig ausgelacht, weil es bestimmte Aufgaben nicht erfüllen kann. Dies führt dazu, dass es, obwohl es sich vielleicht sogar gerne bewegt, in Zukunft sportliche Situationen meidet, weil es die Zurschaustellung seiner körperlichen Schwächen nicht riskieren will. Die Ablehnung von Situationen, die mit Sport und Bewegung zu tun haben, kann dann beim Erwachsenen dazu führen, dass er bereits beim Geruch einer Turnhalle oder eines Umkleideraumes eine *negative Voreinstellung* hat. Die Erfahrungen, die er im Sportunterricht der Schulzeit gemacht hat, überträgt er nun auf alle weiteren, nur entfernt damit zusammenhängenden Situationen. Diese Form des Lernens wird auch als *„Signallernen"* bezeichnet.

„Äußere" und „innere" Verstärkungen

Eine besonders häufig angewandte Form des Reiz-Reaktions-Lernens stellt das *„Lernen durch Verstärkung"* dar. Hat ein Kind den Wunsch, eine Rolle auf einer Matte auszuführen und gelingt ihm sein Vorhaben, dann erlebt es sich als erfolgreich. Der Erfolg seiner Tätigkeit motiviert es, die Rolle noch mehrere Male zu wiederholen. Erlebt es das Rollen dagegen als unangenehm und schmerzhaft, wird es seine Versuche bald einstellen. Ein gelungener Versuch wird von der Erzieherin häufig auch mit einem Lob versehen. Auch dies gilt als Verstärkung des gezeigten Verhaltens, ebenso ein anerkennender Blick, eine gute Note oder eine Urkunde. Die Maßnahmen zur Verstärkung können also sehr unterschiedlich sein. Die Konsequenzen, die dem vom Kind gezeigten Verhalten folgen (Lob, Strafe, Erfolg, Misserfolg), entscheiden darüber, ob der Lernende sie wiederholt oder in Zukunft eher meidet. Lob, Anerkennung, Urkunden gelten dabei als „äußere Verstärker"; selbsterlebter Erfolg oder die Freude an der Tätigkeit gelten als „innere Verstärker". Durch diese Art des Lernens werden vor allem Fertigkeiten erworben.

▶ *Lernen durch Beobachtung, Lernen am Modell*

Wenn die Erzieherin Kindern einen Bewegungsablauf demonstriert, also z.B. die Rolle vorwärts selber vormacht, dann steckt dahinter die Annahme, dass durch Beobachten und Nachahmen Bewegungen erlernt werden können.

Diese Art des Lernens tritt bei Kindern schon sehr früh auf. Immer wenn ältere und jüngere Kinder gemeinsam spielen, kann man sehen, wie die jüngeren sich an den älteren orientieren, wie sie deren Spiele, aber auch Bewegungsfertigkeiten, ja sogar ihre Redewendungen nachahmen und übernehmen.

Übernahme von Verhaltensweisen durch die Modellwirkung anderer

Das Lernen durch Beobachten bezieht sich aber nicht allein auf das bewusste Demonstrieren oder „Abgucken" einer Bewegungsform, sondern auch auf die *Übernahme von Verhaltensmustern, Einstellungen* usw. Wenn z. B. in einer Kindergartengruppe einige Jungen begeisterte Fußballanhänger sind, wird sich dies auch auf die Einstellungen anderer auswirken, ebenso kann die Teilnahme eines Kindes am Ballettunterricht ansteckend für viele andere sein.

Beim „Lernen durch Beobachtung" wird nicht nur unmittelbar gezeigtes Verhalten übernommen, ein anderes Kind kann auch zum *Modell für das eigene Verhalten* werden, wenn seine Handlungen belohnt werden oder erfolgreich sind (vgl. Bandura 1976).

Ein Kind in einer Übungsgruppe ist sehr aggressiv und versucht ständig, sich in den Mittelpunkt zu stellen. Die Erzieherin gibt ihm nach, richtet sich in ihren Bewegungsangeboten häufig nach den Wünschen des Kindes, toleriert seine aggressiven Handlungen. Die anderen Kinder merken schnell, dass dieses Verhalten die Aufmerksamkeit der Erzieherin erreicht, dass sie darauf eingeht und die geäußerten Wünsche und Forderungen erfüllt; als Konsequenz werden nun auch andere ähnlich aggressiv und stören gemeinsame Spiele in der Hoffnung, nun ebenso „akzeptiert" und aus ihrer Sicht „belohnt" zu werden.

Auch wenn das Lernen durch Beobachtung und das Lernen am Modell in dieser Altersstufe von großer Wirkung ist, sollten Bewegungsangebote nicht in erster Linie durch die Bewegungsvorgabe der Erzieherin gesteuert sein. Ihr Vormachen sollte eher die Wirkung des „Mitmachens" haben; auch eine Bewegungsform, die von Kindern gefunden wurde, kann von der Erzieherin übernommen und so wieder an die Gesamtgruppe weitergegeben werden.

▶ *Lernen durch Einsicht / Entdeckendes Lernen*

Aktive Auseinandersetzung mit dem Gerät

Nina, 6 Jahre alt, lernt zum ersten Mal ein Pedalo kennen. Da das Gerät 6 Räder hat, versucht sie zunächst, das Pedalo mit den Händen anzuschieben, um es zum Rollen zu bringen. Die Räder rollen jedoch nicht. Nina scheint entmutigt. Ihr Gesicht hellt sich auf, als sie die Trittbretter berührt, das obere nach unten drückt und das Pedalo plötzlich in Bewegung versetzt. Schnell kniet sie dahinter, legt beide Hände auf die Trittflächen, drückt abwechselnd mit der rechten und linken Hand nach unten und bewegt sich so mit dem Gerät durch den Raum. Da ihr die Fortbewegung auf den Knien wohl zu unbequem wird, kniet sie sich mit den Unterschenkeln auf das Pedalo, gibt den Rädern mit den Händen etwas Anschwung und fährt nun wie auf einem Rollstuhl weiter. Sie probiert noch verschiedene Fortbewegungen mit dem Pedalo am Boden aus, bis sie sich entschließt, sich darauf zu stellen. Schon bei der ersten Gewichtsverlagerung fällt sie nach vorne. Ein kurzer Blick durch die Halle schätzt die Hilfsmöglichkeiten ab, und schon stellt sie das Pedalo neben die Sprossenwand. Sich daran festhaltend steigt sie wieder auf, und kann jetzt das Gleichgewicht sehr viel besser ausbalancieren.

Strategien der Problemlösung

Das Kind fand in diesem Beispiel ein Problem vor, für das es bisher noch keine Lösungsmöglichkeit kennen gelernt hatte; das Pedalo war ihm unbekannt und demzufolge auch die Art und Weise seiner Handhabung. Der erste Versuch, es in Bewegung zu versetzen, schlug fehl, aber bereits der zweite Versuch vermittelte ihm Einsicht in eine entscheidende Funktion, die Auf- und Abbewegung der Trittbretter. Nach und nach lernte das Kind, seine eigenen Bewegungen so zu steuern, dass es stehend auf dem Pedalo fahren konnte. Dabei entdeckte es die Zusammenhänge in der aktiven Auseinandersetzung mit dem Gerät selbst.

Charakteristisch für das „Lernen durch Einsicht“ oder das „entdeckende Lernen“ ist:

Merkmale des entdeckenden Lernens

- dass das Problem strukturiert wird,
- dass die Problemlösung plötzlich auftritt („Aha-Erlebnis“),
- dass mehrere Handlungen nacheinander geschaltet zum Ziel führen,
- dass die Art und Weise, wie das Problem gelöst wird, für den Betroffenen neu ist.

▶ *Konsequenzen für die Praxis der Bewegungserziehung*

Die unterschiedlichen Lernarten schließen sich nicht gegenseitig aus, in der Realität kommen sie mehr oder weniger alle zur Anwendung. In ihnen wird dem Kind und seiner Möglichkeit, sich selbst zu steuern und aktiv an der Formung seiner Persönlichkeit mitzuwirken, jedoch eine unterschiedliche Bedeutung beigemessen.

Viele Lernprozesse laufen unbewusst und ungesteuert ab, und manchmal vermischen sich die Lernformen auch. Ein Kind beobachtet z. B. andere Kinder, wie sie von einem Kasten springen. Es freut sich über ihre gelungenen Sprünge und probiert es schließlich selbst. Motiviert durch seinen Erfolg wiederholt es den Sprung noch viele Male. Für die Erzieherin ist es zunächst wichtig, über die Gesetzmäßigkeiten des Lernens etwas zu wissen und dieses Wissen auch in ihr praktisches Handeln einfließen zu lassen. In Unkenntnis der dem Lernen zugrunde liegenden vielfältigen Prinzipien und Mechanismen kann sie nämlich eine Reihe von Fehlern machen. Häufig greift sie z. B. unnötig oder zu früh in das Probieren und Handeln des Kindes ein, manchmal ist sie auch kein gutes Modell für kindliches Lernen; vielleicht vermittelt sie unbewusst Verhaltensweisen, die sich auf die kindliche Entwicklung negativ auswirken (z. B. ungeduldiges Verhalten, wenn ihre Anweisungen nicht sofort befolgt erden, Schreien, Schimpfen). Unter Umständen lähmt sie die Lernfreude der Kinder, indem sie ihnen die Vorstellung vermittelt, ohnehin alles schon im voraus zu wissen und den besten Weg zu kennen.

Zu frühes Eingreifen verhindert selbstständiges Lernen

Nicht immer tut es der Entwicklung von Kindern gut, wenn ihnen sofort geholfen wird, sobald sie bei der Bewältigung einer Bewegungsaufgabe oder eines Problems in Schwierigkeiten geraten. *Sie brauchen Zeit, um allein zurechtzukommen.* Wenn Kindern sofort alle Schwierigkeiten aus dem Weg geräumt werden, sie z. B. auf den Kasten gehoben oder beim Balancieren immer an die Hand genommen werden, haben sie keine Möglichkeit zu lernen, wie man sich selber hilft.

Kinder deren Eltern oder Erzieherinnen keine Selbstständigkeit von ihnen erwarten, denen alles vorgegeben wird und die eben über den Barren „geturnt“ und auf den Kasten gesetzt werden, trauen sich im Laufe der Zeit auch selber nichts mehr zu.

Eine lange Warteschlange hinter einem Kind, das sich bemüht, selbst einen Kasten zu erklettern, setzt das Kind unter Zeit- und Erfolgsdruck. Auch eine Erzieherin kann oft nicht lange zusehen, wie das Kind sich – zunächst – vergebens bemüht und packt zu. Mit dem Anspruch, helfen zu wollen und die anderen nicht zu lange warten zu lassen, greift sie oft viel zu früh in die Versuche des Kindes ein, mit einem vorgefundenen Problem selber fertig zu werden. Wiederholen sich beim Kind diese Erfahrungen, wird es im Laufe der Zeit immer weniger selbstständig und wird schließlich jede Eigeninitiative unterlassen, in der Hoffnung, dass ihm ja doch geholfen wird – weil es selbst nicht geschickt oder nicht schnell genug ist.

Ein anderes Problem pädagogisch angeleiteter Sport- und Bewe-

Äußere Rahmenbedingungen für Lernerfahrungen

gungsangebote, das sich aus den zuvor beschriebenen Formen des Lernens ergibt, ist der Stellenwert von Lob und anderen Verstärkungen. Auch wenn es zunächst ganz einsichtig erscheint, dass Lob und Belohnungen das Lernen des Kindes unterstützen, sollte dabei auch die Gefahr gesehen werden, dass zu häufiges Loben ein Kind abhängig machen kann von äußeren Bewertungen. Das Kind lernt auf diese Weise, dass eine Leistung, eine Idee, ein selbst erfundenes Kunststück nur dann etwas wert ist, wenn die Erzieherin es gesehen und mit einem Kommentar „gut", „prima", „toll" versehen hat. Als Konsequenz können Kinder sich oft schon gar nicht mehr an dem freuen, was sie selbst geschaffen haben. Sie messen es immer an den Leistungen anderer (war ich der „Erste", der „Beste", der „Schnellste"?).

Verstärkung auch von der Tätigkeit selbst ausgehen lassen

Die Erzieherin sollte diese Tendenz nicht noch unterstützen, sondern darauf hinwirken, dass die Verstärkung des kindlichen Verhaltens von der Tätigkeit an sich ausgeht, dass es sein Tun selbst als belohnend erfährt.

4.6 Entwicklung und Bedeutung der Motivation

Antrieb des Handelns

Warum spielen Kinder so intensiv und ausdauernd? Warum bauen sie aus Bausteinen immer wieder den gleichen Turm – jeden Tag ein kleines Stückchen höher? Warum üben sie unermüdlich einen Purzelbaum, auf jeder Unterlage und zu jeder Gelegenheit – bis er ihnen endlich gelingt?

Diese Fragen nach dem „Wozu" und „Warum" des menschlichen Verhaltens werden unter dem Begriff der Motivation zusammengefasst. Motivation ist eine Sammelbezeichnung für alle Zustände und Prozesse, die als *Antrieb oder Beweggründe des Handelns* gelten können. Sie kann auch als *„die innere Ursache des Verhaltens"* (Oerter 1987, 643) erklärt werden.

Die einzelnen unterschiedlichen Interessen, Bedürfnisse und Triebe, die das Handeln antreiben und die Aktivität anregen, werden dabei als Motive bezeichnet.

Es gibt angeborene Triebe und Bedürfnisse (Hunger, Durst, Bedürfnis nach Schlaf und Wärme, ebenso das Bedürfnis nach Bewegung), die zum *„primären Motivationssystem"* gerechnet werden. Im Laufe der Entwicklung werden jedoch auch eine Menge Motive und Bedürfnisse erworben (Erfolg, Anerkennung, Leistung usw.), sie zählen zum *„sekundären Motivationssystem"*. Wichtige Antriebe des kindlichen Handelns, wie die *Neugierde und der Explorationstrieb,* werden dabei von Oerter zu den angeborenen Trieben und Bedürfnissen gezählt. Das primäre Motivationssystem gehorcht dem Lust-Unlust-Prinzip, d. h., man versucht sofort und ohne Verzögerung Lust zu gewinnen und vermeidet unmittelbar Unlust (Schmerz). Hunger will also sofort gestillt, Neugierde befriedigt werden. Das sekundäre Motivationssystem wird dagegen vom *Erfolgs- und Misserfolgsprinzip* gesteuert. Um des Erfolges willen nimmt man nun Anstrengungen und Aufschub von Lust auf sich (vgl. Oerter 1987, 646).

Zu den Motiven, die das kindliche Verhalten sehr stark beeinflussen gehören u.a.:

Wichtige Motive

- die Neugierde,
- der Bewegungsdrang,
- das Explorationsbedürfnis,
- das Bedürfnis nach Anerkennung,
- das Bedürfnis nach Neuem,
- die Freude an Bewegung,
- das Bedürfnis nach Leistung.

Solche Motive sind also gemeint, wenn man von dem „elementaren Bedürfnis des Kindes nach Bewegung“ oder von seiner „unersättlichen Neugierde“ spricht. Sie sind charakteristisch für die Kindheit und sollten bei allen Erziehungsprozessen besonders beachtet werden.

▶ *Die Bedeutung der Motivation für die Entwicklung und das Lernen*

Entwicklung und Lernen des Kindes werden maßgeblich bestimmt durch seine Interessen und Bedürfnisse, aber auch durch die Anregungsvariablen, die es in seiner Umwelt vorfindet.
So sieht Heckhausen (1974) die Motivation zum Lernen als Resultat der Wechselwirkung zwischen den relativ überdauernden Zügen der Persönlichkeit eines Menschen (den Motiven) und den situationsabhängigen Anregungsvariablen.

Zu den überdauernden Persönlichkeitszügen zählt Heckhausen

Sachbezogene und sozialbezogene Motive

- das Leistungsmotiv,
- das Interesse an Aufgaben und Situationen als sachbezogene Lernanreize und
- sozialbezogene Motive, wie z. B. das Bedürfnis nach Anerkennung und Geltung, nach Zustimmung und nach Strafvermeidung

Zu den situativen Anregungsvariablen gehören...

- der Erreichbarkeitsgrad oder Schwierigkeitsgrad der gestellten Aufgabe,
- der Anreizcharakter einer Situation und
- der Neuigkeitsgehalt der Aufgabe.

Diese Aspekte sollten auch bei der Planung und Gestaltung von Bewegungsangeboten für Kinder berücksichtigt werden.
Während der letztgenannte Aspekt – die situativen Anregungsvariablen – im Rahmen der methodischen Überlegungen zur Durchführung der Bewegungserziehung im Kindergarten (Kap. 6.5) ausführlich behandelt wird, soll im Folgenden die Bedeutung der Leistungsmotivation, die bei Bewegungsspielen eine wichtige Rolle spielt, diskutiert werden.

▶ *Wetteiferverhalten und Leistungsmotivation*

Wenn Kinder miteinander spielen, kann man immer wieder beobachten, dass sie schneller, besser, stärker als die anderen sein wollen, dass sie ein Spiel gewinnen, die meisten Bälle ins Ziel treffen oder am schnellsten laufen wollen. Erwachsene legen dies oft als „ganz natürliches Verhalten" aus: „Kinder suchen eben von sich aus den Wettstreit mit anderen, warum sollte man dies nicht auch bei Bewegungsspielen aufnehmen, das ist doch auch viel spannender und feuert die Kinder an."
Die Frage, ob der Wetteifer „im Kind drin stecke" oder ob er durch das Vorbild oder die Erwartungen der Erwachsenen auf das Kind übertragen werde, ist nicht eindeutig zu beantworten.

Alltägliche Aufforderungen zum Wetteifern

Schon früh erleben Kinder bereits im Alltag Aufforderungen wie: „Wer hat sich zuerst angezogen?" „Wer ist zuerst mit dem Essen fertig?" „Wer hat am schnellsten sein Spielzeug aufgeräumt?" Wir Erwachsenen benutzen solche Aufforderungen meist, um das Verhalten der Kinder in unserem Sinne zu reglementieren, sie damit zur Eile anzutreiben und ihre aktive Mitarbeit herauszufordern.

Dem Wetteiferverhalten des Kindes liegt einerseits das Bedürfnis zugrunde, eine Tätigkeit, die ihm Spaß macht, gut auszuführen und sich in seinen Leistungen zu steigern, andererseits aber auch das Bedürfnis, dafür Anerkennung zu erhalten. Bei dem erstgenannten Bedürfnis handelt es sich also um eine Belohnung, die von der Tätigkeit selbst ausgeht, hier spricht man von *„intrinsischer Motivation"*,

intrinische und extrinische Motivation

während man das zweite Bedürfnis, das nicht mit der Sache direkt zu tun hat, sondern eher von außen kommt, als *„extrinsische Motivation"* bezeichnet.
Ansätze zur Leistungsmotivation lassen sich bereits im Kleinkindalter beobachten. Voraussetzung ist allerdings, dass der Leistungsmaßstab dem Kind einsichtig ist, dass es also erkennen kann, welches Ergebnis seines Tuns als gut bzw. als weniger gut beurteilt wird.

▶ *Die Entwicklung der Leistungsmotivation*

Heckhausen (2003) konnte bereits bei Dreijährigen ein leistungsbezogenes Verhalten nachweisen. Grundlage für die Beobachtungen waren vor allem Aufgabenstellungen, die *Geschicklichkeit und Bewegungsschnelligkeit* erforderten.

Ergebnisse von Untersuchungen zur Leistungsmotivation

In einer Versuchsreihe sollten die Kinder einen Turm bauen (eine Anzahl von Ringen wurden an einem Ständer aufeinander gelegt). Nach einigen Probeversuchen sollte dann festgestellt werden, ob die Kinder schneller als der Versuchsleiter fertig waren, wobei der Versuchsleiter das Kind in einer festgelegten Reihenfolge gewinnen bzw. verlieren ließ. Hierbei zeigten sich folgende Ergebnisse (zit. nach Oerter 1987):
Kinder unter 2,3 Jahren erfassten die Wetteifersituation überhaupt nicht, sie hatten jedoch große Freude am Selbermachen und bauten z.T. den vom Versuchsleiter gebauten Turm wieder ab.

Im Alter von 2,3 bis 3,6 Jahren traten erste Anzeichen von Leistungsmotivation und Wetteiferverhalten auf; viele Kinder verstanden die Wetteifersituation zwar geistig noch nicht, sie erkannten jedoch Erfolg und Misserfolg (dass sie schneller oder langsamer waren als der Versuchsleiter). Die Reaktionen von Stolz bzw. Beschämung machten deutlich, dass sie das Ergebnis auch auf die eigene Person zurückführten.

Ab 3,7 bis 4,6 Jahren schienen alle Kinder zu wetteifern. Sie wiederholten das Turmbauen häufiger und ließen sich in ihrem Verhalten davon beeinflussen, ob sie bei den vorangegangenen Versuchen Erfolg oder Misserfolg gehabt hatten. Heftige mimische Reaktionen beim Ausgang des Wettspiels ließen auf eine starke affektive Beteiligung schließen.

Reaktion bei Misserfolgen

Im Alter von 4,7 bis 5,6 Jahren verlängerte sich die Dauer des Wetteiferverhaltens wiederum. Misserfolge konnten schon eher verarbeitet werden. Die Kinder gestanden sie ein und wichen bei späteren Versuchen nicht einfach weiteren Misserfolgen aus. Auch die in der Mimik sichtbaren Reaktionen waren beherrschter. Nach $5\frac{1}{2}$ Jahren wurden außer einer

Zunahme der Dauer des Wetteiferverhaltens keine wesentlichen Veränderungen gegenüber jüngeren Kindern beobachtet.
Bei diesen Untersuchungsergebnissen ist zu beachten, dass die Wetteifersituation vom Versuchsleiter provoziert worden war. Die Beobachtungen wurden nicht im freien Spiel gewonnen, so dass auch nicht davon ausgegangen werden kann, dass alle Kinder im Alter von ca. 3 Jahren bereits das Bedürfnis danach haben, Das Auftreten von Wetteiferverhalten ist also auch abhängig von der Art der Spielsituation, die das Kind im Kindergarten kennen lernt. Dies wird in der entwicklungspsychologischen Literatur kaum erwähnt, obwohl doch gerade hiervon wesentliche Konsequenzen für die Gestaltung der Betätigungsmöglichkeiten im Kindergartenalltag abhängen.
Auch wenn sich bei den beschriebenen Versuchen bereits bei $3\frac{1}{2}$ jährigen Kindern Wetteiferverhalten zeigte, heißt dies nicht auch gleichzeitig, dass dies durch entsprechende Spielangebote noch unterstützt werden sollte. Aus pädagogischer Sicht sind für die soziale Entwicklung der Kinder Spielsituationen wichtiger, durch die sie lernen können, auf andere Rücksicht zu nehmen, Schwächeren zu helfen, ein vorgefundenes Problem gemeinsam zu lösen. Selbstvertrauen und Zufriedenheit können Kinder auch aus einer für sie selbst sinnvollen Tätigkeit gewinnen, ohne dass dabei Konkurrenz und Wettbewerb entstehen muss. Auch so entwickelt sich die Motivation, etwas zu leisten (z. B. ohne Hilfe über einen Balken zu balancieren oder an einer Sprossenwand bis zur höchsten Stufe zu klettern), die Kinder sind dabei allerdings eher intrinsisch motiviert.

▶ *Leistungsmotivation und Anspruchsniveau*

Passender Schwierigkeitsgrad

Kinder sind dann am motiviertesten, sich mit einem Problem oder einer Aufgabe auseinander zu setzen, wenn die Anforderungen weder zu hoch noch zu niedrig sind, also einen mittleren Grad der Erreichbarkeit besitzen. Geräte, Spiele, Aufgaben sollten herausfordern, ohne das Kind zu überfordern und bei ihm Angst vor Versagen auszulösen. Sind die Anforderungen zu gering und hat das Kind sie bereits mehrfach bewältigt, verliert es meist schnell das Interesse an der Sache. Sind die Anforderungen dagegen zu hoch, wird sich das Kind vergeblich um die Lösung bemühen und entmutigt werden. Wiederholen sich diese Erfahrungen, stellt sich beim Kind Unsicherheit und Versagensangst ein, die Leistungsfähigkeit nimmt ab.

Anspruchsniveau

Die Art und Weise, wie Kinder den Schwierigkeitsgrad von Aufgaben und Problemen wahrnehmen und wie sie damit umgehen, ist jedoch nicht allein abhängig von ihrer objektiven Schwierigkeit, sondern auch von dem Vertrauen in die eigene Leistungsfähigkeit, dem *Anspruchsniveau.* Jedes Kind hat ein individuelles *Anspruchsniveau;* ersichtlich wird dies vor allem dann, wenn ein Kind sich für bestimmte Aufgaben selbst entscheiden bzw. aus unterschiedlichen Schwierigkeitsgraden das für es selber Passende auswählen kann.

Im Rahmen der Untersuchungen zur Leistungsmotivation wurden auch hinsichtlich der Entwicklung des Anspruchsniveaus interessante Ergebnisse ermittelt: Die Kinder hatten Kraft- und Geschicklichkeitsaufgaben zu bewältigen, die in 5 nebeneinander gestellten Schwierigkeitsstufen dargeboten wurden. Eine Aufgabenreihe bestand z. B. darin, dass die Kinder über verschieden lange Platten springen mussten oder sie sprangen nach 5 verschieden hoch aufgehängten Bällen. Hier zeigte sich bei der Aufgabenwahl folgende Vorgehensweise:

Ergebnisse von Untersuchungen zum Anspruchsniveau

Vor dem Alter von $3\frac{1}{2}$ Jahren wählten die Kinder die Aufgaben einfach der Reihe nach. Sie begannen also mit der leichtesten Aufgabe und gingen sie der Reihe nach durch bis zur schwersten, oder sie begannen bei der schwersten und setzten die Reihenfolge dann bis zur leichtesten fort.

Ab dem Alter von $3\frac{1}{2}$ Jahren wurde das unbekümmerte Spielen und Probieren abgelöst durch deutliches Bemühen, die Aufgaben zu lösen. Bei Misserfolg versuchten sie, die Situation zu verharmlosen, suchten nach Ausflüchten und wichen nicht selten neuen Versuchen aus. Es zeigte sich jedoch noch kein bestimmtes Anspruchsniveau aufgrund vorangegangener Erfahrungen.

Dies änderte sich erst mit ca. $4\frac{1}{2}$ Jahren. Die Kinder wählten die Schwierigkeitsstufen nun aufgrund des vorangegangenen Erfolgs bzw. Misserfolgs aus, dabei war die Aufmerksamkeit vor allem auf die oberen Leistungsgrenzen ausgerichtet. Die Kinder wählten im Allgemeinen keine unrealistischen Ziele, sondern erkannten die Grenzen ihrer Leistungsfähigkeit.

In dieser Altersstufe zeigten sich auch bereits individuelle Unterschiede in der Art und Weise, wie die Kinder die Aufgaben auswählten: Es gab Kinder, die einen Misserfolg eher zu vermeiden versuchten, und andere, die sich darum bemühten, ihr Leistungsniveau immer von neuem nach oben zu schieben.

Mit $5\frac{1}{2}$ Jahren wurden die Kinder noch mutiger in ihrem Wahlverhalten, das Risiko des Nicht-Gelingens wurde bewusster in Kauf genommen.

Auch diese Untersuchungsergebnisse haben Konsequenzen für die

Konzeption von Spiel- und Bewegungsangeboten, denn nur wenn Kinder auf Aufgaben mit differenzierten Schwierigkeitsstufen treffen und daraus selbstständig auswählen können, haben sie auch die Chance, einen eigenen Gütemaßstab zu entwickeln.

Im Folgenden sollen die Konsequenzen der vorangegangenen Überlegungen für die Gestaltung von Spiel- und Bewegungsangeboten im Kindergarten näher erörtert werden.

▶ *Bewegungsspiele = Wettspiele?*

Wettkampf und Leistungsvergleich untereinander treten besonders häufig bei Bewegungsspielen auf. Viele Spiele enthalten Konkurrenzsituationen (Wettläufe, Spiele mit Ausscheiden, Reaktionsspiele). Hier können Kinder eindeutig erkennen, wer der Schnellste oder der Geschickteste ist, wer bei einem Wettlauf als Erster ankommt oder bei einem Spiel mit Ausscheiden als Letzter und damit als Sieger übrigbleibt.

Reaktion bei Misserfolg

Die Erzieherin sollte Wettspiele, die oft auch im freien Spiel der Kinder entstehen, besonders aufmerksam beobachten. Zwar ist es nicht möglich und auch nicht erforderlich, alle Spiele, bei denen Sieger und Verlierer ermittelt werden, von den Kindern fernzuhalten. Die Erzieherin muss jedoch beachten, dass häufiges Verlieren das Selbstwertgefühl eines Kindes erheblich schwächen und seine Leistungszuversicht mindern kann. Oft reagieren diese Kinder bei Misserfolg auch mit Rückzug („Wenn ich nicht gewinne, spiele ich nicht mehr mit“) oder kompensieren Leistungsschwächen mit Störverhalten.

Bei diesen Kindern ist es besonders wichtig, das Selbstwertgefühl zu stärken, sie zu ermutigen und ihnen Vertrauen in die eigene Tüchtigkeit zu geben, indem sie z.B. in anderen Spielsituationen ihre besonderen Fähigkeiten zeigen können. Kinder sollten erkennen, dass es Unterschiede in allen Fähigkeitsbereichen gibt; sie sollten diese Unterschiede akzeptieren lernen, aber auch Gelegenheit haben, die eigenen Stärken festzustellen.

Gelegenheit zum Feststellen eigener Stärken

Leistungsverbesserungen sind nämlich nicht nur im Vergleich mit anderen erkennbar (sozialer Bezugsmaßstab), sondern auch auf der Grundlage des Vergleichs mit den eigenen bisherigen Leistungen (individueller Bezugsmaßstab). Jede Verbesserung des Bewegungskönnens eines Kindes (alleine laufen lernen, Roller fahren, schwimmen lernen usw.) wird als Verbesserung der eigenen Leistung erlebt.

Anstatt Wettspiele und Konkurrenzsituationen zu provozieren und zu unterstützen, sollte im Kindergarten mehr Wert darauf gelegt werden, dass Kinder individuelle Leistungsfortschritte bei sich selbst erkennen und anstreben, ohne sich dabei unbedingt mit anderen messen zu müssen.

Wenn Erfolg bei einer Tätigkeit der *eigenen Leistungsfähigkeit* zugeschrieben (attribuiert) werden kann, also als selbst erreicht und mit eigener Kraft geschafft gilt, entwickelt sich beim Kind Selbstvertrauen und das Bewusstsein, selbstständig Probleme lösen zu können. Die Erzieherin sollte also möglichst häufig Situationen schaffen, in denen Kinder Aufgaben ohne fremde Hilfe mit eigenen Mitteln bewältigen können.

Wichtiger als die Hoffnung, bei einem Bewegungsspiel Erster zu sein, ist der Spaß an der Bewegung, und dieser sollte auch denjenigen erhalten bleiben, die wohl nie die Gelegenheit haben werden, bei einem Bewegungsspiel zu siegen.

Sowohl durch die *Auswahl der Spiele* als auch durch ihre *verbale Reaktion* auf spontan entstehende Wettspiele („Kai war der Schnellste, aber Lukas und Sebastian waren auch ganz schön schnell") kann die Erzieherin dazu beitragen, dass Konkurrenzsituationen an Bedeutung verlieren und damit auch die Chance für das Gelingen kooperativer Spiele größer wird.

Vermeidung unmittelbarer Wettbewerbssituationen

So sollten z.B. Staffeln vermieden werden, bei denen zwei Kinder gleichzeitig loslaufen und sich dann fast automatisch in ihren Leistungen messen; die Schwächen von langsameren, ungeschickteren Kindern werden hier zu sehr vor der gesamten Gruppe demonstriert, manche Kinder fühlen sich bloßgestellt. Ebenso verzichtet werden sollte auf Spiele, bei denen die Spielregel ein endgültiges Ausscheiden vorsieht. Davon betroffen sind nämlich meistens dieselben Kinder, und diejenigen, die das Üben eigentlich am nötigsten hätten, sitzen als erste auf der Bank. Zwar sind nicht alle Spiele so zu organisieren, dass man auf einen Sieger verzichten kann – gerade die traditionellen Kinderspiele enden mit der Herausstellung eines Teilnehmers, der sich allen Angriffen bis zum Schluss entziehen konnte und damit als Sieger gilt, vermieden werden sollte jedoch auf jeden Fall, dass es bei einem Spiel einen oder wenige Verlierer gibt (Beispiele für „Spiele ohne Verlierer" finden sich bei Blumenthal 2001, Zimmer 2003, 109ff.).

Auch wenn Wetteifer und Konkurrenz im Kindergarten nicht bewusst stimuliert und durch Wettspiele provoziert werden, ist ihr Auftreten nicht ganz zu vermeiden. Solche Situationen können allerdings ein Anlass für gemeinsame Gespräche sein und damit als Teil der sozialen Entwicklung von Kindern gesehen werden.

▶ *Differenzierung der Schwierigkeitsgrade*

Gerade bei Bewegungsaufgaben werden Kindern oft feste Ziele gesetzt (über eine Bank balancieren, einen Kasten hochklettern, von einer bestimmten Höhe herunterspringen), die sie entweder ganz bewältigen oder denen sie ganz ausweichen müssen. Sind dagegen Geräte mit unterschiedlichem Schwierigkeitsgrad vorhanden (verschieden breite und hohe Bänke oder Bretter zum Balancieren, unterschiedlich hohe Kästen zum Klettern usw.), und kann jeder auswählen, wo er balancieren oder wie hoch er klettern möchte, können Kinder sich selbst erproben und dabei ein eigenes Anspruchsniveau entwickeln.

„Passende" Aufgabenschwierigkeiten

Überfordern die Bewegungsangebote und -aufgaben ein Kind, und hat es das Gefühl, etwas nicht schaffen zu können, dann wird es schnell entmutigt und verliert das Vertrauen in seine Leistungsfähigkeit. Kann sich ein Kind aber infolge differenzierter Schwierigkeitsgrade selbst entscheiden, was es sich zutraut, ist die Gefahr einer Über- bzw. Unterforderung erst gar nicht vorhanden. Auch bei offenen Bewegungsangeboten, bei denen jedes Kind selbst bestimmen kann, in welcher Form es sich mit Geräten und Gerätekombinationen auseinander setzt, kommt es nicht zu unangemessenen Anforderungen.

Bewegungssituationen fordern das Kind in seiner Leistungsfähigkeit heraus und beeinflussen daher auch die Entwicklung seiner Leistungsmotivation. Die passende Aufgabenschwierigkeit ist allerdings für jedes Kinde eine andere (während ein Kind schon das ganze Klettergerüst übersteigt, traut sich ein anderes gleichaltriges vielleicht erst zaghaft auf die ersten Sprossen). Die Bewegungsangebote sollten daher verschiedene Möglichkeiten der Bewältigung beinhalten, es sollte Spielraum für unterschiedliche Lösungsformen vorhanden sein, denn nur so kann sich das Kind auch das für es selbst passende Niveau aussuchen.

Spielraum für individuelle Lösungen

▶ *Vermeiden von Leistungsvergleichen zwischen Kindern*

Leistungsvergleiche der Kinder untereinander sollte eine Erzieherin immer vermeiden. Auch ein gut gemeintes: „Das kannst du bestimmt, guck mal: Fabian ist erst vier und hat es geschafft, dann kannst du es doch wenigstens mal probieren", setzen das Kind unter Leistungsdruck. Drüber hinaus wertet eine solche Aussage die Aufgabe ab: Schafft das Kind die Anforderung, stellt dies trotzdem kein wesentliches Erfolgserlebnis dar, da sie ja offensichtlich auch schon von jüngeren Kindern bewältigt wird, also sehr leicht sein muss. Gelingt ihm die Aufgabe nicht, wiegt dies doppelt, da ja sogar schon ein Vierjähriger dabei Erfolg hatte.

Sinnvoller als der Vergleich mit anderen ist es, dem Kind seine eigene individuelle Leistungssteigerung bewusst zu machen: „Siehst du, ein ganzes Stück hast du schon mehr geschafft als beim letzten Mal!" Die meisten Kinder haben das Bedürfnis, etwas dazuzulernen, etwas zu leisten, die eigenen Fähigkeiten auf die Probe zu stellen, sie wollen sehen, was sie schaffen können. In dieser Haltung sollten sie unterstützt werden, d. h. die Erzieherin sollte ein Kind ermutigen, wenn ihm das angestrebte Ziel nicht gelingt, es aber auch akzeptieren, wenn ein Kind sich eine Aufgabe (noch) nicht zutraut. Sie sollte so wenig wie möglich und so viel wie nötig helfen und nur dann direkt Unterstützung geben, wenn das Kind sie dazu auffordert.

Individuelle Leistungssteigerungen bewusst machen

▶ *Konsequenzen*

Die vorangegangenen Überlegungen machen deutlich, dass die Befunde der Entwicklungspsychologie zur Entstehung des Wetteifers nicht gleichzeitig auch bereits pädagogische Aussagen zur Gestaltung von Spielsituationen im Kindergarten beinhalten. Im Hinblick auf die soziale Erziehung erscheint es geradezu problematisch, wenn auch noch in der neueren Fachliteratur zu lesen ist: *„Das Bewerten ist eine wichtige Voraussetzung vom Erleben von Stolz und Freude, Beschämung oder Enttäuschung. Erst die Wahrnehmung, aus einer Spielrunde besser als der Gegner hervorgegangen zu sein, gibt Anlass für eine positive Gefühlsreaktion."* (Mietzel 2002) Ein Kind sollte sich nicht erst dann für wertvoll halten, wenn es besser als ein anderes ist, wenn es etwas schneller und geschickter als andere ausführen kann. Die Entwicklung von Leistungsmotivation und die Bildung eines realistischen Anspruchsniveaus kann bei Kindern auch ohne den unmittelbaren Vergleich in Form von Wettkampf und Konkurrenzspielen unterstützt werden. Der Anreiz zur Verbesserung der eigenen Leistung sollte von der Tätigkeit selbst ausgehen; Handlungen, die dem Kind selbst sinnvoll erscheinen, bieten hierfür die besten Voraussetzungen, denn nur wenn einem Kind eine Tätigkeit auch wirklich wichtig ist, wird es auch darum bemüht sein, sie so gut wie möglich auszuführen.

Die Tätigkeit selbst wirkt als Verstärkung

Um das Vertrauen in die eigene Leistungsfähigkeit zu unterstützen, können – die bisherigen Aussagen zusammenfassend – folgende Maßnahmen hilfreich sein:

- Da die Leistungsmotivation sich bei jüngeren Kindern vor allem bei Tätigkeiten herausbildet, bei denen sie ihren Körper einsetzen können, sollten Kinder im Kindergarten möglichst viele Gelegenheiten zum Erproben und Verbessern ihrer körperlichen und motorischen Fähigkeiten haben. Hierbei sollten Angebote überwiegen, die den Kindern die selbstständige Auseinandersetzung mit Geräten und Materialien gestatten.
- Bewegungsangebote sollten unterschiedliche Schwierigkeitsgrade enthalten, zwischen denen die Kinder selbstständig auswählen können.
- Den Erfolg einer ausgeführten Handlung sollte ein Kind sich selbst zuschreiben können. Handlungsergebnisse sollten als selbst bewirkt und nicht von fremder Hilfe gesteuert erlebt werden.
- Bewegungsangebote und Spielsituationen müssen für die Kinder wichtig und sinnvoll sein, da nur so Auswirkungen auf das Erleben der eigenen Tüchtigkeit erwartet werden können.
- An die Stelle des Vergleichs der Kinder untereinander (soziale Bezugsnorm) sollte die Bewusstmachung des eigenen Leistungsfortschrittes (individuelle Bezugsnorm) treten.

5. Bildungsinstitutionen – Begleitung und Förderung kindlicher Entwicklung

Wie die Erkenntnisse der Entwicklungspsychologie deutlich belegen, gehören die durch Wahrnehmung und Bewegung gemachten Erfahrungen in den ersten Lebensjahren zu den wichtigsten Erkenntnisquellen des Kindes.
Das Bewegungsbedürfnis von Kindern ist allerdings weder auf bestimmte Zeiten noch auf bestimmte Orte und schon gar nicht auf bestimmte Institutionen, die sich die Bewegungsförderung zur Aufgabe gemacht haben, zu beschränken. Kinder wollen sich immer und überall bewegen, auch – ja gerade – dann, wenn sie es nicht sollen.

Räume, in denen Kinder aufwachsen und an denen sie sich aufhalten, müssen deswegen immer auch Räume sein, an denen *Bewegung möglich, erwünscht, nur wenig behindert* wird. Dies gilt umso mehr, je jünger Kinder sind.

Bedeutung familiärer Anregungen

Das Kleinkindalter wird im Vergleich zum Kindergarten- und Grundschulalter meist weitaus weniger beachtet, wenn es um die Förderung von Bewegungs- und Wahrnehmungserfahrungen geht. In der Literatur gibt es nur wenige Hinweise, wie in der Familie, in der Wohnung und im nicht-organisierten Alltagsbereich die Bewegungsmöglichkeiten der Kinder erweitert werden können (Miedzinski 2000, Scheid/Prohl 1988). Dabei ist dies infolge der ständig zunehmenden Einschränkung der kindlichen Bewegungserfahrungen durch Motorisierung und Verkehrsdichte ein besonders ernst zu nehmendes Anliegen. Gezielte, regelmäßige Bewegungserziehung setzt bei Kindern meist erst im Kindergarten ein, aber bereits die *Bewegungsentwicklung in den ersten Lebensjahren* beeinflusst die Gesamtentwicklung in entscheidendem Maße.

An der Förderung der kindlichen Bewegungsmöglichkeiten haben viele unterschiedliche Personengruppen und Institutionen Anteil. Nicht nur die räumlichen und materialen Gegebenheiten beeinflussen die Bewegungsentwicklung von Kindern, sondern vor allem die Menschen, die mit ihnen umgehen.

Es gibt allerdings ganz unterschiedliche Auffassungen, wie die Erziehung von Kleinkindern in der Familie und vor allem in *Krippen* und *Kindergärten* verlaufen sollte. Im folgenden Kapitel werden deshalb verschiedene Ansätze einer frühkindlichen Erziehung unter besonderer Berücksichtigung der Bewegungs- und Spielerfahrungen vorgestellt und in ihren praktischen Konsequenzen diskutiert.

Öffentliche Bildungsinstitutionen

Zu dem Bereich der Kindertageseinrichtungen gehören nicht nur Krippe und Kindergarten. Auch der *Hort* ist ein Ort für Kinder, die dem Kindergartenalter entwachsen sind, aber nach der Schule eine Betreuung außerhalb der Familie benötigen. Auch hier haben Bewegung und Spiel einen besonderen Stellenwert im Rahmen der Freizeitgestaltung der Kinder, wobei ihre Interessen durchaus bereits sportliche Angebote umfassen können. Auch wenn der Hort an vielen Orten durch Ganztagsbetreuung der Schulen überflüssig wird, soll er doch als eine Form außerschulischer Betreuung in den folgenden Ausführungen enthalten bleiben.

Die derzeitige Diskussion um die Betreuung und Erziehung von Kindern befasst sich intensiv mit neuen, auch alternativen Formen, die vor allem das Zusammenleben jüngerer und älterer Kinder – ähnlich wie in der Familie – befürworten. Solche *altersübergreifenden Tageseinrichtungen* bieten viele Gelegenheiten für soziale Erfahrungen, sie erfordern allerdings auch besondere Rahmenbedingungen, die sich z. T. auch auf Bewegungsangebote und Bewegungserziehung erstrecken. Auf diese Aspekte soll im folgenden Kapitel näher eingegangen werden.

5.1 Die Familie

Anregungen durch materiale und räumliche Voraussetzungen

Die Familie stellt in den ersten Lebensjahren den wesentlichsten Einflussfaktor für die motorische Entwicklung der Kinder dar. Bereits die *Wohnumwelt* wirkt sich auf das Bewegungsverhalten der Kinder aus, und ebenso können Bewegungsreize vom Spielmaterial und von Einrichtungsgegenständen in der Wohnung ausgehen. So regt allein das Bereitstellen von Material und Raum Kinder zu Bewegungsaktivitäten an. Im Säuglings- und Kleinkindalter ist die Stimulation, die von der *unmittelbaren Umgebung* ausgeht, Anlass für aktive Erkundungen. Einen besonderen Stellenwert nehmen hier allerdings die personalen Beziehungen zwischen Eltern und Kindern ein, denn sie entscheiden darüber, ob ein Kind in seiner Entwicklung unterstützt oder aber eingeschränkt wird.

Übernahme der Einstellung der Eltern

Bei einem überbehütenden Erziehungsstil wird der Bewegungsraum der Kinder meist eingeschränkt, während eine gewährende Erziehungshaltung das Kind in seiner Selbstständigkeitsentwicklung unterstützt und ihm Vertrauen in die Erweiterung seiner Bewegungsmöglichkeiten gibt (vgl. Kemper 1982, Scheid 1989). Neben der Bereitstellung unmittelbarer Bewegungsanregungen durch die familiäre Umwelt werden vor allem auch *Einstellungen gegenüber Bewegung und Sport* durch die Familie geprägt. So besitzen die Interessen der Eltern oft eine Vorbildfunktion für Kinder, und auch Geschwister stellen Verhaltensmodelle dar. In einer empirischen Untersuchung wurde z. B. belegt, dass vor allem die von Eltern und Kindern gemeinsam betriebenen Bewegungsaktivitäten sich positiv auf die motorische Entwicklung von Kindern auswirken (vgl. Zimmer 1996).
Es gibt viele Anlässe und Gelegenheiten für körper- und bewegungsbetonte Spiele zwischen Eltern und Kindern, die den Kontakt zwischen beiden intensivieren und die Entwicklung der Kinder vor allem in den ersten Lebensjahren unterstützen. Im Folgenden sollen beispielhaft Spielsituationen in der Familie dargestellt, aber auch die Voraussetzungen für eine freie Bewegungsentwicklung der Kinder im

Elternhaus beschrieben werden. Dies reicht von der Kommunikation zwischen Eltern und Kindern bis hin zur Einrichtung der Wohnung und der Ausstattung mit Spiel- und Bewegungsmaterialien.

▶ *Spiel- und Bewegungsaktivitäten zwischen Eltern und Kindern*

Fingerspiele und Nachahmungsspiele

In den ersten Lebensjahren nehmen Eltern meist intensiv Anteil an den Spiel- und Bewegungsaktivitäten ihrer Kinder. Sie verbinden Pflegeaktivitäten wie Windelwechseln, Waschen, Eincremen und Anziehen mit Körperspielen, sind fasziniert von den ersten Krabbelversuchen des Kleinkindes, beobachten gespannt, wie sich das Kind an Möbelstücken hochzieht und wie es seine ersten Schritte macht. Oft spielen die Eltern auch ganz intensiv mit ihrem Kind: Schoß- und Kniespiele („Hoppe Reiter"), Fingerspiele („Das ist der Daumen"), rhythmische Klatschspiele („Backe Backe Kuchen") und Nachahmungsspiele („Wie ein Fähnchen auf dem Turm"). Das Ende der Spiele ist meist mit Kitzeln, Liebkosungen oder spannungslösenden Bewegungen verbunden: Das rhythmische Wippen auf den Knien endet beim Hoppe-Reiter-Spiel mit einem „Sturz" in die Tiefe, auf den das Kind während des gesamten Spiels bereits mit Spannung wartet.

Diese Spiele – oftmals von einer Generation zur nächsten übertragen – enthalten viele Bewegungs- und Wahrnehmungsreize, es sind jedoch gleichzeitig auch *soziale Spiele*, denn der Kontakt zwischen Erwachsenen und Kind ist sehr eng, beide schauen sich beim Spielen meist intensiv an, reagieren aufeinander, die Stimme, das Lachen, die Körperhaltung ist einander zugewendet.

Rückgang körperbezogener Spiele

Diese Spiele im ersten Lebensjahr bereiten Erwachsenen wie Kindern gleichermaßen Lust; beide Spielpartner sind dabei ausgelassen, die Eltern lachen, die Kinder quietschen vor Vergnügen, die Spielhandlungen werden immer wiederholt. Mit zunehmendem Alter verlieren sich diese Aktivitäten jedoch mehr und mehr. Obwohl auch ältere Kinder sich noch an gemeinsamen Bewegungsspielen und an körperbetonten Spielen (z. B. gespieltes Ringen und Raufen) erfreuen, tritt das *körperbezogene Spielen* mit zunehmendem Alter der Kinder mehr in den Hintergrund und weicht Gesellschaftsspielen oder Brettspielen.

Für die unmittelbare Beziehung zwischen Eltern und Kindern ist gemeinsames Spielen von unschätzbarer Bedeutung. Kinder erleben ihre Eltern in anderen Rollen, als es im Alltag üblich ist, Machtverhältnisse können im Spiel umgekehrt, Ängste „ausgespielt", Regeln vereinbart werden. Auch für die Eltern kann das Spielen von ebenso wichtiger Bedeutung sein. Sie können sich von der Unbekümmertheit und Spontaneität der Kinder anstecken lassen, die eigene Fantasie wiederentdecken, Ungewohntes ausprobieren, was im Alltag durch realitätsbezogenes Denken und eine eingefahrene Wahrnehmung meist längst verlorengegangen scheint.

▶ *Körperliche Fähigkeiten als Symbole des „Größer Werdens"*

Gegen Ende des 2. Lebensjahres entwickeln Kinder allmählich ein Gefühl dafür, wer sie sind; sie erkennen, dass sie selbst Entscheidungen treffen können, und wollen deshalb auch nicht mehr so viel „gegängelt" werden. Oft reagieren sie mit Widerwillen, wenn sie etwas Bestimmtes tun sollen. Die Kinder haben jetzt ein Bewusstsein von sich selbst als einer eigenständigen Person entwickelt. Über ihren Körper haben sie zunehmend mehr Selbstständigkeit erreicht. „Selber machen" ist ein verbaler Ausdruck des kindlichen Strebens nach Unabhängigkeit. Sie erleben ihren Körper als unmittelbar ihnen selbst gehörend, über ihn können sie verfügen, ihre Bewegung zunehmend besser beherrschen. Da muss es ihnen zutiefst unverständlich erscheinen, wenn andere bestimmen wollen, was sie zu tun haben und ihnen Spiele oder Bewegungsübungen vorschreiben wollen.

Streben nach Unabhängigkeit und Selbstständigkeit

Freiheit ist in diesem Alter Bewegungsfreiheit. Kinder spüren, dass ihre Eltern ihnen nun mehr zutrauen. „Größer werden" ist häufig gekoppelt mit zunehmenden motorischen Fertigkeiten, über die sie verfügen. Für das Selbstständigwerden und die Ich-Findung des Kindes hat der Körper eine wichtige Funktion. Seine körperlichen Fähigkeiten und Möglichkeiten sind Mittel und Symbole des „Größer Werdens" (Grupe 1992, 15), es erkennt hieran seine Fortschritte: Zum ersten Mal allein über einen Zaun steigen, Fahrrad fahren, den Baum hinaufklettern, all das sind Zeichen wachsender Selbstständigkeit und Unabhängigkeit vom Erwachsenen.

▶ *Die Wohnung – alltäglicher Lebens-, Spiel- und Bewegungsraum des Kindes*

Damit die Spiel- und Bewegungsaktivitäten der Kinder in der elterlichen Wohnung möglichst wenig mit Verboten und Einschränkungen versehen werden müssen, sind bestimmte Voraussetzungen nötig. Die Wohnung ist der erste und zunächst wichtigste Bewegungsraum der Kinder. Kinder sollten hier jedoch nicht nur in einem engen Kinderzimmer Spiel- und Bewegungsgelegenheiten haben, nach Möglichkeit

Die häusliche Umwelt = erster und wichtigster Bewegungsraum der Kinder

sollte – auch wenn dies den Erwachsenen nicht immer angenehm ist – die ganze Wohnung „bespielbar" sein. Damit auch Erwachsenenwohnungen kindgerecht werden, müssen keine großen Umgestaltungen vorgenommen werden, oft reicht es schon, die *Raumausstattung* mit einfachen Möbel- und Einrichtungsgegenständen (Schaumstoffteile, Matratzen), die für Bewegung und Spiel geeignet sind, zu ergänzen. Ein Sofa oder ein Couchtisch bieten Stütze und Hilfe bei den Versuchen des Kindes, sich selbstständig aufzurichten und die ersten Steh- und Gehversuche zu machen. Ab dem Krabbelalter ist für Kinder ihre ganze unmittelbare Umgebung willkommener Anlass für Entdeckungen und Erkundungen. Sämtliche Einrichtungsgegenstände und Utensilien des Haushalts wecken ihre Neugierde, so dass die Eltern gut daran tun, gefährliche und kostbare Stücke eine Zeit lang zu entfernen.

Bewegungsgerechte Ausstattung der Wohnung

Im Folgenden sollen einige Vorschläge für die *kind- und bewegungsgerechte Ausstattung* des Kinderzimmers bzw. der Wohnung gemacht werden. Durch sie sollen die Bewegungsmöglichkeiten des Kindes in seinem alltäglichen, vertrauten Lebensraum verbessert und gemeinsame Spielanlässe für Eltern und Kinder geschaffen werden. Anstelle von Mengen an Spielzeug, die eher den Bewegungsraum des Kindes einschränken, sollten einfache, aber variable Spielgegenstände und Materialien bereitstehen, die je nach Altersstufe ausgetauscht bzw. ergänzt werden können:

krabbeln, ziehen schieben

Krabbelalter bis 2. Lebensjahr: Verschiedene Bodenbeschaffenheiten (weicher Teppichboden, kühle Fliesen, raue Fußmatten, flauschiger Teppich) bieten beim Krabbeln und Kriechen Möglichkeiten für taktile Erfahrungen.
Gegenstände zum Ziehen und Schieben (Hocker mit Rollen usw.); Materialien zum Reinkriechen und zum Sichverstecken (Pappkartons in unterschiedlichen Größen usw.), Schaumstoffteile oder kleine Polster bzw. Matratzenelemente zum Aufstützen, Klettern, Kriechen, Hängematten oder an der Decke aufgehängte Körbchen zum Wiegen und Schaukeln.

springen, federn, rutschen, bauen

Ab dem 3./4. Lebensjahr: Matratzen und Schaumstoffteile zum Springen, Federn und Wälzen, eine alte Couch, die als Trampolinersatz verwendet werden kann (an den Lehnen kann man sich festhalten);
Schaumstoffteile zum Bauen und Aufeinandertürmen; Rutschen, die in ein Hochbett eingehängt werden können; gehobelte Bretter, die über kleine Hocker gelegt werden können und die Kinder zum Balancieren auffordern; eine an der Zimmerdecke angebrachte Schaukel oder ein Kletterseil.

bauen, schaukeln, klettern

5./6. Lebensjahr: Matratzen, Schaumstoffelemente und Decken zum Budenbauen, Reckstangen, die an einem Türrahmen befestigt werden können; Tellerschaukel oder Kletterseil – an der Decke befestigt, einfache Holzleitern, die schräg in ein Bett o.ä. eingehakt werden können; Bretter und gehobelte Kanthölzer zum Bau einer Balancier- und Brückenlandschaft.

In allen Altersstufen benutzen Kinder auch mit Vorliebe Gegenstände aus dem Haushalt für Klang- und Geräuschexperimente (Töpfe oder Topfdeckel), zum Bauen und Konstruieren (Schachteln, Kartons, Pappröhren).

Da die meisten Wohnungen für die expansiven Bewegungsbedürfnisse der Kinder zu eng sind, ist es sinnvoll, wenigstens im Kinderzimmer den Raum so wenig wie möglich mit Möbelstücken voll zu stellen. Anstelle sperriger Schränke sind hier z.B. offene Regale für Kleidungsstücke und Spielsachen Platz sparender; Stühle können durch Hocker ersetzt werden, diese können auch beim Bau von Bewegungslandschaften eingesetzt werden; Matratzenteile und Schaumstoffelemente sind zwar zum Sitzen nicht so bequem wie Polstermöbel, dafür sind sie jedoch im Spiel vielseitig verwendbar und können bei Bedarf übereinander gestapelt werden, so dass im Zimmer noch Freifläche bleibt (Anregungen zur bewegungsgerechten Ausstattung des Kinderzimmers in Kleine 1997, Zimmer 2002).

▶ *Die Erziehungseinstellung der Eltern*

Eltern und Erzieher sollten sich der Rolle bewusst sein, die sie bei der Unterstützung der Selbstständigkeitsentwicklung des Kindes haben: In der Familie, dem wichtigsten Ort frühkindlicher Erziehung, werden die Grundsteine für die Selbstständigkeitswerdung gelegt; sie liefern das Fundament, auf dem jede weitere Entwicklungsförderung aufbauen kann. Wenn Erwachsene sich zu früh in die Erprobungen und Erkundungen des Kindes einmischen, das Kind belehren und vorschnell Ratschläge erteilen, wird es in seinen Versuchen, die Welt über das eigene Tätigsein zu verstehen, behindert. Die Erwartungen des Kindes an seine Umwelt, das Vertrauen in seine Fähigkeit, etwas bewirken zu können und nicht hilflos einem von dem Erwachsenen bestimmten Schicksal ausgeliefert zu sein, hängt entscheidend von den Erfahrungen ab, die es in seinen ersten Lebensjahren machen konnte.
Bereits hier entwickelt sich die kognitive *Einstellung und Erwartung,*

Umweltereignisse erzeugen und Umweltbedingungen beeinflussen zu können. Aufmunternde, verstärkende Erziehung kann die Aktivität eines Kleinkindes unterstützen und herausfordern. Repressivität und mangelndes Verständnis für die kindlichen Bedürfnisse kann jedoch andererseits zur Passivität, ja sogar zur Hilflosigkeit führen (Seligman 2000). Das Kind muss die Erfahrung machen, Situationen allein bewältigen zu können, um auch verallgemeinerbare Bewältigungsstrategien zu entwickeln.

Wirkung der Einstellung der Eltern auf die Entwicklung von Kindern

Eltern und Erzieher müssen sich oft zunächst überwinden, die Spielhandlungen des Kindes nicht zu stören. Sie müssen lernen, Achtung vor der Entscheidung des Kindes zu haben, welche Tätigkeit ihm selbst sinnvoll erscheint. Erwachsene Bezugspersonen können das Spiel der Kinder sehr beeinflussen, ohne dass ihnen dies immer auch bewusst ist. Sie können helfen und hindern, hemmen und fördern, anregen und unterdrücken, es zwar gut meinen und doch nicht entsprechend handeln – weil sie es nicht besser wissen, sich nicht in ein Kind hineinversetzen können, die Welt nicht mehr aus seiner Perspektive sehen.

Eltern als Partner und Mitspieler

Echter *Partner und Mitspieler* zu sein bedeutet auch, sich von den Spiel-ideen der Kinder bewegen zu lassen, nicht gleich alles besser zu wissen und schneller zu können, sondern trotz der unterschiedlichen Kräfte einen Spielausgang ungewiss zu halten und sich trotz des Erfahrungsvorsprungs auf Experimente und Erkundungen einzulassen.

Der Erwachsene sollte dem Kind das Gefühl vermitteln, dass es seine eigene kleine Welt kontrollieren kann, dass es in der Lage ist, sich ihm stellende Probleme erfolgreich zu bewältigen. Entscheidend ist dabei auch die Bereitschaft des Erwachsenen, vom Kind zu lernen.

Die Beobachtung des kindlichen Verhaltens, das Erkennen seiner Interessen und Beweggründe steht daher im Mittelpunkt des erzieherischen Verhaltens. Der Erwachsene sollte den Bedeutungsinhalt der kindlichen Spielhandlungen zu verstehen versuchen; er muss warten können, anstatt ständig Erwartungen an das Kind zu stellen.

Dies heißt konkret für die Spiel- und Bewegungssituation:

- das Kind nicht stören bei einer augenblicklichen Tätigkeit, die es sich selbst ausgewählt hat;
- die intensive Beschäftigung auch dann nicht unterbrechen, wenn man selbst noch eine viel bessere Idee hat; nicht gleich zeigen, wie man etwas „richtig" macht;

- Hilfe nur dann geben, wenn das Kind danach verlangt oder auf unüberwindliche Schwierigkeiten gestoßen ist; dabei die begonnene Handlung des Kindes nicht einfach selbst zu Ende führen, sondern es so unterstützen, dass es das Problem selbstständig bewältigen kann;
- sich von dem leiten lassen, was das Kind zeigt, und nicht umgekehrt dem Kind zeigen, was es alles beherrschen und können könnte.

Diese Überlegungen gelten sowohl für das alltägliche Zusammenleben von Kindern und Erwachsenen in der Familie als auch für das Verhalten von Erziehern und Eltern gegenüber Kindern in Spielgruppen, Eltern-Kind-Gruppen usw. Sie entsprechen nicht immer dem üblichen, herkömmlichen Erziehungsmuster: Normalerweise werden anregende Spielsituationen vor allem vom Erwachsenen arrangiert, er fordert das Kind auf, denkt sich Variationen aus. Im Sinne der Bekräftigung kindlichen Verhaltens zum Aufbau seines Selbstbewusstseins wäre es jedoch angemessener, auf die Aktionen und Verhaltensweisen, die das Kind von sich aus zeigt, einzugehen, auf sie zu antworten, sich selbst als Mitspieler zu sehen – der in dieser Rolle durchaus auch aktiv werden darf und dabei auch Anregungen geben kann.

5.2 Eltern-Kind-Gruppen und Spielkreise

Erschließen neuer Erfahrungsräume

Das gemeinsame Spielen und Sichbewegen von Eltern und Kindern muss sich nicht allein auf die Familie und das häusliche Umfeld beschränken. In den letzten Jahren haben sich immer mehr Initiativen gebildet, die Angebote für Eltern und Kinder machen und dabei auch verstärkt Bewegungsaktivitäten einbeziehen: Familienbildungsstätten, Volkshochschulen, Krabbelgruppen und Kindergärten, die *Spielkreise* als Eingewöhnungszeit anbieten, schaffen neue Kontaktmöglichkeiten für Eltern und Kinder, geben Kindern ein neues Erfahrungsfeld außerhalb der Vertrautheit der Familie und ermöglichen Eltern den Erfahrungsaustausch mit anderen Erwachsenen. Einen wichtigen Ort für organisierte Bewegungsaktivitäten stellen die *Turn- und Sportvereine* mit ihren *Eltern-Kind-Gruppen* dar. Hier sind meist ideale räumliche und materiale Voraussetzungen zur Schaffung von großzügigen Bewegungsmöglichkeiten vorhanden, allerdings werden diese Angebote oft in erster Linie von sportlich interessierten Eltern genutzt, die ohnehin schon eine Beziehung zum Verein haben.

Im Folgenden sollen einige Initiativen vorgestellt werden, die das gemeinsame Spielen und Sichbewegen von Eltern und Kindern zum Ziel haben:

Interaktion über Bewegung

PEKIP-Gruppen: Das kindliche Bewegungsverhalten anzuregen und die Beziehung zwischen Eltern und Kindern durch gemeinsame Bewegungsspiele bereits ab dem Säuglingsalter zu intensivieren, ist das Ziel einer Initiative, die von dem Prager Arzt Dr. Jaroslav Koch gegründet wurde und als „PEKIP" (Prager Eltern-Kind-Programm) bekannt geworden ist (Angebote durch Krankenkassen, Volkshochschulen oder Familienbildungsstätten).
Bewegungsspiele, Singspiele, Fingerspiele sollen dazu beitragen, das Beobachtungs- und Einfühlungsvermögen der Eltern für die Entwicklung ihrer Kinder zu stärken. Den Kindern werden Materialien und Bewegungsreize angeboten, die sie ausprobieren und mit denen sie spielen können (Polinski 2001, Pulkkinen 1999).

Spielkreise: Spielkreise werden häufig von kommunalen oder kirchlichen Trägern als Vorbereitung auf die Kindergartenzeit angeboten. Teils nehmen Eltern gemeinsam mit ihren Kindern, teils jedoch auch Kinder allein an diesen, meist ein- bis zweimal in der Woche stattfindenden Treffen teil. Bei den angebotenen Aktivitäten bilden Bewegungsspiele eher die Ausnahme, im Vordergrund stehen eher Sing- und Kreisspiele, die sich mit Mal- und Bastelarbeiten abwechseln.
Sofern es die Räumlichkeiten zulassen, stellen Bewegungsspiele für alle Beteiligten (Kinder wie Eltern) eine gute Gelegenheit für neue, gemeinsame Erfahrungen dar. Die Bereitschaft der Kinder, an Bewegungsangeboten teilzunehmen, ist erfahrungsgemäß sehr groß, vor allem dann, wenn sie sich der vertrauten Anwesenheit ihrer Bezugspersonen sicher sein können. Über Bewegung wird der Zugang zum Kind erleichtert und darüber hinaus auch die Kontaktaufnahme zwischen Erzieherin und Kindern intensiviert.
Bei gemeinsamen Bewegungsspielen mit ihren Kindern haben Eltern auch die Chance, ihr Kind aus einer neuen Perspektive kennen zu lernen, es im Spiel mit anderen zu erleben, ihm Vertrauen bei der Eroberung neuer Bewegungsräume und damit auch bei der Erweiterung seines Handlungsspielraums zu geben. Die Kinder fühlen sich bereits belohnt und bestätigt durch die Aufmerksamkeit der Eltern, durch ihre Begleitung und ihr aufmunterndes Verhalten. Dadurch werden ihre Tätigkeiten noch befriedigender. Am liebsten ist ihnen allerdings, wenn sich die Eltern am Spiel und an den Bewegungsangeboten beteiligen.

Bewegungsspiele zur Erleichterung der Kontaktaufnahme

Gleichzeitig lernen Eltern in einer Gruppe auch, ihre Kinder nicht zu sehr einzuengen; sie trauen ihnen hier oft mehr zu, als dies im häuslichen Umfeld der Fall ist, weil sie sich z.T. auch am Verhalten anderer Eltern orientieren können.

Eltern als Partner und Helfer

Eltern-Kind-Gruppen in Turn- und Sportvereinen: Organisierte Bewegungsangebote werden vor allem auch von Turn- und Sportvereinen angeboten. Diese Form der gemeinsamen sportlichen und spielerischen Betätigung von Eltern und Kindern ist hervorgegangen aus dem Mutter-Kind-Turnen, einem ersten Angebot gleichzeitiger Betreuung von Erwachsenen mit ihren Kindern im Verein (Stein 1997). Konzipiert sind diese Eltern-Kind-Gruppen vor allem für Kinder im Alter von eineinhalb bis drei Jahren, die gemeinsam mit ihren Eltern „turnen“, spielen, sich mit und an Klein- und Großgeräten betätigen. Eltern sind hier einerseits Partner und „Spielgefährte“ des Kindes, andererseits sind sie Helfer, Zuflucht und Vertraute, die in ungewohnten Situationen Bestand geben, Mut machen und bei Bedarf auch trösten können.

Bewegungsangebote für Eltern und Kinder bedürfen besonderer Überlegungen, die sowohl Fragen der Vermittlung und die Auswahl der Inhalte betreffen, als auch die Ansprache von Eltern und Kindern. Zwar stehen die Aktivitäten der Kinder, ihr Spiel- und Bewegungsbedürfnis im Vordergrund, dementsprechend müssen sich die Bewegungsspiele auch an den Fähigkeiten der jeweiligen Altersstufe orientieren. Trotzdem ist es wichtig, die Eltern so anzusprechen, dass sie zum *aktiven Mitmachen* animiert werden.
Bei Bewegungsaufgaben, die Eltern und Kinder gemeinsam lösen sollen, haben sie z.B. eher eine wirkliche Aufgabe, als wenn sie nur für Hilfestellungen an Großgeräten oder als Helfer beim Geräteauf- und -abbau benötigt werden.

Lernen durch Beobachtung

Übungsleiterinnen und Erzieherinnen müssen auch beachten, dass schüchterne und zurückhaltende Kinder oft auch sehr ängstliche Eltern haben, die ihre eigene Unsicherheit bei sportlichen Anforderungen auf das Spiel mit den Kindern übertragen. Hier gilt es, behutsam und rücksichtsvoll auf die Ängste der Kinder oder der Eltern zu reagieren, niemanden zu drängen, sondern einfach abwarten zu können, bis die Kinder sich von sich aus an die Bewältigung einer Aufgabe wagen oder sich vom Beispiel der anderen mitreißen lassen. Eltern wollen nicht belehrt werden, wie sie mit ihren Kindern umzugehen haben; manchmal benötigen sie jedoch Hilfen, um eigene

Ängste zu überwinden, oder das Vorbild anderer Eltern, die ihren Kindern mehr zutrauen. Vor allem sollten sie durch *interessante Spielarrangements* angeregt werden, selber wieder zu spielen und sich gemeinsam mit den Kindern zu bewegen. Auch durch die spontanen Aktivitäten der Kinder können sie mitgerissen werden, Neues auszuprobieren und sich mit Lust an den Spielideen zu beteiligen.

Eltern als Mitspieler

An die Eltern werden dabei nicht nur motorische Anforderungen gestellt: Fangen und Gefangen werden, Suchen und Verstecken, verlangen auch von ihnen, sich mit Eifer am Spiel zu beteiligen, d.h. Freude am Fangen bzw. am Finden des Gegenstandes oder des Kindes zu haben; gleichzeitig dürfen sie dem Kind die Aufgabe nicht zu schwer machen. Die Eltern müssen herausfinden, wann das Spiel für das Kind noch spannend ist, bei welchen Anforderungen die Kinder am meisten Spaß haben. Die Spielbedingungen müssen zwischen Eltern und Kindern festgelegt werden, nicht durch Vereinbarungen, sondern durch das Einfühlungsvermögen der Eltern.

Einfühlungsvermögen

Die Kinder müssen sich sicher fühlen, dass sie die Anforderungen bewältigen können: Weder dürfen die Eltern zu schnell davonrennen, sodass der Weg zum Einholen für die Kinder zu lange dauert, noch darf das Fangen zu leicht sein, dann verliert das Kind ebenso schnell die Freude am Spiel.
Das Ausbalancieren der Anforderungen ist für die Eltern eine wichtige Aufgabe, die nur durch intensive innere Beteiligung an dem gemeinsamen Spiel zu bewältigen ist.

▶ *Bewegungsangebote für das gemeinsame Spielen von Eltern und Kindern*

Anregungsreiche und vielseitige Gerätekombinationen zum Rutschen, Klettern, Springen, Balancieren, Schaukeln, Rollen und Wälzen gehören ebenso zum Bewegungsangebot in den Eltern-Kind-Gruppen wie lustige Bewegungsspiele zum Laufen, Fangen, Hüpfen und Werfen. Im Folgenden sollen einige Beispiele für das gemeinsame Sich-Bewegen von Eltern und Kindern gegeben werden.

Dabei wird unterschieden zwischen:

a) Bewegungsspielen ohne Geräte;
b) Bewegungsspielen mit Kleingeräten und Materialien – Bewegungsspielen mit Alltagsmaterialien;
c) Sing- und Tanzspielen;
d) Großgerätekombinationen und Geräteparcours.

Auch Bewegungslandschaften (vgl. Kap. 6.6) eignen sich gut für die Arbeit in Eltern-Kind-Gruppen, da hier Kinder und Eltern auswählen können, welche Angebote sie bevorzugen und wo sie selbst Bewegungsideen ausprobieren wollen.

Spielnachmittage für Eltern und Kinder im Kindergarten

Je nach räumlichen und materialen Voraussetzungen können die Praxisbeispiele auch bei gemeinsamen Spielnachmittagen für Eltern und Kinder im Kindergarten angewendet werden.

Folgende methodisch-didaktischen Grundsätze sollten dabei beachtet werden:

- Bei allen Beispielen handelt es sich um Angebote – d.h., dass sie von den Beteiligten wahrgenommen werden können – aber nicht müssen.
- Die Kinder sollten ohne Zwang und ohne Druck von Seiten der Eltern und ebenso von Seiten der Übungsleiterin oder Erzieherin freiwillig darüber entscheiden, in welcher Form sie sich beteiligen, ob sie lieber zunächst einmal zuschauen oder aktiv mitmachen.
- Mit und an den Geräten sollten keine Übungen und Bewegungen vorgeschrieben oder „vorgeturnt" werden, vielmehr sollten Kinder und Eltern gemeinsam herausfinden, wie die Geräte zu nutzen sind. Hin und wieder können die Übungsleiter auch einfache Bewegungsaufgaben für Eltern und Kinder stellen, die jedoch vielseitige Lösungswege zulassen.
- Die Bewegungsangebote sollten grundsätzlich so offen sein, dass Eltern und Kinder sich an der Mitgestaltung beteiligen können. D.h., dass die Planungen und Vorbereitungen des Übungsleiters so flexibel sind, dass sie immer noch durch situative Anregungen aus der Gruppe ergänzt bzw. geändert werden können.

▶ *a) Bewegungsspiele ohne Geräte*

Bewegungsspiele, die sich für Eltern-Kind-Gruppen eigenen, sollten nur sehr einfache Regeln haben, die auch von Kleinkindern verstanden und eingehalten werden können (Kinder fangen die Eltern, Eltern fangen die Kinder usw.), sie sollten jedoch auch die Mitarbeit der Eltern herausfordern und ihnen nicht-ersetzbare Rollen zuteilen. Denn könnten die Kinder die Spiele auch genauso gut ohne Eltern spielen, würden sich diese überflüssig fühlen und sich vom Spiel abwenden.

Fang- und Bewegungsspiele ohne Geräte

„Die Riesen wach kitzeln": Die Eltern stellen schlafende Riesen dar, die im Raum verteilt auf dem Boden liegen. Die Zwerge (Kinder) wollen die Riesen ärgern, schleichen sich leise an sie heran und kitzeln sie. Sobald die Riesen durch die Berührung wach geworden sind, erheben sie sich (mit „bösem" Gesichtsausdruck). Jeder Riese versucht, den Zwerg zu fangen, der ihn wach gekitzelt hat. Hat er den Zwerg erreicht, wird dieser nun „zur Strafe" ebenfalls durchgekitzelt. Beim nächsten Spieldurchgang spielen die Kinder Riesen, die Eltern Zwerge!

„Karussell": Die Kinder laufen in die ausgebreiteten Arme der Eltern, diese halten sie am Oberkörper und schleudern sie im Kreis um sich herum. Dabei „fliegen" die Beine der Kinder immer höher, so wie bei einem Karussell.
Zur rhythmischen Untermalung kann z. B. folgender Satz ausgerufen werden: „Das Karussell fährt ... (Kinder laufen in die Arme der Eltern) ... loooos" (im Kreis herumschleudern, das Wort so lange ausdehnen, bis die Kinder wieder sanft auf dem Boden abgesetzt werden.

Verzaubern: Bei diesem Fangspiel bilden Eltern und Kinder Spielpaare. Die Erzieherin hat einen Zauberstab (bunt angemalte Papierrolle), mit dem sie einzelne Teilnehmer der Gruppe abzuschlagen versucht. Wer von dem Stab berührt wird, muss stehen bleiben und kann nur von seinem Spielpartner (Eltern bzw. Kind) erlöst werden.

▶ *b) Bewegungsspiele mit Kleingeräten und Materialien*

„Rollbrettschleudern“: Die auf dem Rollbrett sitzenden (oder liegenden) Kinder werden an einem Seil gezogen, im Kreis „geschleudert“ (die Kinder dürfen das Tempo bestimmen).
„Transporter bauen“: Abwechselnd werden Kinder oder Väter/Mütter in Transportfahrzeugen, die aus Rollbrettern und Kastendeckeln oder kleinen Kästen gebaut worden sind, durch die Halle geschoben.
„Schwebende Tücher“: Eltern und Kinder haben jeweils mehrere Chiffontücher (oder Rhythmiktücher), die sie sich gegenseitig zuwerfen, mit verschiedenen Körperteilen auffangen, nacheinander oder gleichzeitig in die Luft werfen.
„Handtuchspiele“: Jedes Eltern-Kind-Paar hat ein Handtuch. Man kann es gemeinsam an allen Ecken festhalten und damit durch den Raum laufen, einen Luftballon oder einen Ball darauf legen, ihn

hochwerfen und anschließend wieder aufzufangen versuchen, oder es zum Tauziehen benutzen. Liegt das Tuch ausgebreitet auf dem Boden, kann man es in verschiedenen Formen überspringen und Platzsuchspiele damit durchführen.

„Schwungtuchtrampolin“: Ein Schwungtuch oder ein Fallschirm wird von allen Gruppenteilnehmern (Eltern und Kinder) am Rand so eingerollt, dass eine runde Fläche (im Durchmesser ca. 2 m) entsteht. Auf das Schwungtuch wird zunächst ein Kuscheltier gelegt und durch Auf- und Abbewegen des Tuches hochgeworfen. Dann darf sich ein Kind auf das Tuch legen, es wird zunächst sanft hin- und hergewiegt, dann kann es ebenfalls leicht hochgeworfen werden, dabei sollten die Kinder bestimmen dürfen, ob sie nur gewiegt oder geworfen werden wollen.

▶ *c) Sing- und Bewegungsspiele*

Bewegungsqualitäten erfahren

Das Lied von der „Schnecke und Biene“ eignet sich gut zum Spiel mit Gegensatzpaaren wie „schnell und langsam“, „leicht und schwer“und ist vor allem gut als Partnerspiel mit Eltern und Kindern durchzuführen.

Text und Melodie: Ludwig Voges
Aus: „Lieder wie Kinder sie mögen“ (Abdruck mit freundlicher Genehmigung des Deutschen Kinderschutzbundes Köln)

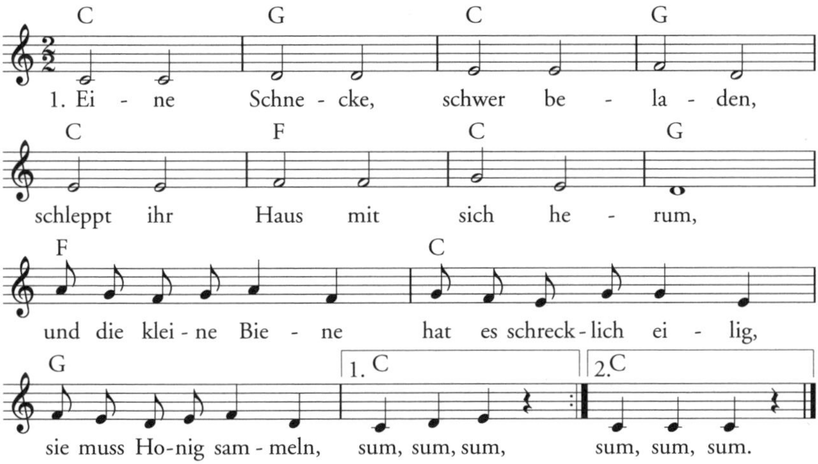

Zunächst wird das Lied gemeinsam gesungen, Kinder und Eltern probieren aus, wie man die Bienen in Bewegung darstellen kann. Dabei können sie summen, die „Flügel" ausbreiten und durch den Raum surren.

Bewegungsaufgaben

Die Bewegungen der Schnecke sind in dem Lied als „schwer" beschrieben, sie muss ihr Schneckenhaus mit sich herumschleppen. Eltern und Kinder teilen sich nun in zwei Gruppen auf. Die eine Gruppe spielt Bienen, die andere Schnecken. Die Schnecken tragen ein Sandsäckchen auf dem Rücken und kriechen langsam über den Boden. Die Bienen erhalten jeweils zwei Chiffontücher, die sie beim Laufen flattern lassen.
Jede Gruppe bewegt sich bei ihrem Teil: Wenn die Bienen dran sind, bleiben die Schnecken auf dem Boden liegen, sobald die Schnecken kriechen, stehen die Bienen still. Am Ende jeder Strophe kommen die die Tierpaare immer wieder zusammen.
Kinder lieben es, sich in Tiere zu verwandeln und ihre Bewegungen nachzuahmen. Anregungen hierzu können von folgenden Fragen ausgehen:

- Welche Tiere fliegen in der Luft?
- Welche Tiere kriechen über dem Boden?
- Welche Tiere sind sehr schwerfällig und bewegen sich langsam
- Welche Tiere sind eher leicht und können „schweben"?
- Welche Tiere hüpfen und springen?
- Welche Tiere klettern auf Bäume?

Diese Fragen werden schnell zu Bewegungsimpulsen: Fliegen wie ein Vogel, mit ausgebreiteten Armen durch den Raum rennen, oder trampeln wie ein schwerfälliger Elefant, über den Boden kriechen wie eine Schlange und dabei spüren, wie langsam man vorankommt, – durch solche Vorstellungsbilder lernen Kinder, sich auf unterschiedliche Bewegungsqualitäten zu konzentrieren.

▶ *d) Großgerätekombinationen und Geräteparcours*

In einer Turnhalle lassen sich viele der vorhandenen Großgeräte so miteinander kombinieren, dass sich – vor allem für die Kinder – ganz neue Bewegungsmöglichkeiten ergeben:

- Bänke werden in Ringe oder Klettertaue eingehängt (mit Seilen befestigt), so dass sich Hänge-Wackelbrücken ergeben.

- An der Sprossenwand oder Gitterleiter werden 2 bis 3 Bänke eingehängt, darauf kommen Matten, die zum Rollen und Wälzen einladen.
- Mehrere Kästen unterschiedlicher Höhe werden zu einer Treppe kombiniert. An der Seite der Treppe liegen Matten oder eine Weichbodenmatte. Die Kinder klettern die Treppe herauf und können sich die Höhe zum Abspringen selbst wählen.
- Ein Barren wird mit mehreren Bänken kombiniert. So entstehen schräge Balancierflächen, Kletter- und Rutschgelegenheiten.

Weitere Spiel- und Bewegungsvorschläge für Eltern und Kinder siehe Lorenz/Stein 1988, Deutscher Turnerbund 1990.

5.3 Die Krippe

Besonderer Aufmerksamkeit und Beachtung bedarf die Betreuung von Kleinkindern außerhalb der Familie in Tageseinrichtungen wie Krippen und Krabbelstuben. Hier spielen neben den personellen Voraussetzungen vor allem auch die räumlichen Gegebenheiten der Einrichtung und die Ausstattung mit Bewegungsgeräten und Spielmaterial eine Rolle. Innerhalb der frühkindlichen Erziehung gibt es ganz unterschiedliche Konzepte und Vorstellungen, vor allem wenn es um die Frage der Förderung der Bewegungsentwicklung von Kleinkindern geht.

Förderung von Fertigkeiten?

Die Kinderärztin Dr. Emmi Pikler lehnt in der von ihr entwickelten Krippenerziehung jede Einmischung der Erwachsenen in die Bewegungsentwicklung ab. Sie wendet sich gegen ein „Lehren und Fördern" und versteht darunter ein gezieltes Üben zum Zweck eines möglichst frühen Erwerbs bestimmter Bewegungsfertigkeiten: *„Der Erwachsene übt nicht regelmäßig mit dem Kind bestimmte Bewegungen, damit es diese lernt; er hält es nicht für eine kürzere oder längere Zeit in Positionen, bzw. er übt nicht mit ihm verschiedene Bewegungen, die es ohne Hilfe noch nicht selbständig ausführen kann bzw. in seinem täglichen Leben noch nicht ausführt"* (Pikler 2001, 26)

Wohl aber steht den Kindern ausreichend Raum, bewegungsanregendes Spielmaterial und Geräte (Klettergeräte, Steintreppen usw.) zur Verfügung. Pikler beschreibt den „Verlauf der selbstständigen Bewegungsentwicklung der Kinder aus eigener Initiative" und belegt, dass die von ihr beobachteten Kinder auch ohne Förderung durch die Erwachsenen die für ihre Altersgruppe charakteristischen Bewegungen problemlos erwarben. Wichtig ist dabei vor allem die

Beobachtung, dass dem Kind jede Phase der Bewegungsentwicklung, die ständig aktive Tätigkeit, das Experimentieren und selbstständige Üben sichtlich Freude bereitet.

Raumgestaltung in der Krippe

Für die Krippenerziehung sind diese Erkenntnisse vor allem hinsichtlich der Raumgestaltung und der Erzieher-Kind-Beziehung von Bedeutung. Räumliche Voraussetzungen, die den kindlichen Bedürfnissen entsprechen, die ihm selbstständiges Erkunden der Umgebung und ein Hantieren mit den Dingen und Spielsachen erlauben, machen ein Eingreifen der Erwachsenen oft entbehrlich. Anregungen gehen vor allem von den Gegenständen aus, das Kriechen und Krabbeln an Treppen darf nicht verboten sein, sondern das Kind kann sich darin in dem Augenblick üben, in dem es selbst das Bedürfnis hierzu verspürt.

Die Erzieherin ist bei all diesen Aktivitäten jedoch nicht überflüssig; neben ihren pflegerischen Aufgaben beobachtet sie das Kind, hilft, wenn es notwendig ist, greift aber sonst nicht in die Aktivitäten des Kindes ein.

Förderung der Bewegungs- und Wahrnehmungsentwicklung

Vgl. Kap. 7

Herm (1997, 2001) plädiert für eine Verknüpfung selbstbestimmter Bewegungserfahrungen des Kindes mit angeleiteten „psychomotorischen Spielen". Durch vielfältige Anregungen zur Wahrnehmung und Bewegung soll die Entwicklung einer differenzierten Wahrnehmung von Tönen, Formen, Farben, Gerüchen, Materialeigenschaften usw. unterstützt werden. Damit soll auch die Bewegungsfreude der Kinder, die Entwicklung von Bewegungsvielfalt, von Körpererfahrung und der spielerischen Auseinandersetzung mit anderen Menschen ermöglicht werden (Herm 1997,128).

Vgl. Kap. 6.8

Eine abwartende, gewährende Haltung des Erwachsenen ist nicht mit desinteressiertem, un-beteiligtem Gewährenlassen zu verwechseln. Eltern und Erzieherinnen sollten mit den Kindern spielen, sich selbst an den Spielen beteiligen, sie aber nicht zu Tätigkeiten herausfordern, zu deren Bewältigung sie noch die Hilfe der Erwachsenen brauchen. Es gilt, die Eigenaktivität des Kindes zu unterstützen, seinem Bedürfnis nach Selbstständigkeit Raum zu geben.

▶ *Situative Bewegungsgelegenheiten in der Krippe*

Bodenbeläge stimulieren den Tastsinn

In der Krippe kann die Raumgestaltung viel mehr auf die Bedürfnisse von Kleinkindern ausgerichtet werden, als dies in der Familie der Fall ist. Hier muss vor allem viel Raum für Krabbelaktivitäten zur Verfügung stehen, Kleinkinder bewegen sich vor allem auf dem Boden. Unterschiedliche Bodenbeläge können das taktile Wahrnehmen

unterstützen: Korkbeläge, Holz, Teppichboden, Fliesen, Kunststoff- und Steinbelag (Taststraße quer durch den Raum).
Podeste im Raum, die mit Teppichboden bezogen sind, ermöglichen das gefahrlose Klettern, Matratzen und Schaumstoffpolster bieten Möglichkeiten zum Springen und Rollen, aber auch zum Kuscheln und Buden bauen.

Freiflächen

Auf der Freifläche draußen (oder auf einer überdachten Terrasse) sollten Fahrgeräte wie Rutschautos, Dreiräder, Trecker zur Verfügung stehen; hier sollten außerdem Klettermöglichkeiten, eine Schaukel, Sand-Matschkasten, mobile Materialien wie Autoreifen und -schläuche usw. vorhanden sein.

Vgl. Kap. 6.6

Bewegungserziehung in der Krippe sollte vor allem in Form *offener Bewegungsangebote* erfolgen. Aber auch Fingerspiele, Singspiele und freies Bewegen zur Musik sind bei Kleinkindern sehr beliebt und sollten zum regelmäßigen Angebot in der Krippe gehören.

Beispiele für Bewegungsspiele mit Kleinkindern:

Kartons in unterschiedlichen Größen eignen sich zum Hineinklettern, Sichverstecken, Stapeln und zum Tunnel bauen.
Schuhkartons (in großen Mengen) können zum Bauen von Straßen und Türmen, aber auch zum Rutschen und Schlittern (mit einem Fuß in den Karton stellen), zum Balancieren auf verschiedenen Körperteilen oder als Zielscheibe benutzt werden.
Luftballons kann man mit den Händen, den Fingerspitzen, den Füßen, dem Kopf usw. hochspielen, sie können über den Boden gepustet und über eine im Raum gespannte Gummischnur geworfen werden.
Ein dicker, aufgepumpter **Autoschlauch** (Ventile verkürzen und abkleben) eignet sich zum Rutschen, Federn, Klettern und Springen. Wird er senkrecht aufgestellt und von der Erzieherin gehalten, können die Kinder hindurchkriechen oder sich in dem Schlauch liegend hin- und herwiegen lassen. Liegt der Schlauch frei im Raum, kann er aufgrund seiner günstigen Höhe und des weichen Materials jüngeren Kindern, die gerade erst laufen lernen, sehr gut zum Abstützen dienen.

Singspiele und Spiellieder mit Kleinkindern: BZgA 2002, Hering 1999, Jöcker 1990, Schaffner 1991, Zimmer/Vahle 2000;
Bewegungsmöglichkeiten mit und ohne Geräte: Herm 2001, Pauly/Gebhard 1991, Scheid/Prohl 1988, Zimmer 1989, 1992).

5.4 Der Kindergarten

Eine wesentliche Ergänzung zur Familienerziehung wird vom Kindergarten geboten. Hier findet das Kind Kontakt zu Gleichaltrigen, es erhält vielfältige Möglichkeiten und Anregungen, neue Erfahrungen zu machen, die weit über die seines familiären Umfeldes hinausgehen.

Der Kindergarten hat als Elementarbereich des Bildungswesens neben seiner Betreuungsfunktion vor allem einen eigenständigen Bildungs- und Erziehungsauftrag und wird zunehmend auch von der Öffentlichkeit als wichtige pädagogische Einrichtung anerkannt. Als erste öffentliche Erziehungsinstitution außerhalb des Elternhauses hat er die Chance, auf die Lebensgewohnheiten der Kinder einzuwirken und u. U. auch familiär und kulturell bedingte Benachteiligungen, wie z. B. Bewegungseinschränkungen, auszugleichen. Ebenso wie im Elternhaus werden hier grundlegende Einstellungen zum eigenen Körper geprägt und das Bewegungsverhalten in nachhaltiger Weise beeinflusst. Der im Kindergarten geltenden pädagogischen Konzeption und ihrer Berücksichtigung von Bewegung und Bewegungserziehung muss daher besondere Beachtung beigemessen werden.

Berücksichtigung der Bewegungsbedürfnisse

Waren in der Vergangenheit Kindergärten eher von Raumenge und sitzenden Tätigkeiten bestimmt, waren die Gruppenräume vollgestellt mit Tischen und Stühlen – für jedes Kind musste ein Sitzplatz an einem Tisch vorhanden sein – so wird heute den Bewegungsbedürfnissen der Kinder entschieden mehr Raum und Gelegenheit gegeben.

Situations- und kindorientierte Konzepte

Auch hinsichtlich der didaktischen Konzeption der Bewegungserziehung im Kindergarten hat sich in den letzten Jahren (zumindest in der Fachliteratur) eine deutliche Wende von funktions- und fertigkeitsorientierten Ansätzen hin zu situations- und kindorientierten Konzepten vollzogen (vgl. Kap. 6.2). Die praktische Umsetzung dieser meist allgemein akzeptierten Zielvorstellungen einer in den Kindergartenalltag integrierten Bewegungserziehung (die die wöchentliche „Turnstunde" nicht überflüssig macht, sondern um situative Bewegungsanlässe und freie Bewegungsgelegenheiten erweitert und ergänzt) ist jedoch nicht selbstverständlich, sie bedarf der besonderen Qualifikation der Erzieherinnen.

Längst sind die Kindergärten heute also keine Sitzkindergärten mehr. Die meisten Erzieherinnen und Erzieher sind sich der Bedeutung, die Bewegung für eine gesunde Entwicklung von Kindern hat, bewusst. Sie haben Bewegungsmöglichkeiten fest in den Alltag des Kindergartens verankert und versuchen, die Bewegungsbedürfnisse der Kinder sowohl bei der Raumgestaltung als auch bei den täglichen Angeboten zu berücksichtigen. Der Stellenwert, den Bewegung im pädagogischen Alltag einnimmt, hat sich in den letzten Jahren sogar so weit verändert, dass pädagogische Konzepte eines „Bewegungskindergartens" entwickelt und realisiert worden sind (vgl. Kap. 9). Diese sind jedoch eher die Ausnahme.

Es gibt aber immer noch Hemmnisse und Barrieren, die Erzieherinnen daran hindern, Bewegung zum durchgängigen pädagogischen Prinzip in der Kindertagesstätte zu machen. So weist Hunger (2000) in ihrer einzigartigen Untersuchung zum „Pädagogischen Selbstverständnis und Handlungsorientierungen von Erzieherinnen im Kontext vorschulischer Bewegungserziehung" darauf hin, dass die Erzieherin zwar im Bereich der Bewegungsförderung mit hohen Anforderungen konfrontiert wird, sich aber weitgehend alleingelassen fühlt bei der Einlösung der von fachlicher und gesellschaftlicher Seite erhobenen Erwartungen.

Hier hat die Aus- und Fortbildung wichtige Aufgaben zu erfüllen, denn nur eine vom Stellenwert der Bewegungserziehung überzeugte Erzieherin wird der Bewegung eine entsprechende Priorität innerhalb des pädagogischen Alltags und des pädagogischen Konzeptes einräumen und dies gegenüber den Eltern vertreten.

Bildungspläne

Der Grundstein hierfür ist auch durch die Bildungspläne gelegt, die derzeit in den jeweiligen Bundesländern für den Bereich der Kindertagesstätten entwickelt werden. Diese z. T. auch als Erziehungs- oder Orientierungspläne bezeichneten Empfehlungen sollen eine Orientierung für die pädagogische Arbeit in Kindertagesstätten geben. So ist z. B. im „Bayrischen Erziehungs- und Bildungsplan für Kinder in Tageseinrichtungen bis zur Einschulung" (2003, 23) zu lesen:

Bewegungs- und Sinneserfahrungen als pädagogisches Prinzip

„Grundlagen der elementaren Bildung von Kindern bis zur Einschulung sind sinnliche Wahrnehmung, Bewegung und Spiel. Darauf beruht auch das Prinzip der ganzheitlichen Förderung: Bewegungs- und Sinneserfahrung prägen als pädagogisches Prinzip auch das Bildungsgeschehen in der Tageseinrichtung. Da sich Kinder über Bewegungserfahrungen Wissen über die Umwelt, aber auch über sich selbst und ihren Körper und ihre Fähigkeiten aneignen, ist ihnen ausreichend Gelegenheit zu Sichbewegen und zu Bewegungsspielen einzuräumen. Im Tagesverlauf sollten sich körperlich aktive Phasen mit Ruhephasen abwechseln."

In den meisten bereits veröffentlichten Entwürfen ist Bewegung als wichtiger Bestandteil frühkindlicher Bildung explizit aufgeführt, wenn dies auch an unterschiedlicher Stelle und in mehr oder weniger großem Umfang erfolgt. Auch in der frühpädagogischen Fachliteratur ist Bewegung zunehmend als wesentlicher Bildungsbereich im Kindergarten anerkannt (vgl. Weber 2003, Hille/Schäfer 2002). Nun liegt es an den pädagogischen Fachkräften, den Kindern entsprechende Freiräume für Bewegung zu gestatten, aber auch gleichzeitig Anregung für eine Weiterentwicklung ihrer Fähigkeiten zu geben.

Beispiele zur Bewegungserziehung im Kindergarten sind in den folgenden Kapiteln enthalten. Zur Praxis der Bewegungserziehung im Kindergarten siehe auch Beins/Cok 2001, Regel/ Wieland 1984, Weiß 1999, Zimmer 2001, 2003.

5.5 Der Hort / Die außerschulische Betreuung

Der Hort stellt für Kinder einen Lebens- und Erfahrungsraum zwischen Elternhaus und Schule dar. Horte werden meist in enger Verbindung mit einem Kindergarten eingerichtet. Ähnlich wie der Kindergarten hat auch der Hort einen gegenüber der Schule eigenständigen Erziehungs- und Bildungsauftrag:

„Er soll den Kindern entsprechend ihrer jeweiligen Lebenssituation Möglichkeiten und Anreize zur Entwicklung ihrer gesamten Persönlichkeit geben. Dies bedeutet u.a., dass der Hort neben dem Elternhaus und der Schule die Aufgabe hat, den Kindern soziale Lernerfahrungen zu vermitteln, ihnen Entfaltungs- und Spielraum zu gewähren, ihre Möglichkeiten zur Freizeitgestaltung zu erweitern, ihnen die für ihre schulische Situation notwendigen sozialpädagogischen Hilfen zu geben und die Kinder mit besonderen Bedürfnissen entsprechend zu fördern.“ (SPI 1990, 24).

Aufgaben der Horterziehung

Die pädagogische Konzeption des Hortes als Tageseinrichtung für schulpflichtige Kinder schließt also nicht allein Beaufsichtigungsaufgaben (bis die Eltern ihre Kinder aus dem Hort abholen können) ein, sondern verfolgt das Ziel einer möglichst *ganzheitlichen Förderung* der Kinder hinsichtlich ihrer geistig-seelischen, sozialen und auch körperlichen Entwicklung. Neben den schulbegleitenden Aufgaben (Hausaufgabenbetreuung usw.) kann viel Wert auf eine den Bedürfnissen der Kinder entsprechende *Freizeitbetätigung* gelegt werden. Hier haben Bewegungs- und Sportmöglichkeiten eine besondere Bedeutung.

Bewegung und Sport als Freizeitbetätigungen

Wenn Hortkinder aus der Schule kommen, haben sie meist ein übermäßig großes Bedürfnis nach Bewegung. Langes Sitzen in der Schule, hohe Konzentrationsleistungen, stellen für Hortkinder oft eine große Belastung dar, auf die sie nicht selten mit Unruhe und überschießendem Bewegungsdrang reagieren. Zwar sind die Kinder bereits fähig, ihre Freizeit selbstständig zu gestalten, sich Aktivitäten und Spiele mit Gleichaltrigen auszuwählen, sie brauchen jedoch ebenso wie die jüngeren Kindergartenkinder Zuwendung und Aufmerksamkeit durch die Erzieherin.

Erweiterung der Erfahrungsbereiche

Aktivitäten wie Fußball spielen, Spiel- und Bauaktionen im Bewegungsraum, Seilspringen usw. sind zwar auch ohne die Erwachsenen mit den anderen Hortkindern zu arrangieren, allerdings ist in vielen Fällen eine von der Erzieherin vorbereitete Umgebung notwendig oder wenigstens hilfreich: Buden bauen, sich verkleiden, auf dem Spielplatz spielen – hierfür müssen ausreichend Geräte und Material zur Verfügung stehen, oft sind auch Tipps und Hilfen von Seiten der Erzieherin gefragt. Manchmal kommen die Kinder missmutig aus der Schule, wissen nichts mit sich anzufangen, brauchen Zeit, um die Erlebnisse, die sie mit Lehrern oder Mitschülern hatten, aufzuarbeiten und abzureagieren. Einige suchen Betätigungen, die ihnen ein Abschalten erleichtern. Auch hierbei können *Bewegungsspiele und sportliche Aktivitäten* helfen.
So kann die Erzieherin mit den Kindern nach draußen gehen, und – um den Übergang von der Schule zur frei gewählten Freizeitbeschäftigung zu erleichtern – zu gemeinsamen Betätigungen und Spielen im Freien anregen.

Um die Erfahrungsbereiche der Hortkinder zu erweitern, ist es sinnvoll, sie mit bisher *ungewohnten Freizeitaktivitäten* vertraut zu machen (Tischtennis, Rollschuh laufen usw.). Die Nutzung verschiedenartiger Räume (Spielen im Bewegungsraum gemeinsam mit Kindergartenkindern, das Aufsuchen der Turnhalle einer benachbarten Schule, die Nutzung des Schulhofes zum Rollschuh laufen und Fahrrad fahren usw.) kann die einseitige Orientierung der Kinder auf die Räumlichkeiten des Horts überwinden.
Auch größere Freizeitaktionen können den Alltag der Kinder beleben und ihnen neue Erlebnisbereiche eröffnen (Besuch eines Schwimmbades, Fahrradtour, regelmäßige Beteiligung an den Angeboten eines Sportvereins etc.).
Geräte wie Pedalos, Stelzen, Rollschuhe und Federballspiele sollten den Kindern in ausreichender Anzahl zur Verfügung stehen.

Beispiele für Bewegungsangebote im Hort

Gruppenspiele mit dem Schwungseil (Seil von ca. 5m Länge oder 2 aneinander geknotete Sprungseile):
2 Kinder schwingen das Seil, alle anderen versuchen, einzeln oder in Gruppen hindurchzulaufen;
Springen im Seil mit verschiedenen Variationen (sich drehen, in die Hocke gehen, auf einem Bein springen, in das Seil hinein- und gleich wieder herausspringen, Anzahl der Sprünge zählen, das Springen mit Sprechversen begleiten usw.);
mehrere Kinder springen gleichzeitig im Seil; wer aufhört, löst einen der beiden „Seilschwinger" ab.

Federballspiele

Namens- oder Nummernspiel:
Jeder Mitspieler schlägt mit seinem Schläger den Federball hoch und ruft den Namen des Spielers, der als nächster den Ball spielen soll (anstelle der Namen können auch Nummern genannt werden);
Zwei Spieler versuchen, den Ball so lange wie möglich in der Luft zu halten; es können auch Dreier- oder Vierergruppen gebildet werden,

Mannschafts-Federball: Zwei Mannschaften spielen mit den Federballschlägern mit einem oder mehreren Bällen über ein Netz (oder eine Schnur). Ehe der Ball über das Netz geschlagen werden darf, muss er innerhalb der Mannschaft abgegeben werden;

„Ballklauen": 2 Mannschaften befinden sich innerhalb eines abgegrenzten Spielfeldes. Die Hälfte der Gruppe hat einen Federball, der ständig hochgespielt werden muss. Die Spieler ohne Ball versuchen, den Ball zu „klauen", indem sie ihn mit ihren Schlägern weiterspielen, ohne dabei jedoch einen Spieler zu berühren.

Weitere Spielvorschläge für Bewegungsangebote mit älteren Kindern siehe Blumenthal 2001, Brinckmann/Treess 1980, Fluri 1996.

5.6 Altersgemischte Gruppen in Kindertageseinrichtungen

Während der Kindergarten in den letzten beiden Jahrzehnten zunehmend an Bedeutung gewann, spielten die Betreuungseinrichtungen für Kinder unter 3 Jahren (Krippen) und für Kinder über 6 Jahren (Hort) im öffentlichen Bewusstsein nur eine untergeordnete Rolle. Diese Einrichtungen waren eher für die Notsituation gedacht und auch meist nur in Großstädten vorhanden.
Inzwischen ist es für die Träger von Kindertagesstätten notwendig geworden, auf die veränderten gesellschaftlichen Strukturen zu reagieren:

- Immer mehr Kinder wachsen als Einzelkinder in Kleinfamilien auf. Es fehlen ihnen Geschwister, mit denen sie elementare soziale Erfahrungen sammeln können.
- Hohe Scheidungs- und Trennungsraten der Eltern, aber auch das geänderte Selbstverständnis der Frauen tragen dazu bei, dass es mehr Alleinerziehende gibt, die auf eine ganztägige Betreuung der Kinder angewiesen sind.
- Neben der Frage der Zuverlässigkeit der ganztägigen Betreuung gewinnt für viele Eltern auch die Qualität der pädagogischen Arbeit in den Betreuungseinrichtungen mehr und mehr an Bedeutung.Das Bewusstsein um die Bedeutung einer entwicklungs gemäßen Förderung bereits in den ersten Lebensjahren wächst, und damit auch die Ansprüche, die Eltern an eine Einrichtung stellen.

Altersübergreifende Betreuungsformen

Das am 1.1.1991 in Kraft getretene Kinder- und Jugendhilfegesetz (KJHG) geht speziell auf die Förderung von Kindern in Tageseinrichtungen ein. Der Begriff „Tageseinrichtung" ist hier nicht allein auf den Kindergarten bezogen, sondern schließt gleichermaßen Krippen, Horte und andere Einrichtungen ein, in denen sich Kinder für einen Teil des Tages oder ganztags aufhalten. Aufgabe dieser Einrichtungen ist die Betreuung, Bildung und Erziehung des Kindes und seine Entwicklung zu einer eigenverantwortlichen und gemeinschaftsfähigen Persönlichkeit. Damit soll der Lebenssituation der Kinder, ihrer Mütter und Väter entsprochen werden, die zur Ergänzung der Erziehung in der Familie auf qualifizierte außerfamiliäre Betreuung angewiesen sind (vgl. Engelhard 1992).Mit dem Gesetz werden auch die Grundlagen geschaffen, die institutionellen Grenzen zwischen Krippe, Kindergarten und Hort zu überwinden und neue Formen altersübergreifender Betreuung zu entwickeln.

▶ *Spiel- und Bewegungserfahrungen in altersgemischten Gruppen*

Werden in Kindertageseinrichtungen altersgemischte Gruppen von Kindern vom Krippen- bis zum Hortalter gebildet, sind hiermit eine Reihe von Vorzügen in der pädagogischen Arbeit verbunden. Auch in der Bewegungserziehung können die besonderen Chancen, die das Zusammenleben von jüngeren und älteren Kindern bietet, für *wechselseitige Lern- und Erfahrungsprozesse* genutzt werden.

Soziale Lern- und Erfahrungsmöglichkeiten

Neben den vielfältigen Anregungen im sprachlichen und geistigen Bereich profitieren nämlich gerade die jüngeren Kinder durch das Erleben der Spiele der Älteren – viel mehr, als dies in altershomogenen Gruppen und vor allem in der Krippe der Fall ist.

Erweiterung der Spielgelegenheiten

Die viel zitierte Verarmung der kindlichen Bewegungsspiele, die z. T. darauf zurückzuführen ist, dass heute kaum mehr Kinder unterschiedlicher Altersstufen in größeren Gruppen miteinander spielen und so die Regeln der Straßenspiele informell von einer Kindergeneration an die andere weitergeben, kann hier teilweise aufgehoben werden. In altersgemischten Gruppen haben Jüngere die Chance, in die Spiele der Älteren hineinzuwachsen, sie zu beobachten und sich ihre Regeln durch Nachahmung und schrittweise Teilnahme kennen zu lernen. Hier kann oft beobachtet werden, wie die älteren Kinder die Jüngeren einbeziehen, ihnen Rollen zuweisen, die sie bewältigen können. Die Älteren lernen dabei, ihre Kenntnisse und Fertigkeiten auch an andere weiterzugeben. Durch die Verantwortung, der sie sich bewusst sind, und durch den Könnensvorsprung gegenüber den Jüngeren steigert sich ihr Selbstwertgefühl.
So liegen die Vorteile altersgemischter Gruppen auch darin, dass die Kinder hier auf natürliche Weise in immer *neue Rollen* hineinwachsen. Die Gruppenstruktur bleibt variabler, d. h. es kommt seltener als in altershomogenen Gruppen zu rigiden Rangordnungen oder verfestigten Außenseiterpositionen (Petersen 1991, 134).

Zusammenspiel zwischen älteren und jüngeren Kindern

Viele Bewegungsspiele lassen sich besser organisieren, wenn auch einige ältere Kinder dabei sind, die z. B. beim Seilspringen das Seil schwingen, die Hüpfkästchen auf die Erde malen oder einen Autoreifenturm halten. Bei Kreis- und Tanzspielen nehmen sie die Jüngeren oft einfach bei der Hand und führen mit ihnen die geforderten Bewegungsformen aus. Ältere sind oft auch Vorbild in ihren Bewegungsfertigkeiten: Jüngere ahmen sie nach, wollen an der Reckstange die gleichen Kunststücke versuchen, die Älteren leiten sie dabei an.

▶ *Reduzierung von Konkurrenz und Rivalität*

Die große Altersstreuung hemmt auch die Tendenz der Kinder, sich untereinander zu vergleichen; es gilt nicht mehr ein Maßstab, sondern es ist deutlich sichtbar, dass unterschiedliche Leistungen möglich sind und alle für sich anerkannt werden. Konkurrenzverhalten zwischen den Kindern wird damit vorgebeugt, auch Aggressionen werden deutlich vermindert, da die Position der Gruppenmitglieder dafür zu unterschiedlich ist. *„So entsteht in der Regel ein soziales Klima, in dem die großen Kinder, ohne dass es dazu eines Hinweises durch die Erzieherin bedürfte, genügend Rücksicht auf die kleineren nehmen; diese wiederum orientieren sich an den größeren und erhalten so vielfältige Entwicklungsanregungen"* (Erath 1991,139).

Flexible Rollenstruktur

Die häufig geäußerte Befürchtung, jüngere Kinder würden in solchen Gruppen oft überfordert, ältere dagegen unterfordert, konnte nach den Erfahrungen Eraths nicht bestätigt werden: *„Im Gegenteil scheinen die Kleinen gerade durch die Altersmischung stark dazu motiviert zu werden, soziale Kontakte zu älteren aufzunehmen. Gleichzeitig bleibt das Gruppengefüge nicht starr. Durch den altersbedingten Wechsel erhalten die Kinder jedes Jahr neue Rollen zugeteilt: Wer zunächst als Kleinste(r) eher passive und nachahmende Funktionen übernahm, wird später zum Vorbild für andere. Kinder wachsen so in neue Aufgaben hinein, übernehmen mehr und mehr Verantwortung für sich selbst und für andere und ergänzen einander, indem sie lernen, auf die verschiedenen Bedürfnisse einzugehen."* (Erath 1991, S. 139)

Die Offenheit einer altersübergreifenden Einrichtung erlaubt es natürlich auch, dass die älteren Kinder allein unter sich spielen, sich bei bestimmten Aktivitäten ausgrenzen. Ebenso können *gruppenübergreifende Bewegungsangebote* getrennt für jüngere oder für ältere gemacht werden, wenn die Interessen der Kinder oder die jeweiligen Inhalte der Angebote dies erfordern.

Äußere Rahmenbedingungen

Damit alle Kinder in ihren individuellen Bedürfnissen berücksichtigt werden können, sind für Einrichtungen mit altersgemischten Gruppen bestimmte äußere Voraussetzungen hinsichtlich des Raumangebotes und der personellen Betreuung, der Gruppenstärke und der Gruppenzusammensetzung notwendig (vgl. SPI 1990).

Wenn diese Rahmenbedingungen erfüllt sind, bietet die altersgemischte Gruppe auch für die Bewegungserfahrungen der Kinder gute Voraussetzungen. Das gemeinsame Spielen beinhaltet viele Möglichkeiten für *soziale Lernprozesse, für gegenseitiges Helfen und für Rollenspiele.* Die unterschiedlichen Leistungen und Kräfte werden hier als selbstverständlich erlebt, die Kinder lernen zu akzeptieren, dass es unterschiedliche Fähigkeiten gibt, und dass gemeinsame Bewegungsspiele auch zwischen Gruppenmitgliedern mit ganz verschiedenen Bewegungsvoraussetzungen möglich sind.

6. Pädagogische Grundlagen der Bewegungserziehung

Die Entscheidungen, welche Inhalte der Bewegungserziehung wichtig, welche dagegen weniger sinnvoll sind, was die Erzieherin für notwendig und was sie für überflüssig hält, ja, was Kinder überhaupt in und durch Bewegung lernen sollen, sind Gegenstand didaktischer Überlegungen. Sie befassen sich mit den Inhalten und Zielen der Bewegungserziehung und diese Überlegungen werfen auch gleich wieder neue Fragen auf: Auf welchem Weg Kindern Bewegung vermittelt werden soll, und welche Methoden sich hierfür eignen.

Abhängigkeit der Ziele, Inhalte und Methoden vom pädagogischen Konzept

Es liegt auf der Hand, dass das Einüben von Bewegungsfertigkeiten einer anderen Vermittlung bedarf als das selbstständige Lösen eines Bewegungsproblems. Ziele wie die Förderung von Kreativität und Fantasie lassen sich nicht in der gleichen Weise ansprechen wie die Verbesserung der körperlichen Leistungs- und Belastungsfähigkeit.
Bewegungserziehung ist allerdings im Kindergarten kein isolierter Lernbereich, und deswegen ist die Entscheidung über Ziele, Inhalte und Methoden auch nicht unabhängig von dem pädagogischen Konzept, nach dem im Kindergarten gearbeitet wird. Ein eher „offenes" pädagogisches Konzept, bei dem die Bedürfnisse der Kinder und ihre Lebenssituation im Mittelpunkt der pädagogischen Arbeit stehen, wird der Bewegung einen anderen Stellenwert einräumen als ein auf die möglichst frühzeitige Vermittlung von Fähigkeiten und Fertigkeiten ausgerichtetes Konzept.
Auch das *Konzept der Bewegungserziehung* selbst kann sehr unterschiedlich sein. Es kann sich mehr am Sport und den hier geltenden Werten orientieren, oder sich als ein elementarer Erfahrungsbereich von Kindern verstehen. Bevor daher die Ziele und Inhalte der Bewegungserziehung im Kindergarten und die Methoden ihrer Vermittlung vorgestellt werden, soll zunächst ein Überblick über unterschiedliche pädagogische Handlungsansätze und den Stellenwert, den Bewegung hier einnimmt, gegeben werden.

▶ *Beriffserklärung*

Da die Bezeichnungen „Bewegungserziehung“, „Bewegungsgelegenheiten“, „Bewegungsförderung“ usw. in der Literatur und auch in der Praxis sehr unterschiedlich gebraucht und verstanden werden, soll eine kurze Definition der Begriffe, wie sie in diesem Buch Verwendung finden zum besseren Verständnis beitragen.

In der vorliegenden Konzeption von Bewegungserziehung wird unterschieden in:

Bewegungsspiele – damit sind die situativen Bewegungstätigkeiten der Kinder gemeint, die sich aus unterschiedlichen Spielsituationen ergeben und die meist sie selbst arrangieren (Fangspiele, „Pferdchenspielen", aus Matratzen ein Trampolin bauen usw.);

Bewegungsangebote – darunter werden die Bewegungsmöglichkeiten zusammengefasst, die durch räumliche Gegebenheiten und das Zur-Verfügung-Stellen von Geräten zwar von der Erzieherin vorbereitet sind, von den Kindern aber – entsprechend ihren Interessen und Bedürfnissen– wahrgenommen werden können (oder auch nicht). Es handelt sich hier also um offene Bewegungsangebote, bei denen zwar Erzieherinnen anwesend sind, diese sich aber nach Möglichkeit nicht in das Spiel der Kinder einmischen. (Man könnte diese Form der Bewegungsangebote als Freispiel in vorbereiteter Umgebung interpretieren.)

Bewegungserziehung – damit sind angeleitete, betreute, regelmäßige Bewegungszeiten („Turnstunden") gemeint, die von der Erzieherin zwar vorgeplant werden, aber doch auch offen für die Ideen und Interessen der Kinder sind.

6.1 Ausgewählte pädagogische Handlungsansätze

Der Kindergarten hat in den letzten beiden Jahrzehnten eine Reihe von Veränderungen hinsichtlich seiner pädagogischen Konzeption durchlaufen. Analysiert man die unterschiedlichen didaktischen Ansätze, die seit Mitte der sechziger Jahre entstanden, dann könnte man zu dem Schluss kommen, dass der *Stellenwert von Bewegung* umso höher war, je enger sich das didaktische Konzept auf die isolierte Förderung spezifischer Funktionsbereiche von Kindern richtete. Je mehr

jedoch die ganzheitliche Förderung der kindlichen Entwicklung betont wurde, umso seltener wurde der Bereich Bewegung und Bewegungserziehung in den konzeptionellen Entwürfen berücksichtigt. Dies mag auf den ersten Blick paradox erscheinen, sieht man sich jedoch die Veröffentlichungen (z. B. Arbeitsgruppe Vorschulerziehung 1974, 1976) über die pädagogische Arbeit im Kindergarten einmal näher an, dann wird deutlich, wie wenig Bedeutung gerade innovative Konzepte – wie der situationsorientierte Ansatz – dem kindlichen Bewegungsspiel außerhalb der Freispielaktivitäten im Kindergarten zunächst einräumten.
Eine Durchsicht der in den vergangenen 30 Jahren entwickelten Programme oder Konzepte und Förderangebote lässt eine Reihe unterschiedlicher pädagogischer Handlungsansätze erkennen:

▶ *Funktionsorientierter Ansatz*

Förderung spezifischer Funktionsbereiche:
- Sprache
– Intelligenz
– Wahrnehmung

Ausgangspunkte des „funktionsorientierten Ansatzes" war die Annahme, dass es bestimmte Fähigkeiten oder „Funktionen" gibt, die bei jedem Menschen – unabhängig von seiner Herkunft und seiner Kultur – vorhanden sind und die bereits bei Kindern gefördert werden sollten. Hierzu gehörten z. B. die Wahrnehmung, die Motorik (vor allem die Feinmotorik), die Sprache und die Intelligenz.
So wurden für Kinder im vorschulischen Alter Lernspiele, Sprachtrainingsprogramme, Konzentrationsspiele und Materialien zur Förderung der Intelligenz entwickelt. Mit Hilfe der „Sprachtrainingsmappen" (Schüttler-Janikulla 1968) sollte die Spracherziehung gleichsam als Fach im Kindergarten gelehrt und durch Maschinen sollte das Lesenlernen gefördert werden. Ein auf diesen „Grundfunktionen" basierendes Curriculum beschränkte sich auf das Einüben von Fähigkeiten, der Bezug zu den kindlichen Bedürfnissen und der individuellen Lebenssituation der Kinder wurde weitgehend außer Acht gelassen.
Motorische Funktionen standen zwar nicht im Vordergrund dieses Konzeptes, ihr Anteil an der kindlichen Persönlichkeit wurde jedoch zumindest deutlich formuliert. Feinmotorische Fähigkeiten wurden als Voraussetzungen für die Vermittlung der Kulturtechniken Lesen, Schreiben und Rechnen betrachtet, ihrer Verbesserung wurde daher auch ein hoher Stellenwert eingeräumt.

Bild des Kindes

Das hier zum Tragen kommende *Bild des Kindes* war das eines unfertigen, defizitären Wesens, dem möglichst früh und schnell die noch fehlenden Fertigkeiten und Kenntnisse im Sinne einer „Wahrnehmungsförderung" und „Förderung der Konzentrationsfähigkeit" vermittelt werden sollten.

▶ *Disziplinorientierter Ansatz*

Im Rahmen des „disziplinorientierten Ansatzes" wurden Curricula vorwiegend unter fachdidaktischen Aspekten entwickelt. Ausgangspunkt waren die Wissenschaften und ihre Ordnung in Fachdisziplinen. Die traditionellen Fächer der Schule wurden als Lernbereiche aufgenommen. So enthalten die „Curriculum-Materialien für Vorschule und Eingangsstufe" von Belser u.a. (1975) z.B. folgende „Lern- und Aktivitätsfelder":

„Motorische Lernziele"

- Natur und Technik
- Mathematisches Denken
- Ästhetische Erziehung
- Musik
- Bewegungsspiel und Sport.

Auffallend war in diesem Ansatz die ausdrückliche *Berücksichtigung des Sports* (vgl. Michaelis/Treess 1975). Er galt als fachdidaktischer „Lernbereich", durch den vor allem motorische Lernziele wie z.B. „Geschicklichkeit" oder „Wassergewandtheit" (Diem 1973, 1980, Bach/Haupt 1975) angestrebt werden sollten. Betont wurde die zeitliche Fixierung des Wochenplans des Kindergartens. Als praktische Beispiele wurden differenzierte Übungsabfolgen mit Geräten vorgestellt (Diem 1980). Eine Verbindung zu dem alltäglichen Leben im Kindergarten oder zu situativen Ereignissen wurde nicht hergestellt.
Auch beim „disziplinorientierten Ansatz" richtete sich die Kritik in erster Linie auf die Abstraktion von der konkreten Realität, in der Kinder Handlungsfähigkeit erlangen sollten. Funktionen und Fähigkeiten wurden isoliert gefördert, der soziale Kontext der Handlung blieb dabei weitgehend unbeachtet.

▶ *Situationsorientierter Ansatz*

Berücksichtigung individueller Lebenssituationen

Das Ziel, Kinder für das Handeln in Lebenssituationen zu qualifizieren, kennzeichnete den situationsorientierten Ansatz (Arbeitsgruppe Vorschulerziehung 1974, Krenz 2002). Kinder sollten die Fähigkeit erlangen, in Situationen ihres gegenwärtigen und zukünftigen Lebens zunehmend selbstbestimmt und selbsttätig zu handeln.

Über die Analyse und Beschreibung von Lebenssituationen, die für Kinder Bedeutung haben, und ihre individuelle Lebens- und Lerngeschichte berücksichtigen, wurden Qualifikationen beschrieben, die im Rahmen „didaktischer Einheiten“ angesprochen werden sollten. Die Qualifikationen beinhalteten wünschenswerte Fertigkeiten, Fähigkeiten und Verhaltensweisen, die Kindern die Bewältigung der Anforderungen durch die Umwelt ermöglichen sollten.
Bei diesen didaktischen Einheiten handelte es sich jedoch nicht um Lernprogramme, die zu bestimmten Zeiten im Kindergarten zu „behandeln“ waren; Lernen sollte vielmehr auf dem Hintergrund von Erlebnissen der Kinder geschehen; die Spiel- und Lernangebote gingen nicht von fachlichen Lernzielen, sondern von Lebenssituationen aus (vgl. Liegle 1991).

Stellenwert von Bewegung und Bewegungserziehung

In der Kindergartenpädagogik sorgte der Situationsansatz, wie er auch kurz bezeichnet wurde, für Aufruhr, da er die gängige „Angebots- und Beschäftigungspädagogik“ (Drygyla 1989) in Frage stellte. Die in diesem – die Kindergartenpädagogik der 70er und 80er Jahre sehr stark beeinflussenden – Curriculumansatz konstruierten umfangreichen didaktischen Einheiten (z. B. „Neue Kinder in der Gruppe“, „Wir erkunden unsere Umgebung“) ließen den Bereich der *Bewegungserziehung* weitgehend außer Acht oder erstreckten sich auf wenige Vorschläge für Kooperationsspiele, auf die Empfehlung des Besuches von Spielplätzen und des Arbeitens mit Werkzeug (siehe z. B. Arbeitsgruppe Vorschulerziehung 1974). Das Bedürfnis nach Bewegung wurde zwar grundsätzlich anerkannt, der Erzieherin wurden jedoch nur wenig konkrete Hilfen gegeben, wie sie in ihre alltägliche Arbeit Bewegungsangebote einbinden könnte. So wurde für das situationsorientierte Arbeiten erst Jahre nach der Konzeption didaktischer Einheiten auch Vorschläge für eine stärkere Berücksichtigung von Bewegung und Spiel gemacht (siehe hierzu Hessisches Sozialministerium 1983).

▶ *Neue Formen „Offener Kindergartenarbeit“*

Selbstbestimmtes Lernen

Nach der Erprobung des situationsorientierten Ansatzes in bundesweiten Modellversuchen, ebbte die Reformfreudigkeit der Kindergartenpädagogik scheinbar ab. In den letzten Jahren hat sich eine neue Alternative konzeptioneller Arbeit entwickelt, die als „offene Kindergartenarbeit“ verstanden werden kann. Regional zwar noch sehr unterschiedlich verbreitet, löste sie doch in Fachkreisen der Erzieherinnen sehr kontroverse Diskussionen und häufig auch ein entschiedenes Für oder Wider aus (vgl. Huppertz 1992, Regel 1992, Regel/Kühne 2001). Der „offene Kindergarten“ kann als ein Lebens- und Erfahrungsraum für Kinder beschrieben werden, in dem sie weitgehend selbstbestimmt lernen und handeln können, in dem gruppenübergreifend gearbeitet wird und in dem bedürfnisorientiertes Freispiel und vorbereitete Angebote sich abwechseln.

„Erfahrungsräume“

Veränderungen zur traditionellen Kindergartenarbeit zeigen sich am deutlichsten in der teilweisen Auflösung der Gruppen und der konsequenten *Umgestaltung der Räume.* Anstelle der üblichen Gruppenräume mit unterschiedlichen Funktionsecken gibt es hier sog. *„Erfahrungsräume“*, je nach Raumsituation im Kindergarten z. B. einen „Bewegungsraum“, einen „Ruheraum“, einen „Raum mit Werkstattcharakter“ und einen „Kommunikationsraum“ (vgl. Büchsenschütz/Regel 1992). Betätigungsbereiche, die normalerweise also in jedem Gruppenraum gleichzeitig eingerichtet sind, werden nun auf unterschiedliche Räume verteilt, sodass die Kinder sich nicht gegenseitig in ihren Aktivitäten stören. Jedes Kind bestimmt, welchen Raum es für das Freispiel aufsucht und mit wem es spielen will.

Gruppenübergreifende Angebote

Gruppenübergreifend werden nach einer zeitlich begrenzten Freispielphase von den Erzieherinnen unterschiedliche Angebote unterbreitet, für die sich die Kinder selbst entscheiden können.

In der Zwischenzeit haben sich mehrere Modifikationen des *„Offenen Angebotskindergartens“* (Büchsenschütz/Regel 1992, 24) herausgebildet, da die Auflösung der Gruppen und damit der gewohnten Struktur des Kindergartens mancherorts auf Widerstand stieß. Wichtig für die in diesem Beitrag diskutierte Problematik ist vor allem der besondere Stellenwert, der dem Bereich der Bewegung eingeräumt wird. Ausdrücklich hingewiesen wird auf einen *jederzeit verfügbaren Bewegungsraum,* in dem Kinder Materialien erproben, mit großräumigen Geräten bauen, aber auch einmal ungestört toben und Bewegungsspiele mit anderen erfinden können. Für Kindergärten ohne spezielle Bewegungsräume kann eine so veränderte Raumstruktur wesentliche Hilfen zur Erfüllung eines elementaren Bedürfnisses von Kindern geben.

6.2 Konzepte elementarpädagogischer Bewegungserziehung

Die Vernachlässigung der Bewegung in den Einrichtungen des Elementarbereichs war zunächst vor allem von Interessengruppen und Vertretern des Sports bemängelt worden; deren Vorschläge für eine inhaltliche Neuorientierung waren denn auch in erster Linie auf die Vermittlung sportmotorischer Fertigkeiten ausgerichtet. Im Vordergrund stand die Frage, welche Kenntnisse und Fertigkeiten Kinder erwerben müssten, damit sie am Sport teilnehmen könnten (Diem 1973).

Die Lernfähigkeit des Kindes, sein Bewegungsdrang und die Begeisterung, mit der es alles, was mit Bewegung und mit selbstständigem Tun zusammenhängt, aufgreift, sollte nach dieser Auffassung berücksichtigt werden, um eine entscheidende Phase im sog. „Frühlernbereich" zu nutzen.

Sportmotorische Fertigkeiten

Die Kenntnis von Leistungen, die Kinder – wenn sie nur früh genug damit beginnen – bereits in den ersten Lebensjahren erreichen können (z.B. Schwimmen lernen, turnerische Fertigkeiten), wurde als Legitimierung dafür genommen, dass die entsprechenden Fertigkeiten auch sinnvolle Lerninhalte darstellten. Die Begründung einer möglichst früh einsetzenden Bewegungsförderung wurde dabei aus der Sicht des Sports und der hier geltenden Werte vorgenommen. Bezug auf die pädagogische Konzeption des Kindergartens wurde in den meisten fachdidaktisch orientierten Ansätzen nur selten genommen, wobei berücksichtigt werden muss, dass die Praxisvorschläge auch in den Kindergruppen der Vereine oder in Spielgruppen realisiert werden sollten.

Die Forderung nach ausreichenden Sport- und Bewegungsmöglichkeiten wurde dementsprechend auch ganz unterschiedlich begründet:

▶ *Orientierung an der Entwicklung von Grundtätigkeiten, Fähigkeiten und sportmotorischen Fertigkeiten*

Ausgehend von der Notwendigkeit der Ausbildung und Übung grundlegender motorischer Fähigkeiten wird die Förderung der Grundformen der Bewegung gefordert. Diese auch als „Grundtätigkeiten" bezeichneten Bewegungsformen umfassen das Laufen, Springen, Rollen, Wälzen, Schieben usw. In ihnen sollten Kinder sich entsprechend den Vertretern dieser Auffassung bereits in frühen

Lebensjahren üben, da hierauf die sportliche Fertigkeitsentwicklung aufbaue (Blumenthal 1996, Bergemann 1983, Betsch 1979, Nickel 1990).

Charakteristisch für diese Richtung ist die *Einteilung von Sportstunden,* wie sie im Schulsport häufig Verwendung finden: Stundenmodelle mit einem Aufwärmungsteil, einem Hauptteil und einem Schlussteil, der den *„physischen und psychischen Höhepunkt darstellt und durch Lauf- und Spielformen Freude bereiten soll, um so zugleich Anreiz und Vorfreude für die nächste Turnstunde zu schaffen"* (Blumenthal 1996) Viele der Inhalte sind in erster Linie sportbezogen und fertigkeitsorientiert, damit soll bei Kindern die Grundlage für künftiges Sporttreiben gelegt werden. So gibt Diem z. B. als Lerninhalte folgende Schwerpunkte an: *„Geschicklichkeit üben, Gleichgewicht und Haltungsaufbau üben, Kraft üben, Ausdauer-Konzentration, Reaktion-Schnelligkeit üben, Schwimmen üben" (Diem 1980).*

Sportbezogene Inhalte

▶ *Orientierung an kompensatorischen Zielen*

Zivilisationsbedingter Bewegungsmangel wird als Grund für zunehmende gesundheitliche Beeinträchtigungen und psycho-soziale Fehlentwicklungen gesehen (Vogt 1975, Hellbrügge 1997, Liebisch/Weimann 1997). Dieses Argument ist z. Z. im Rahmen der Diskussion um eine ganzheitliche Gesundheitserziehung außerordentlich aktuell, es wird auch von der Öffentlichkeit und von politischen Entscheidungsträgern am ehesten eingesehen. Hier besteht jedoch die Gefahr, dass Bewegungsangebote, die aus gesundheitspolitischen Erwägungen konzipiert werden, einer übermäßigen *Funktionalisierung* unterliegen und den Bedürfnissen des Kindes nach Selbsttätigkeit und Fantasieentfaltung nur eingeschränkt gerecht werden können. Daher wird der gesundheitliche Aspekt von den Autoren, die z. B. Programme für die Arbeit mit übergewichtigen Kindern entwickelt haben, auch meistens mit dem Ziel der Vermittlung positiver Körper- und Selbsterfahrungen verbunden (vgl. Cicurs/Ferié/Langer 2004).

Bewegungsmangel

▶ *Orientierung an anthropologischen Vorannahmen*

Neuere Konzepte der Bewegungserziehung im vorschulischen Alter gehen in ihrer Begründung eher von anthropologischen Überlegungen aus: Bewegung wird eine *identitätsbildende Funktion* zuerkannt. Aufgrund seiner Körper- und Bewegungserfahrung baut sich das Kind ein Bild von seiner Person auf, über Bewegung und Wahrnehmung bemächtigt es sich seiner Umwelt und wirkt auf sie ein. Der Körper stellt das Bindeglied zwischen der Außen- und Innenwelt des Kindes dar (Scherler 1975, Zimmer 2003 a, b, 2004).

Bewegung als Ausdruck von Lebensfreude

Diese Überlegungen beziehen auch ein, dass Bewegung über alle rationalen Begründungsversuche hinaus unmittelbarer Ausdruck kindlicher Lebensfreude ist und dass Kinder ein Recht auf die unmittelbare, selbstbestimmte Tätigkeit und damit auch *Anspruch auf eine „erfüllte Gegenwart“* haben. Sowohl die didaktische Konzeption als auch die praktischen Anregungen werden bei den Vertretern dieses Ansatzes direkt auf die Institution Kindergarten bezogen und die Inhalte in ein gesamtpädagogisches Konzept eingeordnet (vgl. *Zimmer* 2003 c, 2004).

Psychomotorik

Vgl. Kap. 7

Ein Bild des Kindes als selbstständig handelndes Wesen ist auch für die Psychomotorik kennzeichnend (Kiphard 2001, Regel/Wieland 1984, Zimmer 2003 b, 2004). Durch erlebnisorientierte Bewegungs- und Wahrnehmungserfahrungen sollen grundlegende Lernprozesse in Gang gesetzt werden, die die Auseinandersetzung des Kindes mit seinem Körper, seiner dinglichen und sozialen Umwelt unterstützen.

6.3 Situationsorientierte Bewegungserziehung

Stellt man weniger die von einzelnen Fachdisziplinen an den Kindergarten erhobenen Forderungen, sondern *die Kinder selbst* in den Mittelpunkt der pädagogischen Diskussion, dann ist unumstritten, dass Spielen und Sichbewegen zu den grundlegenden kindlichen Betätigungs- und Ausdrucksformen gehören, die im Kindergarten täglich Berücksichtigung finden müssen.

Bewegungserziehung im Kindergarten dient nicht der möglichst frühzeitigen Vorbereitung auf sportliche Aktivitäten. Sie ist vielmehr grundlegender Bestandteil einer frühkindlichen Erziehung, deren Ziel eine gesunde, harmonische Persönlichkeitsentwicklung des Kindes ist.

Damit ist Bewegungserziehung nicht nur auf eine Förderung der motorischen Entwicklung ausgerichtet, sondern sie sieht das Kind in seiner emotionalen, sozialen, geistigen und körperlichen Ganzheit und will über Bewegung die Gesamtentwicklung des Kindes unterstützen. Wenn sich der Kindergarten als eine Institution versteht, die

Ziel der Bewegungerziehung

sich die ganzheitliche Förderung und Erziehung von Kindern zur Aufgabe macht, dann dürfen Körper- und Bewegungserfahrungen weder in einen Lernbereich „Sport" abgeschoben werden, noch dürfen sie auf festgelegte Zeiten beschränkt sein, sie müssen zum integrierten Bestandteil des Kindergartenalltags werden.

Bewegungs- und Sinneserfahrungen sollten Basis jeder frühkindlichen und vorschulischen Erziehung sein und jederzeit im Alltagsleben des Kindergartens berücksichtigt werden. Kinder sollten die Möglichkeit haben, ihren Körper und ihre Sinne ebenso zu gebrauchen wie ihre geistigen und kreativen Kräfte.

Projekt zur situationsorientierten Bewegungserziehung

Das Bedürfnis, Bewegungserziehung im Kindergarten stärker als bisher üblich in ein allgemeinpädagogisches Konzept der Elementarerziehung einzubinden, war Anlass für die Neufassung einer Rahmenkonzeption „Bewegungserziehung im Kindergarten". Diese wurde in einem vom Kultusministerium und vom Ministerium für Arbeit, Gesundheit und Soziales des Landes Nordrhein-Westfalen in den Jahren 1989 bis 1991 gemeinsam durchgeführten Projekt entwickelt und erprobt (vgl. Mags 2001). Dieses Konzept, das weitgehend den Grundsätzen situationsorientierten Arbeitens entspricht, wird im Folgenden kurz vorgestellt.
Soll die pädagogische Arbeit im Kindergarten Bezug zur Lebenswirklichkeit von Kindern haben, so ist eine eingehende *Analyse der kindlichen Lebensbedingungen* erforderlich. Sie gibt wichtige Hinweise auf inhaltliche Schwerpunkte, die in der praktischen Kindergartenarbeit und hier vor allem auch in der Bewegungserziehung berücksichtigt werden sollten. Nicht immer gibt es hierfür aktuelle Anlässe. Eine länger andauernde Beobachtung der Kinder zeigt jedoch, wo situationsübergreifende Bedürfnisse und Erfahrungsdefizite der Kinder liegen.

▶ *Zur aktuellen Lebenssituation von Kindern*

Vgl. Kap. 2.2

Die aktuelle Lebenssituation der Kinder ist heute vor allem dadurch gekennzeichnet,
- dass ihnen die Möglichkeit zur Befriedigung ihrer Bewegungsbedürfnisse zunehmend beschnitten werden;
- dass Welterschließung weniger über Spiel und Bewegung und eigen-

tätiges Handeln, sondern mehr in Form von Sekundärerfahrungen über die Medien erfolgt;
- dass Körpererfahrung immer stärker zugunsten mediatisierter Erfahrungen in den Hintergrund tritt, und Kinder sich kaum mehr als aktiv handelnde Wesen, die selbst etwas bewirken können, erleben;
- dass Kinder sich sowohl im häuslichen Bereich als auch im Kindergarten vorwiegend drinnen aufhalten, das Draußenspielen dagegen mehr und mehr abnimmt;
- dass einer Überflutung an Sinnesreizen im visuellen und akustischen Bereich fehlende Möglichkeiten zur Verarbeitung dieser Reizeinwirkungen gegenüberstehen;
- dass die körpernahen Sinne immer weniger eingesetzt werden können und damit ein Verlust an unmittelbaren körperlich-sinnlichen Aneignungsmöglichkeiten der Umwelt einhergeht.

Unverarbeitete Sinneseindrücke

Kinder sind heute belastet durch eine Vielzahl unverarbeiteter Sinneseindrücke. Der Kindergarten sollte Kindern daher Hilfen zur Aufarbeitung der vielfältigen Sinneseindrücke geben, so dass sie fähig werden, ihre Umwelt zu begreifen und zu verstehen. Dies ist nur möglich, wenn Kinder selbst-tätig sein können, wenn sie aktiv auf ihre Umwelt einwirken und Veränderungen bewirken können.

Freie Bewegungsgelegenheiten und feste Bewegungszeiten

Die Lebenssituation von Kindern ist jedoch nicht allein durch bewegungsfeindliche Umweltbedingungen gekennzeichnet, das Kind selbst äußert seine *Lebensfreude* in Bewegung. Bewegung ist Ausdruck seiner Lust am unmittelbaren Tätigsein, seiner Freude, etwas selber schaffen zu können. Kinder brauchen den ganzen Tag über Gelegenheiten, sich intensiv zu bewegen, zu rennen, zu springen, ihren Körper bei der Aneignung der Umwelt einzusetzen. Deswegen sollte es im Kindergarten sowohl viele *freie Bewegungseinheiten,* die die Kinder nach Belieben wahrnehmen können, geben, als auch festgelegte Bewegungszeiten, bei denen von der Erzieherin betreute und geplante Bewegungsangebote im Vordergrund stehen.

▶ *Situationen und Anlässe für Bewegung*

Aktuelle Ereignisse als Anlass für Bewegungsangebote

Charakteristisch für situationsorientiertes Arbeiten ist, dass aktuelle Ereignisse im Umfeld der Kinder Anlass sein können, länger andauernde Vorhaben mit den Kindern zu planen. Das kurze Gastspiel eines Zirkus im Dorf animiert z. B. ein Projekt mit dem Thema Zirkus durchzuführen, lang anhaltendes Regenwetter kann Ausschlag dafür sein, in der Eingangshalle des Kindergartens einen „Spielplatz im

Raum" einzurichten, der über längere Zeit im freien Spiel genutzt werden kann. In solche Projekte können auch die Eltern einbezogen, Exkursionen nach „draußen" geplant werden. (Wie sehen die Spielplätze in unserer Wohnumgebung aus? usw.)
Impulse können sich also aus aktuellen Spielsituationen ergeben, von den Kindern selbst kommen oder aber von der Erzieherin eingebracht werden. Die Erzieherin hat hier also keine ausschließlich passive Rolle, sondern sie ist diejenige, die die Ereignisse des Kindergartenalltags auf ihre Bedeutung hin abschätzt.

Bedeutsame Situationen als Impuls für Bewegungsangebote

Bei der Auswahl von Situationen kann unterschieden werden in Inhalte, die im *„subjektiven Interesse"* der Kinder liegen – wenn sie z. B. von sich aus zeigen, dass sie eine Sache interessant finden (z. B. leere Kästen und Kisten zum Bauen von Balancierstraßen oder Türmen benutzen) und in Inhalte, bei denen ein *„objektives Interesse"* vorhanden ist (vgl. Kater 1987). Hier stellt die Erzieherin fest, dass eine für einzelne Kinder oder die Gruppe bedeutsame Situation vorliegt, die in den gemeinsamen Betätigungen aufgegriffen werden sollte (z. B. Bewegungsunruhe am Montagmorgen, Zunahme des Konkurrenzgedankens beim Spielen bei den älteren Kindern). Dadurch können auch Bedürfnisse, die durch die besondere Lebenssituation von Kindern entstehen, in der Kindergartenarbeit berücksichtigt werden. Die Situationen haben einen aktuellen Bezug zum Leben und Spielen der Kinder. Die Auswahl der Inhalte erfolgt reflektiert und bewusst und ist bereits Teil der Planung.

▶ *Planung und Offenheit einer situationsorientierten Bewegungserziehung*

Sich an den aktuellen Bedürfnissen und Interessen der Kinder zu orientieren heißt nicht, völlig plan- und ziellos in den Tag hinein zu leben und die Bewegungserziehung dem Zufall zu überlassen.

Flexibilität und Offenheit der Planung

Die Planung wird nicht überflüssig, aber sie muss flexibel und offen bleiben. So kann es eben auch vorkommen, dass ein Vorhaben wieder aufgegeben wird, weil die Kinder daran kein Interesse finden, weil es ihnen einfach nicht bedeutsam erscheint.

Planung

Planung bedeutet hier, aufbauend auf dem Wissen um die aktuelle Situation in der Gruppe den Kindern Angebote zu machen, die ihrer Vorstellungswelt entsprechen, und sie darüber hinaus in der Erweiterung ihrer Handlungsfähigkeit zu unterstützen. Hierzu kann es z. B. auch erforderlich sein, an jedem Montagmorgen feste Bewegungszeiten in der Gruppe einzuplanen, weil die Erzieherin beobachtet

hat, dass gerade am Montag die Kinder sehr aggressiv und unruhig sind und besondere Spielangebote brauchen.
Planung und Offenheit müssen also nicht im Widerspruch zueinander stehen, sondern ergänzen sich gegenseitig.

Grundzüge situationsorientierten Arbeitens auch auf die Bewegungserziehung zu übertragen heißt z. B.,

- dass Bewegung als ein wesentliches Ausdrucks- und Erfahrungsmedium des Kindes betrachtet wird und sie daher bei allen Aktivitäten berücksichtigt werden muss;
- dass das Kindergartenleben insgesamt so gestaltet wird, dass es nicht nur zeitlich festgelegte, pädagogisch angeleitete „Bewegungsstunden" gibt, sondern vielfältige Bewegungsmöglichkeiten vorhanden sind, die dem Kind tagtäglich zur freien Nutzung offen stehen.
- dass Räume auch über die Festlegung ihrer Funktionen hinaus für Bewegung genutzt werden können: Eine Treppe zum Springen, ein Flur zum Schlittern, Bäume zum Klettern usw.;
- dass durch individuelle Angebote und durch eine differenzierte Raumgestaltung möglichst jedes Kind in seiner individuellen Eigenart erreicht wird (auch zurückhaltende Kinder müssen Gelegenheit haben, sich in kleineren, überschaubaren Gruppen selbstständig mit Bewegungssituationen auseinander setzen zu können);
- dass Lernen in Sinnzusammenhängen möglich ist, Kinder also Spielideen entwickeln können, denen sie eine eigene Bedeutung geben und diese als sinngebender Anlass auch von der Erzieherin aufgenommen werden;
- dass situative Anlässe aus dem Kindergartenalltag zum Impuls für ein Bewegungsspiel werden können;
- dass der Kindergarten sich nach außen öffnet (Kooperation mit Vereinen, Aufsuchen des näheren Umfelds des Kindergartens: z. B. Wald, Wiesen oder ein benachbarter Spielplatz);
- dass auch die Eltern stärker an der pädagogischen Arbeit Anteil haben (z.B. Gestaltung eines Elternabends mit dem Thema „Spiel und Bewegung", Planung eines gemeinsamen Bewegungsspiel-Nachmittags für Eltern und Kinder).

Voraussetzung für eine situative Planung ist die genaue Beobachtung der Gruppe, die Reflexion der alltäglichen Vorgänge, die Kenntnis individueller Probleme der Kinder.

6.4 Ziele und Inhalte der Bewegungserziehung

Zu den wichtigsten Zielen der pädagogischen Arbeit im Kindergarten gehört die *Förderung der Selbstständigkeit und des Sozialverhaltens* des Kindes. Solche übergeordneten Leitvorstellungen, oft auch als „Richtziele" bezeichnet, haben auf den ersten Blick zunächst einmal einen eher unverbindlichen Charakter, sie sind meist sehr allgemein formuliert und nicht auf konkrete Inhalte bezogen. Trotzdem liefern solche allgemeinen Zielvorstellungen einen Bewertungsmaßstab, der auch an spezifischere Inhalte der pädagogische Arbeit, wie z.B. die Bewegungserziehung, angelegt werden muss.
Bewegungserziehung verfolgt das Ziel, Kinder zu befähigen, sich über Bewegung

- mit sich selbst,
- mit ihren Mitmenschen,
- mit den räumlichen und materialen Gegebenheiten ihrer Umwelt auseinander zu setzen.

Diese dreiteilige Zielformulierung geht zurück auf eine in der pädagogischen Literatur sehr oft verwendete Unterteilung: Roth (1996) bezeichnete mit *„Selbstkompetenz – Sozialkompetenz – Sachkompetenz"* die drei Fähigkeitsbereiche, deren Ausbildung er für notwendig erachtete, um verantwortlich handelnd das Leben bewältigen zu können.
Aus diesen Kompetenzbereichen lassen sich jedoch auch differenziertere Ziele der im Rahmen der Bewegungserziehung zu vermittelnden Erfahrungen aufstellen:
So sollte es Ziel und Aufgabe der Bewegungserziehung im Kindergarten sein,

Ziele der Bewegungserziehung

- dem Bewegungsdrang der Kinder entgegenzukommen und ihr Bewegungsbedürfnis durch kindgerechte Spiel- und Bewegungsangebote zu befriedigen,
- Kindern Möglichkeiten zu geben, ihren Körper und ihre Person kennen zu lernen,
- zur Auseinandersetzung mit der räumlichen und dinglichen Umwelt herauszufordern,
- motorische Fähigkeiten und Fertigkeiten zu erweitern und zu verbessern,
- das gemeinsame Spiel von leistungsschwächeren und leistungsstärkeren Kindern zu ermöglichen,

- Gelegenheit zur ganzheitlichen, körperlich-sinnlichen Aneignung der Welt zu geben,
- zur Erhaltung der Bewegungsfreude, der Neugierde und der Bereitschaft zur Aktivität beizutragen,
- Vertrauen in die eigenen motorischen Fähigkeiten zu geben und eine realistische Selbsteinschätzung zu ermöglichen. (Zimmer 1989, 32)

▶ *Didaktische Prinzipien der Bewegungserziehung*

Um diesen Ansprüchen gerecht zu werden, müssen bei der Gestaltung der Bewegungserziehung ganz bestimmte methodische und didaktische Überlegungen berücksichtigt werden. So sollten die Bewegungsangebote folgenden *Leitlinien pädagogischen Handelns* gerecht werden:

1. Kindgemäßheit
2. Offenheit
3. Freiwilligkeit
4. Erlebnisorientiertheit
5. Entscheidungsmöglichkeit
6. Selbsttätigkeit

Diese – auch als didaktische Prinzipien – zu verstehenden Orientierungspunkte sollen im Folgenden näher erläutert werden. Dabei wird der unmittelbare Bezug zu Bewegungsangeboten besonders berücksichtigt (vgl. auch Lorenz/Stein 1988).

1. Kindgemäßheit

Orientierung an den Interessen und Fähigkeiten der Kinder

Bewegungsangebote im Kindergarten sollten sich grundsätzlich an den Interessen, Bedürfnissen und Fähigkeiten der Kinder orientieren. Sie sollten zum Handeln herausgefordert, in ihren Fähigkeiten jedoch nicht überfordert werden. Die Angebote müssen den intensiven Bewegungsbedürfnissen der Kinder entsprechen und ihnen Möglichkeiten zum Ausleben ihres Bewegungsdranges geben.
Um der Neugierde und Entdeckungsfreude der Kinder gerecht zu werden, sollten die Bewegungsangebote immer wieder auch etwas Überraschendes, Unerwartetes beinhalten (z. B. ungewohnte Alltagsmaterialien, die in ihrer Verwendung zweckentfremdet werden). Andererseits lieben Kinder auch das Vertraute und Bekannte, es vermittelt ihnen Ordnung und Struktur. Das Thema der Bewegungsangebote muss daher nicht jedes Mal wechseln, sondern kann

häufiger wiederholt werden. Variationen und Abänderungen werden dann häufig von den Kindern selbst eingebracht.
Im Vordergrund steht die Freude der Kinder an der Bewegung und am Spiel. Nur eine lustvolle, fröhliche Atmosphäre, in der das Kind Schwächen eingestehen kann, ohne deswegen ausgelacht oder vom Spiel ausgeschlossen zu werden, wird nachhaltig zu einer positiven Einstellung zum eigenen Körper und zu Vertrauen in die eigenen Fähigkeiten führen.

2. Offenheit

Berücksichtigung situativer Ereignisse

Die Bewegungssituationen sollen offen sein für situative Interessen der Kinder. Trotz der Planungen durch die Erzieherin, die sich vor allem auf die Vorbereitung der Themen, die methodische Aufbereitung und die Bereitstellung anregender Materialien bezieht, muss ausreichend Raum für spontane Einfälle der Kinder vorhanden sein. Impulse, die von den Kindern kommen, sollten von der Erzieherin aufgegriffen und gegebenenfalls an die Gruppe weitergegeben werden. Auch in dieser Altersstufe können Kinder bereits an der Gestaltung der Bewegungserziehung beteiligt werden. Die Planung muss flexibel bleiben, sodass auch auf aktuelle Ereignisse Bezug genommen werden kann und die Kinder ihre eigenen Spielideen einbringen können. Offenheit heißt also nicht Planlosigkeit, sondern flexibler Umgang mit den eigenen Planungen und den subjektiven, aktuellen Bedürfnissen und Befindlichkeiten der Kinder.

3. Freiwilligkeit

Grundsätzlich sollte die Beteiligung an dem Bewegungsangebot den Kindern freigestellt werden. Im Vertrauen auf den Aufforderungscharakter der Geräte und Spielsituationen kann die Erzieherin dem Kind die Entscheidung darüber überlassen, ob und wie es sich in das Spiel einbringt.
Einige – vor allem jüngere – Kinder brauchen zunächst einmal Zeit zum Beobachten und Zuschauen und beteiligen sich dann ganz von selbst. Die Erzieherin kann das Kind zwar ermutigen, keinesfalls sollte sie es jedoch zu überreden versuchen oder sogar Zwang ausüben. Nur Handlungen, die vom Kind freiwillig geleistet werden, haben auch die Chance, zu seiner Selbstständigkeitsentwicklung beizutragen.

4. Erlebnisorientiertheit und Sinnhaftigkeit

Bewegungsangebote sollten sich an der unmittelbaren Erlebniswelt des Kindes orientieren. Bewegungsgeschichten können die Spielhandlungen begleiten und auch Impulse für Veränderungen des Spielgeschehens geben.

Symbol- und Rollenspiele

Im Kindergartenalter haben Symbol- und Rollenspiele einen hohen Stellenwert. Die Bewegungssituationen werden oft in komplexe Spielhandlungen eingebunden; Geräten wird von den Kindern eine symbolische Bedeutung beigemessen: Eine Sprossenwand wird zu einem Kletterbaum im Zoo. Hier gibt es Affenbabys und Affenmütter, gefährliche Raubtiere mit fletschenden Zähnen, einen Zoowärter, der Bananen verteilt etc.

Solche Darstellungsspiele ermöglichen, dass sich das Kind mit Personen, Tieren oder bestimmten Rollen identifiziert und dabei selbst Handlungsalternativen ausprobieren kann (vgl. Zimmer 2003 b).

Der kindlichen Fantasieentwicklung sollte auch in Bewegungssituationen genügend Raum gegeben werden. Materialien und Geräte können nach eigenen Vorstellungen kombiniert und neu zusammengesetzt werden. So entstehen Erlebnisräume, in denen es Kindern möglich wird, „eigene“ Welten zu bauen und sich intensiv mit sich in der selbst geschaffenen Umgebung auseinander zu setzen.

5. Entscheidungsfreiheit

Sich entscheiden zu können bedeutet immer auch, alternative Wahlmöglichkeiten zu haben. Dies betrifft sowohl die generelle Teilnahme am Bewegungsangebot als auch die Entscheidung, innerhalb der Bewegungsspiele bestimmte Rollen einzunehmen oder eine Gerätekombination anderen vorziehen zu können.

Kinder sollten die Möglichkeit haben, selbstbestimmt zu handeln und eigene Entscheidungen für oder gegen eine Tätigkeit oder eine Rolle zu fällen.

Diese Fähigkeit muss bei Kindern erst entwickelt werden. Sie dürfen dabei weder überfordert werden (wenn der Entscheidungsspielraum z. B. zu groß ist und sie keine Grenzen erkennen), noch darf ihnen durch Anordnungen oder Anweisungen jede Möglichkeit der eigenen Entscheidung abgenommen werden

6. Selbsttätigkeit

Handeln aus eigenem Antrieb ist für Kinder die Voraussetzung für die Entwicklung des „Ich". Kinder werden auf diesem Weg dazu befähigt, selbst die Initiative zu ergreifen und für ihr Handeln auch Verantwortung zu übernehmen.

Häufig haben sie erfahren, dass die Eltern ihnen alle Schwierigkeiten aus dem Weg räumen, bei jedem Problem sofort eingreifen. Auf diese Weise baut sich bei Kindern leicht eine konsumierende Haltung bis hin zur Passivität auf. Sie verlassen sich darauf, dass andere für sie da sind und ihnen jede Verantwortung und Entscheidung abnehmen.

Herausforderung zum selbstständigen Handeln

Bewegungsangebote fordern zum selbsttätigen Handeln heraus. Die Geräte haben Aufforderungscharakter. Der Erfolg oder Misserfolg ihrer Handlungen kann von den Kindern unmittelbar auf die eigene Person zurückgeführt werden. Impulse durch die Erzieherin sollten zu einer Erweiterung der kindlichen Handlungsmöglichkeiten führen; sie können den Blick der Kinder für Alternativen in der Benutzung der Geräte öffnen, neue Ideen anregen oder das Zusammenspiel der Kinder unterstützen.

Diese didaktischen Prinzipien geben sowohl Hinweise für das Verhalten der Erzieherin als auch für die inhaltliche Gestaltung der Bewegungssituationen. Sie sind nicht notwendig an ein Medium – wie z. B. die Bewegung – gebunden, sondern können ohne weiteres als allgemeine Prinzipien des pädagogischen Handelns im Kindergarten verstanden werden.

Bewegungsangebote sind aufgrund der Offenheit der Spielsituationen, der Möglichkeit der Einbeziehung der Kinder bereits bei der Planung und aufgrund des Aufforderungscharakters der Geräte und Materialien jedoch ein besonders gutes Beispiel für die Realisierung der pädagogischen Ansprüche in der Praxis.

▸ *Inhalte der Bewegungserziehung*

Setzt man die Inhalte der Bewegungserziehung mit den im vorhergehenden Abschnitt genannten Zielen und Aufgaben der Bewegungserziehung in Bezug, dann sollte das Kind durch Bewegungsspiele, durch offene Bewegungsangebote und auch im Rahmen angeleiteter Bewegungserziehung möglichst viele Gelegenheiten erhalten,

- eine Vorstellung von seinem eigenen Körper zu entwickeln (Kenntnis der Körperteile, der Lage des Körpers im Raum usw.);

- körperliche Zustände wie Ermüdung oder Erschöpfung zu erleben;
- die eigenen körperlichen Grenzen zu erfahren (z. B. Kraft, Ausdauer, Geschicklichkeit, Koordination);
- die Wirkung von Anspannung und Entspannung zu erleben;
- zu erkennen, dass durch Üben und Erproben die körperlichen Fähigkeiten verbessert werden können;

Selbsterfahrung

- Vertrauen in die eigene Leistungsfähigkeit zu gewinnen;
- Vorstellungen von den eigenen motorischen Möglichkeiten zu entwickeln und auszuprobieren;

Sinneserfahrung

- verschiedene Formen der sinnlichen Wahrnehmung zu erfahren und bewusst zu erleben;
- mit allen Sinnen die Umwelt begreifen können;
- über Bewegung mit anderen Kindern Kontakt aufzunehmen;
- sich durch Bewegung auszudrücken und mitzuteilen;

Sozialerfahrung

- Rücksicht auf andere zu nehmen und ihre Bedürfnisse im gemeinsamen Spiel zu beachten;
- Materialien und Gegenstände über Bewegung zu erkunden und ihre spezifischen Eigenschaften kennen zu lernen;

Materialerfahrung

- sich den Geräten, an und mit denen man sich bewegt, anpassen zu können;
- die Spiel- und Bewegungsgeräte, aber auch den eigenen Vorstellungen entsprechend „passend" machen zu können.

Als *Inhalte der Bewegungserziehung* gelten im Allgemeinen die so genannten „Grundtätigkeiten", d. h. Grundformen der Bewegung, wie z. B. das Gehen, Laufen, Springen, Klettern, Schieben, Rollen, Ziehen, Werfen usw.
Diese Tätigkeiten sind die Basis sowohl der Alltags- als auch der Sportmotorik. Sie entwickeln sich im Laufe der ersten Lebensjahre, und der Grad ihrer Ausformung ist abhängig von den Gelegenheiten des Kindes, sie zu üben und zu verfestigen.
Eine wesentliche Bedeutung in der Bewegungsentwicklung von Kindern nehmen auch die *koordinativen Fähigkeiten* ein. Als Koordination wird die Fähigkeit zur Steuerung und Anpassung einer Bewegung verstanden (vgl. Willimczik/Roth 1985). Zu den koordinativen Fähigkeiten gehören u.a.:

Koordinations-fähigkeiten

- die Gleichgewichtsfähigkeit,
- die Reaktionsfähigkeit,
- die räumliche Orientierungsfähigkeit.

Die Verbesserung und Verfeinerung dieser koordinativen Fähigkeiten steht im Vordergrund vorschulischer Bewegungsförderung. Diese erfolgt jedoch nicht in Form spezifischer Übungs- und Trainingsprogramme, sondern das Kind übt seine Koordinationsfähigkeit in der spielerischen Auseinandersetzung mit Geräten, mit Spielpartnern und Spielsituationen. Variationsreiche, vielseitige Bewegungsangebote stellen hier die beste Voraussetzung für die Verbesserung der motorischen Fähigkeiten dar. So führen z. B. Bewegungssituationen, in denen Kinder sich in ihren Grundbewegungsformen üben, auch zu einer Verbesserung ihrer Koordinationsfähigkeit.

Um die Vielzahl der Bewegungsgrundformen und der damit verbundenen Bewegungsmöglichkeiten zu ordnen, kann man sie unterscheiden in:

Ordnungskriterien zur Differenzierung der Bewegungsgrundformen

- Bewegungen, anhand derer eine Ortsveränderung oder eine Lageveränderung des Körpers erreicht wird (sich bewegen und fortbewegen). Hierzu gehören das Gehen, Laufen, Springen, Steigen, Kriechen, Krabbeln, Robben, Gleiten, Rollen, Wälzen.
- Bewegungen, mit denen Geräte und Gegenstände befördert oder in Bewegung versetzt werden (etwas fortbewegen): Ziehen, Schieben, Tragen, Werfen, Stoßen, Schlagen, Heben, Drücken Rollen.
- Bewegungen, bei denen sich das Kind meist feststehenden Geräten anpasst und sich an ihnen bewegt; z.B. Hängen, Stützen, Schwingen, Drehen, Schaukeln, Springen, Balancieren.
- Bewegungen, bei denen sich das Kind mit Hilfe von Geräten bewegt, z.B. Rad fahren, Roller fahren, Rollschuh laufen.

Diese grobe Unterscheidung in: „Sich bewegen, Geräte bewegen, sich an Geräten bewegen, sich mit Hilfe von Geräten bewegen“ kann eine Hilfe darstellen, die fast unüberschaubare Vielfalt der kindlichen Bewegungsaktivitäten zu ordnen.
Eine solche Systematisierung sollte die Erzieherin zwar nicht dazu verleiten, die Inhalte der Bewegungserziehung nun diesem „Katalog“ zu entnehmen, die Systematik kann jedoch manchmal Hinweise geben, wie eine Bewegungsidee unter verschiedenen Handlungsbedingungen variiert werden kann. Am „Spiel mit dem Gleichgewicht“ soll dies verdeutlicht werden:

Gleichgewichtssituationen:

- auf einem Bein zu balancieren versuchen,
- aus dem Laufen plötzlich stehen bleiben (Spiele wie „Versteinern" oder „Verzaubern"),

- die Unterstützungsfläche des Körpers verkleinern (auf Zehenspitzen stehen, dabei ein Bein vom Boden abheben – wann fällt man um?),
- beim Balancieren mal die Hände in die Hosentaschen stecken, mal zur Seite ausbreiten, wann gelingt die Gleichgewichtserhaltung besser?

Geräte auf dem Körper balancieren:

- z. B. einen Bierdeckel auf dem Kopf oder auf den Fingerspitzen tragen,
- einen Luftballon auf verschiedenen Körperteilen balancieren.

Balancieren „auf etwas“:

- über eine Bank gehen,
- auf einem Wackelbrett stehen,
- die Unterstützungsfläche durch die Art der Geräte verändern,
- „Balancieren mit etwas auf etwas“.

Sich mit bzw. auf Geräten fortbewegen:

- Pedalo, Rollschuhe usw.

6.5 Methodische Aspekte

Vermittlungsverfahren

Mit der Frage nach den Zielen und Inhalten der Bewegungserziehung ist unmittelbar auch die Frage nach ihrer Vermittlung verbunden. Denn die Art und Weise, wie Bewegungsspiele arrangiert und Bewegungsaufgaben gestellt werden, welche sprachlichen Formulierungen die Erzieherin benutzt und welchen Freiraum sie Kindern bei der Bewältigung von Bewegungssituationen lässt, hat entscheidenden Einfluss auf das, was Kinder in und durch Bewegung lernen und erfahren. Die *Vermittlungsverfahren,* die auch als Methoden bezeichnet werden, entscheiden also nicht nur darüber wie, sondern auch was gelernt wird. Die Atmosphäre und das emotionale Klima in einer Bewegungsstunde wird sehr davon beeinflusst, in welcher Form die Erzieherin den Kindern Bewegungsaufgaben stellt und welchen Weg des Lernens sie durch die Methoden provoziert. Darüber hinaus nimmt die Auswahl der Methoden auch Einfluss darauf, welches Verständnis das Kind überhaupt zur Bewegung und welches Verhältnis es zu seinem Körper gewinnt, d. h. schließlich auch, wie es sich selbst in Auseinandersetzung mit seiner eigenen Person und seiner Umwelt (material und sozial) erlebt und einschätzt (vgl. Brodtmann 1984). An einem Beispiel soll verdeutlicht werden, wie eine bestimmte Art der Aufgabenstellung, die Art und Weise ihrer verbalen Formulierung, ganz verschiedenartige Reaktionen und Lernprozesse beim Kind hervorrufen kann.

Eine Bewegungsaufgabe:
Häufig werden Bewegungsaufgaben eingeleitet mit der Frage „Wer kann ...?“ Am Beispiel dieser – auch in der Fachliteratur als besonders

Kindgemäße Aufgabenstellung?

kindgemäß bezeichneten – Aufforderung soll im Folgenden verdeutlicht werde, wie eine Aufgabenstellung bei Kindern z.T. ganz andere Reaktionen hervorrufen kann, als dies von der Erzieherin beabsichtigt ist. Die Frage „Wer kann ....?" scheint auf den ersten Blick ein Höchstmaß an Motivation bei den Kindern zu erzeugen, ihre Aktivität anzuregen und die individuelle Anstrengung jedes einzelnen Kindes zu unterstützen. Tatsächlich bewirkt die Frage der Erzieherin eine Teilung der Gruppe in diejenigen, die die Aufgabe lösen, den Ball also fangen können, und diejenigen, die es (noch) nicht können.

Die Frage „Wer kann ...?" ruft immer auch eine Antwort: „Ja, ich kann", oder „Ich kann nicht" hervor. Wenn Kinder die Frage der Erzieherin ernst nehmen, dann geht es in erster Linie um das Ergebnis, das erreicht werden soll; ob also der Ball aufgefangen wird oder nicht. Kaum beachtet dagegen wird der Prozess, wie das Fangen zustande kommt. Es gibt eben viele Möglichkeiten, einen Ball hochzuwerfen, fallen zu lassen und ihn dann erst aufzufangen, ihn mit dem Körper zu halten oder ihn frei in der Luft zu fangen, ihn über den Boden zu rollen und ihn dort mit den Händen aufzufangen.

„Wie kann man...?"

Wird die Aufgabe dagegen folgendermaßen formuliert: „Probiert einmal aus, wie man einen Ball fangen (bzw. rollen, werfen, prellen usw.) kann?", dann ergeben sich für jedes Kind individuell verschiedene Leistungsmöglichkeiten. Die Situation bleibt offen für viele Formen der Erprobung des Balles, für materiale Erfahrungen und sogar für Möglichkeiten des Zusammenspiels der Kinder. Gefragt ist nicht eine einzige, von der Erzieherin vorgegebene Bewegungsform mit dem Gerät, sondern es gibt viele verschiedenartige Möglichkeiten, es zu handhaben. Obwohl von der Erzieherin oft gar nicht bemerkt, kann die Art der Aufgabenstellung also darüber entscheiden, ob Kinder das Gefühl haben, den Anforderungen nicht gerecht zu werden (mit dem Ball nicht in der verlangten Weise umgehen zu können), oder eine Lösung selber gefunden und die Aufgabe selbständig bewältigt zu haben (vgl. Brodtmann 1985).

▶ *Vermittlungsmethoden*

Bei der Vermittlung von Bewegungserfahrungen kann man zwei unterschiedliche Vorgehensweisen unterscheiden:

1. Vermittlung durch Betreuung, Anregung, Impulsgebung und Problemstellung,
2. Vermittlung durch Belehren, Unterweisen, Lenken, Korrigieren.

Im 1. Fall betreut die Erzieherin die Kinder, sie gibt Impulse und Anregungen, wenn das Spiel den Kindern langweilig wird und sie selbst nicht weiter wissen, sie bringt Ideen ein, indem sie selber mitspielt und greift Vorschläge einzelner Kinder auf, um sie an die Gruppe weiterzugeben. Sie gibt Unterstützung, wo ein Kind Hilfe braucht, und greift ein, wenn Gefahr droht oder die Situation für die Kinder nicht mehr zu überschauen ist.

Betreuen und anregen

Im 2. Fall gibt die Erzieherin Übungen vor und achtet darauf, dass die Kinder sie richtig übernehmen, sie korrigiert und macht vor, lenkt die Spielsituation und leitet die Kinder zu bestimmten Handlungen an.

Soll beim Kind die *Selbsttätigkeit und Eigenaktivität* gefördert werden, wird die erstgenannte Vermittlungsform die günstigste sein. Das in Bewegungsstunden so oft zu beobachtende Vormachen von Bewegungsformen durch die Erzieherin und das anschließende Nachmachen durch die Kinder (die 2. Methode) ist jedoch nur in den wenigsten Fällen wirklich sinnvoll.

Belehren und unterweisen

Gerade Bewegungssituationen enthalten oft Problemstellungen, die das Kind zum Auffinden verschiedener Lösungsformen auffordern. Hier sind oft nur wenige Impulse durch die Erzieherin erforderlich, um dem Kind z. B. verschiedene Verwendungsmöglichkeiten von Geräten und Spielobjekten aufzuzeigen.

Natürlich muss eine Erzieherin manchmal auch eingreifen und verbieten, wenn Kinder z. B. unsachgemäß mit Material umgehen, es dadurch u.U. zerstört werden kann, oder wenn sie sich selbst oder andere gefährden.

Konkrete Anweisungen und Hilfen können auch dann erforderlich sein, wenn Kinder den Wunsch äußern, eine bestimmte Fertigkeit zu erlernen (z. B beim Ausprobieren von „Kunststücken“ an der Reckstange).

Vgl. Kap. 3.2

Methoden, die das Erkunden und Erproben der Kinder fördern, tragen dazu bei, dass sie neben dem Erwerb und der Verbesserung motorischer Fähigkeiten und Fertigkeiten auch Erfahrungen über ihre materielle Umwelt gewinnen.

Das Wahrnehmen der Dinge, das Erfahren der Gegenstände und Objekte, aber auch die Gestaltung der Beziehung zu den mitspielenden Kindern stehen im Vordergrund, während das Vermitteln von Übungen, das Anweisen und Korrigieren in den Hintergrund treten.

Von den Kindern mitgestaltete Bewegungsthemen

Gerade für Kinder ist es wichtig, Bewegung in einen Sinnzusammenhang zu stellen, der ihnen einsichtig ist und für sie Bedeutung hat. An die Stelle von Übungen, die dem Kind vorgemacht und dann

von diesen übernommen werden, treten ganzheitliche Spiel- und Bewegungshandlungen, die meist in ein umfangreicheres, von den Kindern mitgestaltetes Thema eingebettet werden.
Wenn die Förderung der Selbsttätigkeit des Kindes als eines der vorrangigen Lernziele gesehen wird, dann müssen die Bewegungsangebote so organisiert sein, dass ein ihren Vorerfahrungen und Voraussetzungen entsprechender Handlungsspielraum besteht, innerhalb dessen Kinder sich tatsächlich frei entscheiden können.

▶ *Konsequenzen für die Gestaltung der Bewegungserziehung*

Die in den letzten beiden Abschnitten vorgestellten didaktisch-methodischen Überlegungen führen in Verbindung mit den lern- und entwicklungspsychologischen Voraussetzungen der Kinder zu folgenden Konsequenzen für die Gestaltung der Bewegungserziehung:

Neugierde wecken

1. Dosierung des Neuigkeitsgehalts der Bewegungssituation:
Die Bewegungsangebote sollten für die Kinder interessant und auffordernd sein, aber dennoch die Einordnung in bisher Erfahrenes ermöglichen. Die Anforderungen müssen so gestellt werden, dass sie „wohl dosiert" sind, sie sollten Neugierde wecken und zum Erkunden anregen, aber nicht Angst oder Unsicherheit erzeugen. Kinder sollten herausgefordert, aber nicht überfordert werden.

Anpassung ermöglichen

2. Provokation von Anpassungsprozessen:
Bewegungsangebote sollten auch Handlungen im Sinne von Anpassungsprozessen in Gang setzen (sich der Situation anpassen als auch sich die Situation passend machen). Hierzu sind manchmal gelenkte Lernsituationen erforderlich, die den Kindern Hilfen zur schrittweisen Erweiterung ihrer Bewegungsfähigkeiten geben, aber auch Möglichkeiten der eigenen Definition der Bewegungssituation beinhalten. Eng damit verbunden ist die Forderung nach der

Variable Anforderungen

3. Veränderbarkeit der Angebote –
Differenzierung der Schwierigkeitsgrade:
Da die Handlungsvoraussetzungen nicht für alle Kinder gleich sind, müssen die Bewegungssituationen hinsichtlich des Schwierigkeits- und Anforderungsgrads variabel sein und auch von den Kindern selbst im Verlauf ihrer Erkundungen und Erprobungen verändert werden können.

Ein Entdeckungsspielraum für erkundendes Handeln sollte Kindern das Erlebnis vermitteln, selbst etwas bewirken zu können und die Konsequenzen des eigenen Handelns zu erkennen und zu erfahren. Sportgeräte können z. B. immer auch über ihre gewohnte (den Erwachsenen geläufige) Funktion hinaus verwendet werden, um ihre Bedeutung nicht schon sehr früh festzulegen, sondern für eigenständige Erfahrungen offen zu lassen.

4. Nutzen günstiger Voraussetzungen:

Bewegungsfreude

In kaum einer anderen Altersstufe sind die Voraussetzungen für Bewegungserziehung so günstig wie im Kindergartenalter. Neugierde und Bewegungsfreude, Bewegungsdrang und Spieltrieb, Spontaneität und Anstrengungsbereitschaft sollten daher im Sinne einer kindorientierten Bewegungserziehung genutzt werden. Die Freude des Kindes an Bewegung darf allerdings nicht für bestimmte Zwecke (z. B. sportliche Talentförderung) missbraucht werden.

6.6 Offene Bewegungsangebote

Freie Bewegungsgelegenheiten – regelmäßige Bewegungszeiten

Kinder brauchen täglich Gelegenheiten zum Rennen, Laufen, Klettern, Springen, sie brauchen Möglichkeiten, ihre Kräfte zu verausgaben und ihren Bewegungsbedürfnissen nachzukommen. Diese Bedürfnisse äußern sich meistens im freien Spiel, sie sind nicht auszugrenzen auf bestimmte festgelegte Zeiten oder Räume. Deswegen ist es wichtig, im Kindergarten sowohl *freie Bewegungsgelegenheiten* zur Verfügung zu stellen, die die Kinder nach Belieben wahrnehmen können, als auch *regelmäßige, zeitlich festgelegte Bewegungszeiten* anzubieten, die von der Erzieherin betreut und geplant werden.

Vgl. Kap. 8

Auch im Freispiel sollte großräumige Bewegung möglich sein, hierfür ist es allerdings oft erforderlich, die Enge des Gruppenraumes zu verlassen und Flure, den Bewegungsraum oder das Außenspielgelände aufzusuchen.

Integrierte Bewegungsmöglichkeiten

Bewegungserziehung, die in den Kindergartenalltag integriert ist, kann allerdings nicht gleichgesetzt werden mit einer mehrmals in der Woche durchgeführten „kleinen Turnstunde“, die aber wiederum aus organisatorischen Gründen in einen festen Zeitplan eingebettet sein muss. Auch tägliche angeleitete Bewegungsstunden reichen nicht aus, Kinder in ihrem Bedürfnis, sich die Welt durch Bewegung anzueig-

nen, zu befriedigen. Vielmehr müssen die Bewegungsmöglichkeiten so in den Tagesablauf integriert werden, dass sie *Bestandteil des täglichen Lebens im Kindergarten* sind. Kinder sollten jederzeit ihrem Bedürfnis nach Bewegung nachkommen können, ohne dabei andere zu stören, die u. U. mehr Ruhe für konzentriertere Betätigungen oder Spiele brauchen.
Eine solche Forderung ist nur einzulösen durch eine *differenzierte Raumgestaltung* und durch *flexible, offene Angebote,* bei denen Kinder sich selbst für eine Teilnahme entscheiden können.

Vgl. Kap. 8.4

Im Kindergartenalltag gibt es viele Situationen, die Kinder für Bewegungsspiele nutzen. Verfügt der Kindergarten über einen Bewegungsraum, sollte dieser den Kindern möglichst jederzeit offen stehen (auf besondere Fragen der Aufsichtspflicht und der mit den Kindern erarbeiteten Regeln beim Aufsuchen des Bewegungsraumes wird weiter unten noch näher eingegangen).

Räumliche Voraussetzungen

Problematischer wird die Berücksichtigung des Bewegungsdrangs der Kinder, wenn die räumlichen Verhältnisse im Kindergarten sehr eingeschränkt sind und auch nicht auf das Spiel auf dem Freigelände zurückgegriffen werden kann. Ausweichmöglichkeiten in Fluren, in der Eingangshalle oder in selten genutzten Nebenräumen können hier bereits sehr viel Entlastung bringen. Bei Regenwetter oder an Tagen, an denen die Kinder besonders unruhig sind, kann auch der Gruppenraum für Bewegungsspiele genutzt werden. Ein Beispiel für offene Bewegungsangebote ist die „Bewegungslandschaft", die Kindern vielfältige Möglichkeiten zum selbstgesteuerten, fantasievollen Bewegungsspiel gibt.

▶ *Die Bewegungslandschaft*

Die Natur bietet Kindern eine Menge von Bewegungserlebnissen: Gräben und Pfützen laden zum Springen ein, Hügel und Bäume fordern zum Klettern auf, an Ästen kann man hängen und schaukeln, über Baumstämme balancieren. Aber – wo finden Kinder heute noch eine Umwelt, in der sie solche Träume verwirklichen können? Die

Gelegenheiten zum Springen, Klettern, Balancieren

Geräte- oder Bewegungslandschaft ist ein Beispiel für den Versuch, Anregungen aus der Natur in die Bewegungserziehung einfließen zu lassen und Kindern dadurch großräumige Bewegungserfahrungen zu ermöglichen. Räume (Bewegungsräume, Eingangshallen, Turnhallen) werden wie Landschaften gestaltet: Geräte werden so miteinander kombiniert und durch Kleinmaterialien ergänzt, das sich verschiedene Ebenen, unterschiedliche materiale Untergründe oder Hindernisse ergeben, die Kinder zum Ausprobieren vielfältiger Grundbewegungsformen anregen und auffordern.

Ähnlich wie in der Natur gibt es

- Gräben zum Überspringen (z.B. zwei Matten, die im Abstand von ca. 1m nebeneinander auf dem Boden liegen),
- Berge und Hügel zum Hinaufklettern und Herabspringen (Kästen, Matten und große aufeinander getürmte Schaumstoffelemente,
- schmale Stege zum Balancieren (Turmbänke oder zu einer langen Reihe zusammengestellte Stühle, Getränkekisten, die mit Brettern unter-einander verbunden sind),
- Abhänge zum Rutschen und Klettern (schiefe Ebenen aus einer Bank, die an der Sprossenwand, an einem Kasten oder einem Tisch eingehängt sind),
- Tunnels, unter denen man hindurchkriechen oder -fahren kann (Rollbretter und Tische, die als Hindernisse dienen),
- Schaukeln zum Ausruhen und Sicht-Erholen (mehrere Reifen, in die eine Matte eingeschoben wird).

Variationen durch Einrichtungsgegenstände und Alltagsmaterialien

Die Gestaltung einer solchen „Bewegungslandschaft“ ist natürlich abhängig von den im Kindergarten vorhandenen Räumen und der Ausstattung mit Sport- und Bewegungsgeräten. Ergänzt durch Alltagsmaterialien (z. B. große Kartons, Autoschläuche, Getränkekisten und Bretter) und Einrichtungsgegenstände (Stühle, Tische) ergeben sich jedoch auch bei weniger guten Voraussetzungen viele Möglichkeiten für reizvolle Bewegungsspiele.
Der zusätzliche Einsatz von Kleingeräten und Materialien (Tücher, Decken, Seile) erweitert die Spielmöglichkeiten. So können z.B. auch Höhlen entstehen und „Buden“ gebaut werden.

Gerätelandschaften

Die Gerätelandschaften fordern Kinder zu elementaren Bewegungsformen heraus: Zum Springen aus unterschiedlichen Höhen, zum Rollen und Wälzen, Gehen und Balancieren, Steigen und Klettern, Hängen und Schaukeln, aber auch zum Tragen, Heben und Ziehen beim Aufbau der Geräte (der immer gemeinsam mit den Kindern vorgenommen werden sollte).
Bereits das vielseitige Geräteangebot konfrontiert die Kinder mit Bewegungsaufgaben: Wie komme ich auf den schwankenden, instabilen Mattenberg, wie kann ich die unterschiedlich breiten Zwischenräume der Stuhlreihe überwinden?
Die Bewegungsaufgaben lassen immer individuelle Lösungen zu, es

gibt kein richtig oder falsch, sondern jeder kann eine eigene Form der Bewältigung des Problems finden.
Damit bietet die Bewegungslandschaft offene Erlebnis- und Lerngelegenheiten, in denen das Kind selbst darüber entscheidet, in welcher Weise es den Geräten begegnet und wie es sich ihren Anforderungen anpasst.

▶ *Bewegungsspiele in Sinnzusammenhängen*

Die Geräte einer Bewegungslandschaft werden von den Kindern oft in einen Sinnzusammenhang gestellt: So wird ein großer Kasten oder ein Mattenberg zu einem Schiff, Bänke bilden die Brücken, über die man auf den Dampfer klettern kann, eine in mehrere Reifen eingeschobene Matte stellt das wackelnde Beiboot dar. Jedem Gerät wird eine eigene Bedeutung gegeben, zusätzliche Situationen werden aufgebaut, die die Spielsituation ergänzen. Die Spielidee leitet nicht nur die Zusammenstellung der Gerätekombinationen, sondern auch die Bewegungshandlungen der Kinder und ihre Beziehungen zueinander. Sie regt zu Rollenspielen an: Einen „Kapitän" muss jedes Schiff haben, er gibt zwar Kommandos, aber nicht alle „Matrosen" folgen seinen Anweisungen, und von Zeit zu Zeit muss auch die Kapitänsrolle wechseln.
Die Kinder geben ihrem Tun einen individuellen Sinn, wenn sie die in der Bewegungslandschaft vorgefundenen Geräte in eine Spielidee einbinden. Dies geschieht meist während des gemeinsamen Spiels und kann auch je nach Zusammensetzung der Gruppe wechseln. Ebenso können die Gerätelandschaften aber auch unter einem bstimmten Thema, das aus der *Vorstellungs- und Erlebniswelt* der Kinder kommt, aufgebaut werden. Ein solches Thema kann z. B. sein: „Wir bauen einen Spielplatz im Raum" oder „Bau einer Autorennstrecke" (vgl. Zimmer/Cicurs 1997)
Hier können die Kinder z. T. auch Erlebnisse und Erfahrungen aus ihrem Alltag nachspielen. Die Geräte schaffen Bewegungsanreize, gleichzeitig animieren sie die Kinder auch zu fantasievollen Spielen. Damit werden nicht nur die Bewegungsfähigkeiten der Kinder gefördert, sondern vor allem auch ihre Fantasie und Kreativität. Selbsttätigkeit und Eigeninitiative werden herausgefordert, selbstständiges Handeln unterstützt und zu kooperativem Verhalten angeregt.

Anregungen für eine „Bewegungslandschaft"

6.7 Planung und Durchführung von „Bewegungsstunden"

Neben den freien Bewegungsspielen der Kinder und den offenen Bewegungsangeboten sollte es auch *regelmäßige, zeitlich geplante Bewegungsangebote* geben, in denen ganz bestimmte inhaltliche Schwerpunkte im Vordergrund stehen können. Sie sind nicht durch situative Bewegungsanlässe zu ersetzen, da hier in einem größeren Zeitrahmen mit den Kindern auch komplexere Themen und Inhalte bearbeitet werden können. Außerdem besteht bei der Beschränkung auf freie Bewegungseinheiten die Gefahr, dass die Angebote doch sehr zufallsabhängig sind und eventuell durch augenblickliche organisatorische oder personelle Engpässe im Tagesablauf vernachlässigt werden.
Die geplanten, regelmäßigen Bewegungszeiten werden meist als

„*Turnstunde*" oder als „*Bewegungsstunde*" bezeichnet; sie dauern in der Regel ca. 30 bis 40 Minuten und sind häufig auch mit bestimmten Ritualen verbunden, zu denen u.a. das Aufsuchen des Bewegungsraums (falls vorhanden) und der Kleidungswechsel gehören. Kinder lieben diese Rituale meist sehr, und oft sind auch nur die Bewegungszeiten aus ihrer Sicht richtige „Turnstunden", in denen sie sich umziehen und den Bewegungsraum aufsuchen können.
Auch diese Form der Bewegungserziehung sollte im Sinne von Offenheit durchgeführt werden, d.h., dass trotz der Vorplanung und Betreuung durch die Erzieherin innerhalb der Bewegungsstunden genügend Spielraum bleibt für situative Bedürfnisse der Kinder, für ihre spontanen Einfälle und Bewegungsideen.

▶ *Organisatorisches zur Durchführung der Bewegungsstunden*

Vgl. Kap. 6.6

Die Durchführung der Bewegungsstunden ist auch abhängig vom pädagogischen Konzept, nach dem im Kindergarten gearbeitet wird. Im Rahmen „offener Kindergartenarbeit" können Bewegungsstunden mit ganz bestimmten Themen (z. B. „Tanzen" oder der „Bau eines Spielplatzes im Raum") in Form von Projekten gruppenübergreifend und auch über einen längeren Zeitraum durchgeführt werden, während es für gruppeninterne Angebote ebenso verschiedene Möglichkeiten der äußeren Organisation gibt. So können folgende Regeln getroffen werden (vgl. auch Mags 2001):

Beispiel 1: Für jede Gruppe gibt es eine zeitlich feststehende Turnstunde pro Woche; daran nehmen alle Kinder teil.

Bewegungsstunde für alle

Vorteile: Ein im Freispiel oder in der Gruppensituation aufgetretener Spielimpuls kann auch in der Bewegungsstunde weitergeführt werden. Die Erzieherin ist außerdem mit der Gruppe vertraut, sie kann bei der Planung der Inhalte die situativen Voraussetzungen und individuellen Probleme der Kinder berücksichtigen.
Die Kinder betrachten einen bestimmten Tag in der Woche als ihren „Turntag", auf den sie sich – meistens – besonders freuen.
Nachteile: Die zeitliche Festlegung zwingt zur „Stundenplanung"; fällt die Bewegungszeit aus organisatorischen Gründen einmal aus, wird sie meist auch in den folgenden Tagen nicht mehr nachgeholt.
Nicht alle Kinder verspüren zur gleichen Zeit Lust, sich zu bewegen; wollen Kinder einmal nicht mitmachen, geraten sie leicht in eine Außenseiterstellung.

Oft ist die Gruppe zu groß und zu unübersichtlich, um alle Interessen berücksichtigen zu können; außerdem ist meist auch zu wenig Platz vorhanden für großräumigere Bewegungsmöglichkeiten, an denen sich alle beteiligen können.

Bewegungsstunden für die Hälfte der Gruppe

Beispiel 2: Um das letztgenannte Problem zu lösen, wird die Gruppe für die Zeit der Bewegungserziehung geteilt; Voraussetzung hierfür ist, dass 2 Betreuerinnen zur Verfügung stehen.

Vorteile: Die Gruppen sind überschaubarer und können individuell zusammengestellt werden. Will ein Kind überhaupt nicht an der Bewegungsstunde teilnehmen, kann es im Gruppenraum am Spiel der anderen teilnehmen. Trotz der zeitlichen Festlegung müssen nicht alle Kinder ihre Spielaktivitäten unterbrechen; wer sich gerade mit einer interessanten Sache beschäftigt, kann sich der 2. Gruppe anschließen.
Nachteile: Die „Stundenplanung" besteht wie im 1. Beispiel.

Gruppenübergreifende Bewegungszeiten

Beispiel 3: An jedem Tag gibt es eine gruppenübergreifende Bewegungszeit, die jeweils von einer anderen Erzieherin betreut wird. Die Kinder können sich selbst entscheiden, ob sie an diesem Angebot teilnehmen; mit den Kindern sollte besprochen werden, dass jeder einmal in der Woche an einer Bewegungsstunde teilnehmen sollte (bei dieser Angebotsform sollte es allerdings auch möglich sein, mehrmals in der Woche die Bewegungsangebote zu nutzen, ggf. sollte die Zeiteinteilung flexibel sein, sodass nicht alle Kinder gleichzeitig beginnen oder aufhören müssen).

Vorteile: Die Kinder haben mehrmals in der Woche die Gelegenheit, an betreuten Bewegungsangeboten teilzunehmen. Sie lernen dabei unterschiedliche Betreuerinnen und ebenso die Kinder aus anderen Gruppen kennen und haben damit die Chance, ihre sozialen Kontakte zu erweitern. Die Angebote können auch inhaltlich differenziert werden (Tanzen, Spielideen mit Alltagsmaterialien, „Zirkusproben" usw.), sodass die Kinder Einblick in die Vielfalt der Bewegungsmöglichkeiten erhalten.
Nachteile: Die Gruppe ist für die Zeit der Bewegungserziehung nicht vollständig, gemeinsame Gruppenaktivitäten (Stuhlkreis, Geburtstagsfeiern usw.) müssen vor oder nach den Bewegungszeiten ablaufen. Jüngere Kinder werden sich in einer fremden Gruppe nicht sofort wohl fühlen und sich der ihnen vertrauten Erzieherin anschließen. Die Anzahl der Kinder, die an der Bewegungszeit teilnimmt, ist nicht vorhersehbar und kann sehr schwanken.
Jede der beschriebenen Möglichkeiten hat Vor- und Nachteile, wobei

Offene Gruppenarbeit

es in erster Linie vom pädagogischen Konzept abhängen wird, zu welcher Organisationsform sich ein Mitarbeiterteam entschließt. Das letztgenannte Beispiel wird am ehesten dort zu realisieren sein, wo im Kindergarten mit „offenen Gruppen" gearbeitet wird. Hier ist die Bewegungszeit nur ein Angebot von vielen, unter denen die Kinder frei wählen können. Unter diesen Voraussetzungen werden die Kinder auch daran gewöhnt sein, mit anderen Gruppen zusammenzukommen und sich auf verschiedene Erzieherinnen einzustellen.

▶ *Altersmischung der Gruppen*

Wie in der sonstigen Kindergartenarbeit, ist auch für die Bewegungserziehung im Allgemeinen die altersgemischte Gruppe der altersgleichen vorzuziehen. Allerdings gibt es hier einige Einschränkungen, die vor allem die unterschiedlichen Spiel- und Bewegungswünsche von Dreijährigen und Sechsjährigen betreffen.

Vor- und Nachteile altersgemischter Gruppen

Manchmal fühlen sich jüngere Kinder bei bewegungsintensiven Spielen von den älteren – auch körperlich meist kräftigeren – Kindern bedrängt und schließen sich als Folge des Gefühls von Unterlegenheit vom gemeinsamen Spiel aus. Wenn in einer Gruppe solche Probleme auftauchen, kann die Erzieherin die Gruppe teilen und dabei die jüngeren und älteren Kinder zusammenfassen; anstatt daraus eine feste Gruppierung werden zu lassen, sollten solche Gruppenteilungen jedoch von Zeit zu Zeit wechseln, evtl. können auch die Kinder einbezogen werden in die Entscheidung, ob sie lieber „früh" oder „spät" turnen wollen.
Ansonsten stellt die Erzieherin *altersheterogene Gruppen* zusammen, bei der sie jedoch beachtet, welche Kinder zusammenpassen und welche sich gegenseitig behindern oder stören. Grundsätzlich ist zu berücksichtigen, dass Kinder auch durch Beobachtung lernen, dass sich also jüngere Kinder Bewegungsformen von den Älteren abschauen und diese üben wollen, dass ältere jüngeren Hilfe und Anleitung dabei geben können. Andererseits kann es auch sein, dass ältere Kinder bei gemeinsamen Betätigungen mit jüngeren einmal vom Konkurrenzdruck entlastet werden, dem sie sich manchmal im Spiel mit Gleichaltrigen ausgesetzt fühlen.
Grundsätzlich sollte die Besetzung der Gruppe mit Erzieherinnen die Teilung für bestimmte Angebote ermöglichen, d.h., dass eine zweite Kraft in jeder Gruppe unbedingt notwendig ist, denn nur so lassen sich differenzierte Angebote, Kleingruppenarbeit und das Ein-

Vgl. Kap. 3.2 und 5.6

gehen der Erzieherin auf individuelle Bedürfnisse der Kinder verwirklichen.

▶ *Zur Gestaltung der „Bewegungsstunden"*

Die in der Bewegungsstunde angebotenen Bewegungsspiele und -aufgaben werden häufig mit ganz bestimmten Zielvorstellungen und Absichten verbunden. Hierbei ist zu beachten, dass Bewegungsangebote zwar geplant und vorbereitet werden sollten, ohne jedoch die Aktivitäten der Kinder von Anfang bis Ende vorzustrukturieren. Wenn die Erzieherin ihre Rolle so versteht, dass sie am Erfahrungsprozess der Kinder teilnimmt, kann sie daraus schrittweise neue Angebote entwickeln. Das Interesse des Kindes an allem Neuen kann dabei genutzt und sollte nicht in Vorschriften und Zurechtweisungen erstickt werden.

Wechsel zwischen freiem Bewegen und Üben

Offene Bewegungssituationen schaffen einen Rahmen, der Orientierung und Sicherheit gibt, innerhalb dessen die Kinder jedoch frei entscheiden können, wie Bewegungsideen weiter ausgebaut, ob sie abgebrochen oder verändert werden. Innerhalb des von der Erzieherin geplanten Themas, das z. B. durch ein bestimmtes Gerät oder eine Bewegungssituation vorgegeben sein kann, sollte ein ausreichend großer Spielraum für die individuelle Ausgestaltung durch die Kinder vorhanden sein. Freies Bewegen und angeleitetes Üben wechseln sich dabei ab; der Schwerpunkt liegt hier – wie im Kindergarten insgesamt – auf dem Spiel.

Strukturierung der Bewegungsstunden

Die zeitliche Gliederung angeleiteter Bewegungserziehung sollte sich nicht an der häufig in der Schule verwendeten Einteilung von Sportstunden in einen Einleitungsteil, einen Haupt- und einen Schlussteil orientieren. Sinnvoller ist hier der Wechsel von *Phasen des freien Ausprobierens* und Spielens mit *Phasen angeleiteten Übens* und der *Auseinandersetzung mit Bewegungsaufgaben.*
So kann am ehesten das Spielbedürfnis 3- bis 6-jähriger Kinder berücksichtigt werden, gleichzeitig aber auch auf die Erweiterung ihres Bewegungsrepertoires und der Verbesserung ihrer Bewegungsfähigkeit Einfluss genommen werden.
Um der noch geringen Konzentrationsfähigkeit der Kinder und ihrem Bedürfnis nach Abwechslung gerecht zu werden, können in den zeitlich festgelegten Bewegungsangeboten unterschiedliche Schwerpunkte gesetzt und abwechslungsreiche, auffordernde Geräte und Materialien verwendet werden.
Den *Einstieg in die Bewegungsstunde* werden meist lebhafte Lauf- und

Einstieg: Freies Spielen und Ausprobieren

Bewegungsspiele bilden, die dem Bewegungsdrang der Kinder entgegenkommen. Sofern hierbei bereits Geräte eingesetzt werden, wird zunächst einmal das freie Spielen und Ausprobieren im Vordergrund stehen.
Spielformen und Spielideen sollten auch deswegen im Vordergrund stehen, weil sie die kindgemäße Art, eine Aufgabe zu bewältigen oder sich mit einer Situation auseinander zu setzen, darstellen. Den Abschluss der Einheit kann ein von den Kindern gewünschtes und im Stundenverlauf u. U. zurückgestelltes Spiel bilden. Manchmal kann auch eine kurze Entspannungspause (vgl. nachfolgendes Beispiel) den Übergang zum Spiel im Gruppenraum erleichtern.

Beispiel für den Verlauf einer Bewegungsstunde, die mit Kindern einer altersgemischten Gruppe durchgeführt wurde:

Beispiel für den Ablauf einer Bewegungsstunde

Einstieg: Autospiel. Zu Beginn wurde ein bei den Kindern in der Gruppe bereits immer wieder auftauchendes Thema „Auto fahren" aufgegriffen. Jedes Kind suchte sich aus, welches Fahrzeug es sein wollte (bevorzugt wurden schnelle Sportwagen, schwere Lastwagen oder Polizeiwagen). Einige Kinder wollten auch Trecker oder Motorrad spielen.
Die „Fahrzeuge" fuhren zunächst einmal mit viel Lärm und Getöse durch den Raum, sie knatterten und brummten, parkten, fuhren rückwärts und beschleunigten ihre Fahrt.

Impuls durch Geräte

1. Impuls durch die Erzieherin: Nach einiger Zeit des freien Spiels ohne Material legte die Erzieherin Heulrohre (ca. 1m lange biegsame Plastikrohre, die im Bauhandel als Leerrohre verkauft werden) aus; ein Ende der Rohre war jeweils eingeschnitten, so dass sie zusammengesteckt werden konnten und in ihrer runden Form von den Kindern schnell als Lenkrad gedeutet wurden.
Ein Junge ließ das Rohr in der Luft kreisen, sodass es einen heulenden Ton produzierte, er spielte ab jetzt ein Feuerwehrauto.

Impuls durch Spielanregung

2. Impuls durch die Erzieherin: Die Erzieherin unterbrach das Spiel der Kinder kurz und erklärte, auf den Straßen, auf denen die Autos kreuz und quer fuhren, gäbe es auch eine Ampel. Mit den Kindern besprach sie die Bedeutung der Farben Rot-Gelb-Grün im Straßenverkehr und bezog dann 3 Tücher in den entsprechenden Farben in das Spiel ein.
Folgende Regel wurde vereinbart: Beim Hochhalten des grünen Tuches fahren alle Autos durch den Raum, bei Gelb verringern sie ihr Tempo und bei Rot bleiben sie stehen. Kommt die Farbe Gelb nach Rot, fahren sie im „Leerlauf" auf der Stelle.

Impuls durch Aufgabenstellung

3. Impuls: Nach ca. 15 Minuten unterbrach die Erzieherin das Spiel mit dem Hinweis: „Langsam wird es Abend, und die Autos fahren nach Hause. Dort wartet eine Garage auf sie (an alle Kinder wurde eine Teppichfliese ausgegeben), in der sie die Nacht verbringen. Legt euch auf die Teppichfliese und stellt euch vor, ihr wäret ein ganz müdes Auto, das den ganzen Tag fahren musste und nun froh ist, in seiner warmen Garage zu sein.
Eure Arme und Beine sind die Räder, sie fühlen sich ganz matt an und freuen sich, dass sie nun ausruhen können.
Schließt die Augen und stellt euch vor, was das Auto in seiner warmen Garage alles träumen kann."

Nach dieser Entspannungsphase, die von fast allen Kindern bereitwillig aufgegriffen und über ca. 4–5 Minuten eingehalten wurde, schloss sich ein Gespräch über die Fortsetzung der Spielaktivitäten an.

2. Schwerpunkt

Die Kinder schlugen vor, an einer Idee, die bereits häufiger im Mittelpunkt der Bewegungserziehung stand, weiterzumachen: Aus Bänken, mehreren Brettern und Getränkekisten, die mit der Öffnung auf den Boden gestellt werden, bauten sie Balancierstraßen, Brücken, Tunnels. Die Erzieherin gab Hilfen, wenn die Kinder sie direkt anforderten oder wenn bei einem Aufbau Gefahren übersehen wurden. Ansonsten spielte sie eher mit, als dass sie das Spiel steuerte, griff Ideen der Kinder auf und gab sie an die Gruppe weiter.
Als zwei Kinder um einen dicken Ball, den sie sich aus dem Geräteraum geholt hatten und die schräge Bank hinunterrollen lassen wollten, in Streit gerieten, griff sie ein: Sie gab mehrere Bälle in unterschiedlichen Größen ins Spiel, bestimmte aber dann, dass nun keine weiteren Geräte mehr herausgeholt werden dürften.
Die Stunde näherte sich dem Ende, und in den letzten 10 Minuten beschäftigten sich die Kinder intensiv damit, an den Stegen, Brücken und Türmen zu balancieren, zu springen oder die Bälle über die Bänke und Bretter rollen zu lassen. Gemeinsam wurde abschließend aufgeräumt. In dieser Einheit wurde auf einen Abschluss in Form eines gemeinsamen Liedes, eines Tanzes oder eines Spiels mit Regeln, wie es sonst üblich war, verzichtet.
Die Kinder waren so intensiv mit ihren Spielgedanken beschäftigt, dass die zur Verfügung stehende Zeit voll hierfür ausgenutzt wurde.

Situativer Anlass

Dieses Beispiel für den Ablauf einer Bewegungsstunde ergab sich aus einem situativen Anlass. Die Erzieherin griff eine Spielidee der Kinder auf, sie gab Impulse, um das freie Spiel der Kinder z. B. durch Hinzunahme von Geräten und Materialien zu erweitern; sie beobachtete das Verhalten der Kinder intensiv und schaltete sich behutsam ein, wenn Konflikte sich anbahnten oder ein neuer Schwerpunkt (Entspannungsphase) im Spielverlauf sinnvoll erschien.

▶ *Zur Planung und Vorbereitung von Bewegungsstunden*

Eine Erzieherin mit vielen anregenden Ideen und einer gut strukturierten Stunde im Kopf ist in Gefahr, dass sie die vielen, vielleicht ebenso anregenden Ideen der Kinder nicht mehr wahrnimmt. Vor Begeisterung über ihre eigenen gut überlegten Vorhaben sieht sie manchmal nicht mehr, wie sie Kindern diese Ideen aufsetzt, wie sie ihre Vorschläge in ihrem Sinne manipuliert, sie so umdeutet, dass sie zu ihren Plänen passen. Die Begeisterung der Kinder lässt sie nur insoweit gelten, wie sie mit ihrem Konzept übereinstimmen.

Andererseits ist eine Erzieherin ohne Planung und Vorüberlegungen – vor allem, wenn sie noch nicht viel Erfahrungen in der Bewegungserziehung hat – leicht hilflos und unsicher. Eine ziellose, beliebige Bewegungsstunde, deren Inhalte vom Zufall gesteuert sind, kann die Folge sein.

Offenheit bedeutet nicht Planlosigkeit

Nun heißt *Offenheit* nicht automatisch *Planlosigkeit.* Sie muss auch keinen Widerspruch zur Zielorientiertheit darstellen.

Eine „offene Planung" zeichnet sich vielmehr dadurch aus, dass sie nicht ausschließlich vor Durchführung der Bewegungsstunde erfolgt, sondern im Wechselspiel zwischen den Vorbereitungen der Erzieherin und den aktuellen, situationsabhängigen Bedürfnissen und Vorschlägen der Kinder.

Die Erzieherin gibt den Kindern durch die Gerätevorgaben und bestimmte Stundeninhalte *Orientierungen;* innerhalb dieser Orientierungen haben die Kinder jedoch genügend Spielraum, eigene Vorschläge, Problemlösungen und Bewegungsideen einzubringen.

Der Aufbau einer Hindernisbahn kann z. B. von der Erzieherin vorbereitet sein. Wie sie jedoch genutzt wird und welche Bewegungsformen sich zur Bewältigung der Hindernisse eignen, kann von den Kindern selbst ausprobiert werden. Hier gibt es sicherlich nicht nur eine Lösung; es sollte auch nicht die beste geben (die der Vorstellung der Erzieherin am nahesten liegt), sondern es gibt immer unterschiedliche Wege: leichte und schwierige, bekannte und unbekannte, selbst gefundene und nachgeahmte, gefährliche und sichere, mit und ohne Hilfe durch einen anderen.

Spielraum innerhalb von Grenzen

Das vorgegebene Gerätearrangement, der Spielgedanke, stellt eine *gemeinsame Handlungsgrundlage* für alle an der Bewegungsstunde Beteiligten her. Durch sie werden Bewegungsanregungen gegeben, mit denen die Kinder selbstständig und selbsttätig umgehen können. Sie können die Aufbauten auch erweitern, verändern usw.

Im Vordergrund steht weniger ein genau vorgegebener methodischer Aufbau zum Erlernen einer bestimmten Fertigkeit, ein exaktes Bewegungsvorbild, das nachgeahmt oder eine Bewegungsanweisung, der Folge geleistet werden soll, sondern die Selbsttätigkeit der Kinder in Auseinandersetzung mit einem gemeinsamen vorgefundenen Bewegungsproblem oder Spielarrangement.

Vorbereitung

Bei der Vorbereitung von Bewegungsangeboten für Kinder greift die Erzieherin häufig auf Ideen zurück, die sie bei Fortbildungsveranstaltungen kennen gelernt hat, auf Tipps aus der Fachliteratur oder auch auf Erfahrungen, die sie gemeinsam mit Kindern gesammelt hat. Nicht immer müssen diese Vorbereitungen auch schriftlich fixiert werden, meist reicht es aus, in Stichworten, die wesentlichen Themen der Bewegungsstunde festzuhalten, vielleicht einen groben Verlaufsplan aufzustellen, Hinweise zu Geräteaufbauten zu skizzieren oder sich Gedächtnisstützen für die Durchführung von Bewegungsspielen zu machen.

Auswertung

Wie ausführlich auch immer die Planung für die einzelne Übungsstunde verläuft, auf eine rückblickende Auswertung der Übungsstunden sollte die Erzieherin – u. U. auch in einem Erfahrungsaustausch im Kolleginnenteam – nicht verzichten. In einer Art Kurzprotokoll kann sie dabei vermerken, welche Angebote den Kindern zur Verfügung standen, welche Geräte verwendet wurden und – vor allem – wie die Kinder die Angebote aufgenommen haben: Welche Ideen sie entwickelten und wie weiterführende Inhalte aussehen könnten.

Diese Aufzeichnungen geben ihr Hilfen für zukünftige Planungen und vermitteln darüber hinaus einen Überblick über die von ihr selbst und der Gruppe gesetzten Schwerpunkte, aber auch über das Verhalten der Kinder.

6.8 Die Erzieherin als Entwicklungsbegleiterin des Kindes

Mit welcher Freude Kinder an den Bewegungsangeboten im Kindergarten teilnehmen, hängt nicht nur von der Attraktivität der Bewegungssituationen und Geräte ab, sondern vor allem vom Verhalten der Erzieherin. Es gibt sehr viele Faktoren, die die Beziehung zwischen Erzieherin und Kindern bestimmen und nicht alle werden durch die Berufsausbildung vermittelt, können aber vielleicht durch die Reflexion des eigenen Verhaltens bewusst gemacht werden. Auf die Frage: Was kennzeichnet die *ideale Erzieherpersönlichkeit,* kann es daher auch keine allgemeingültige Antwort geben. Es gibt allerdings Haltungen, Einstellungen und Verhaltensweisen im Erzieherverhalten, die die Persönlichkeitsentwicklung des Kindes positiv beeinflussen können und als fördernd für die Entwicklung von Kindern gelten.

Orientierungshilfen für das eigene Verhalten

Idealforderungen können Orientierungshilfen für das eigene Verhalten geben, auf der Basis der Kenntnis dieser Verhaltensweisen muss die Erzieherin dann selbst entscheiden, bei welcher Möglichkeit sie sich überfordert fühlt, wo sie noch sie selbst bleiben kann und woraus sich Hilfen für ihren Umgang mit Kindern ergeben. Die folgenden Überlegungen sind nicht allein für Bewegungssituationen charakteristisch, bestimmen diese aber wesentlich mit.

Im vorangegangenen Abschnitt wurde der Zusammenhang zwischen der Art und Weise, *wie* Kindern Bewegung vermittelt wird und der Entscheidung, was sie durch Bewegung lernen und erfahren sollen diskutiert. Bereits hier wurde deutlich, welche Konsequenzen die Ziele für das konkrete Verhalten der Erzieherin nach sich ziehen. Sollen die Bewegungsangebote Kinder z. B. zum Finden von eigenen Problemlösungen und zum fantasievollen Umgang mit Geräten und dem selbstständigen Bewältigen von Gerätekombinationen anregen, dann kann dies wohl kaum erreicht werden durch einen gelenkten, direktiven Erziehungsstil.

Erzieherverhalten ist abhängig von Erziehungszielen

Das Verhalten der Erzieherin ist also in hohem Maße abhängig von den Zielvorstellungen, die mit Bewegung verbunden werden. „Richtiges Handeln“ in einer Übungsstunde ist daher letztlich vor allem auch eine Frage der Übereinkunft über Zielvorstellungen. Entscheidend ist, dass die Erzieherin Bedingungen schafft, die das Lernen und die Entwicklung von Kindern fördern und erleichtern.

▶ Erziehungsstile

In einer groben Klassifizierung kann man folgende Typen und Stile des Verhaltens von Pädagogen unterscheiden, sie werden auch als „Erziehungsstile" bezeichnet:

- „sozialintegrativ" (auch „demokratisch")
- „autokratisch" (auch „autoritär", „dominant")
- „laisser faire"

Ergebnisse von Untersuchungen zum Erzieherverhalten

Tausch/Tausch (1977) führten eine Vielzahl von Untersuchungen durch, um herauszufinden, ob zwischen dem Verhalten der Erzieherinnen und der Art und Weise ihrer Führung und Lenkung und dem Verhalten der Kinder (vor allem ihrem sozialen Verhalten und ihrer Leistungsbereitschaft) ein Zusammenhang besteht.
Dabei zeigte sich, dass autokratisches Verhalten (alle Schritte werden von der Erzieherin bestimmt, sie äußert häufig Ziele und Kritik) bei den Kindern eingeschränkte Spontaneität, geringe soziale Aktivität, erhöhte Reizbarkeit und Aggression bewirkt.
Dagegen bewirkt sozial-integratives Verhalten der Erzieherin (Anregung zur Selbstständigkeit, Wahl- und Entscheidungsfreiheit bei den Kindern, Bemühen der Erzieherin, bei den Kindern eigene Führung und Unabhängigkeit herbeizuführen) mehr schöpferisches Tun, freundlichere und persönlichere Zuwendung zur Erzieherin. Die Kinder übernehmen Selbstverantwortung und teilen sich ihre Pflichten selbst ein.
Auch der Laisser-faire-Stil (die Kinder werden dabei weitgehend sich selbst überlassen) hat überwiegend ungünstige Auswirkungen auf Kinder und Jugendliche.
Die Verwendung dieser so genannten „Typenkonzepte" hat den Vorteil, dass sie günstige und ungünstige Verhaltensstile anschaulich darstellen; ein Nachteil liegt jedoch darin, dass das Verhalten von Erziehern und Pädagogen durch die Zuordnung zu zwei oder drei Typenkonzepten und Verhaltensstilen zu ungenau charakterisiert wird. Vor allem wurde bei der Verwendung der Typenkonzepte die wechselseitige Bedingtheit des Verhaltens von Kindern und Erzieherinnen nicht genügend berücksichtigt.

▶ „Förderliche Dimensionen" des Erzieherverhaltens

Die Untersuchungen von Reinhard und Anne-Marie Tausch sind von dem Anliegen bestimmt, eine Übereinstimmung zwischen

Erziehungszielen und dem Erziehungsverhalten zu erlangen. Um die zwischenmenschlichen Beziehungen stärker in den Vordergrund zu rücken, entwickelten sie ein Konzept, dessen wesentlicher Bestandteil vier *„förderliche Dimensionen in der Begegnung von Person zu Person"* waren. Die vier Haltungen, Tätigkeiten und Aktivitäten fördern in der alltäglichen Erziehung die seelischen Grundvorgänge und Erfahrungen bei Kindern und Jugendlichen, die bedeutsam für ihre Persönlichkeitsentwicklung sind (Tausch/Tausch 1977, 99 ff.).

„Förderliche Dimensionen"

Diese vier Haltungen und Tätigkeiten sind:

1. Achtung – Wärme – Rücksichtnahme
2. Einfühlendes, nicht-wertendes Verstehen
3. Echtheit, Aufrichtigkeit
4. Fördernde, nicht dirigierende Einzeltätigkeiten

Werden diese Haltungen und Tätigkeiten von Erziehern und Pädagogen vorgelebt, und werden sie auch auf diese Weise von Kindern wahrgenommen, so fördern sie Einstellungen und Entwicklungsprozesse, die als wesentlich für eine harmonische, konstruktive Persönlichkeitsentwicklung angesehen werden: Selbstachtung, positives Selbstkonzept, günstiges Beobachtungs- und Wahrnehmungslernen und Selbstständigkeit.

Dirigierung Lenkung

Als 5. Dimension wurde die der „Dirigierung – Lenkung" herausgestellt. Sie ist zwar in Schulen, Familien und Institutionen häufig anzutreffen, hat jedoch meist keine günstigen Auswirkungen auf Kinder, ja sie scheint sogar deren Entwicklung zu beeinträchtigen, wenn sie zudem noch verbunden ist mit emotionalen Faktoren wie Kälte, Härte und Geringschätzung. Die mit den 4 förderlichen Dimensionen erfassbaren gefühlsmäßigen Haltungen einer Person zu einer anderen können sich sowohl in der Sprache, Gestik, Mimik oder in Aktivitäten äußern. Hierzu einige Beispiele:

1. Achtung – Wärme – Rücksichtnahme

- das Kind wertschätzen, ernst nehmen, anerkennen;
- an seiner Person und seinen Handlungen Anteil nehmen;
- mit ihm freundlich, herzlich umgehen;
- es rücksichtsvoll und liebevoll behandeln;
- es ermutigen;
- ihm vertrauen.

2. Einfühlendes, nicht-wertendes Verhalten:

- die vom Kind geäußerten Wünsche und Gefühle verstehen und akzeptieren;

- die Bedeutung, die bestimmte Handlungen und Situationen für das Kind haben, verstehen;
- versuchen, die Welt des Kindes mit dessen Augen zu sehen;
- verstehen, wie das Kind sich augenblicklich fühlt, wie es sich selber wahrnimmt.

3. Echtheit – Aufrichtigkeit:
- sich so verhalten, wie man wirklich ist;
- man verhält sich ungekünstelt, natürlich, spielt keine Rolle;
- man ist aufrichtig, heuchelt nicht;
- man ist ehrlich sich selbst gegenüber, macht sich und anderen nichts vor.

Eng mit diesen drei Haltungen und Einstellungen verbunden sind:

4. Fördernde, nicht dirigierende Einzeltätigkeiten:
- den Kindern Angebote machen, ihn Anregungen geben, ihnen Alternativen anbieten;
- gemeinsam mit Kindern lernen, an ihren Aktivitäten teilnehmen;
- geeignete Bedingungen für selbstständiges Handeln und Lernen schaffen;
- an die Stelle von Anordnungen, Befehlen und Kontrollen den Kindern Entscheidungsmöglichkeiten geben, Raum für eigene Initiativen lassen.

In gezielten Beobachtungen wurde der Einfluss dieser Verhaltensweisen bei Kindergartenerzieherinnen auf Kinder im Alter von drei bis sechs Jahren untersucht: Es zeigte sich, dass ein hohes Maß an *Achtung, Wärme, Wertschätzung* der Erzieher mit ausgeprägtem Selbstständigwerden der Kinder in der Gruppe zusammenhing. Sie äußerten ungezwungenes Spielverhalten, konstruktive Mitarbeit und waren interessiert und aktiv (vgl. Tausch/Tausch 1977).
Werden die „förderlichen Dimensionen" des Verhaltens auf die Situation der Erzieherin in einer Bewegungsstunde übertragen, so können die Forderungen z. B. bedeuten,

Verhalten bei Bewegungsangeboten

- dass sie Kinder nie bloßstellt, auch wenn sie provozieren, „kaspern" oder die Gruppe stören;
- dass sie Kinder in Schutz nimmt, die Außenseiterrollen einnehmen, z. B. von anderen ausgelacht werden, die selten zum Partner gewählt werden usw.;
- dass sie Situationen vermeidet, in denen einzelne Kinder im Mittelpunkt stehen, wenn sie es nicht selber wollen (z.B. in den Kreis kommen, etwas vormachen usw.).

Häufig ist es der Erzieherin gar nicht bewusst, wenn sie nicht auf die Situation der Kinder und die dahinter stehenden Gefühle eingeht:

Kind: „Ich will da nicht runterspringen, ich hab' Angst!" Erzieherin: „Unsinn, du brauchst doch keine Angst zu haben, das ist ganz leicht."
Wenn ein Kind z.B. entmutigt sagt: „Das schaffe ich nicht", würde die Erzieherin z.B. durch die Äußerung: „Du hast Angst, dass du das nicht kannst, soll ich dir helfen?" zeigen, dass sie die inneren Gefühle des Kindes verstehen kann und akzeptiert.
Durch Äußerungen wie: „Wenn du dich nicht bemühst, wirst du das nie lernen", „Quatsch, das schaffst du schon", oder: „Du gibst aber schnell auf" wird das Kind nicht ermutigt; es wird vielmehr in seinen Gefühlen nicht ernst genommen, oder es treten bei ihm sogar Schuldgefühle darüber auf, dass es überhaupt Angst äußert.

Nicht-dirigierendes Verhalten ist eng gebunden an die grundlegenden Haltungen und Einstellungen *Achtung – Wärme, einfühlendes Verstehen, Echtheit – Aufrichtigkeit.* Nur auf ihrer Basis kann eine „geringe Lenkung" die Möglichkeit konstruktiver Persönlichkeitsentwicklung schaffen. So ist nicht-dirigierendes Verhalten auch nicht einfach mit dem „Laisser-faire-Stil" gleichzusetzen.
Am Rande stehen und die Kinder weitgehend sich selber überlassen, ist das andere Extrem eines übermäßig lenkenden, dirigistischen Verhaltens. Dieses gibt Kindern das Gefühl, dass ihre eigenen Ideen und Vorschläge nicht beachtet werden, dass sie nichts wert sind, dass der Erzieherin die Sache wichtiger ist als die Kinder, die sich mit ihr beschäftigen, dass Erwachsene immer alles können und besser wissen. Beide Verhaltensweisen der Erzieherin beeinträchtigen die Eigenaktivität und das produktive Lernen von Kindern. Passivität lässt Kinder spüren, dass der Erwachsene keinen Anteil an ihren Erlebnissen und Aktivitäten hat, dass er sich nicht mit ihnen freut.

▶ *Die Erzieherin als Lernende*

Die Entscheidung für oder gegen ein bestimmtes Erzieherverhalten ist davon abhängig, ob die Erzieherin sich selbst damit nicht überfordert fühlt, ob sie dabei sie selbst bleiben kann, ob sie es als richtig für den Umgang mit Kindern und als fördernd für ihre Entwicklung betrachtet. Ihr Verhalten lässt sich auch nicht von heute auf morgen ändern, es ist sowohl das Resultat der Erlebnisse, die sie selbst als Kind mit ihren Erziehern hatte, als auch Ausdruck ihrer Persönlichkeit. Allerdings kann jeder Mensch sich auch als Erwachsener noch weiter entwickeln, er kann wachsen und sich so zunehmend der von ihm selbst aufgestellten Idealform nähern.

Überprüfung des eigenen Verhaltens

Anhand der zuvor beschriebenen Dimensionen des Erzieherverhaltens kann jede Erzieherin ihr eigenes Verhalten überprüfen. Da viele Verhaltensweisen unbewusst ablaufen, kann es auch hilfreich sein, gemeinsam mit einer Kollegin eine Bewegungsstunde durchzuführen, sich gegenseitig zu beobachten und hierfür die angegebenen Kategorien als Beurteilungshilfe heranzuziehen. Manchmal hilft es schon, sich im Team darüber auszutauschen, was in der eigenen Praxis gut oder gar nicht klappt, wobei man Schwierigkeiten hat und womit man unzufrieden ist.

Erfahrungsaustausch im Team

Nur Erwachsene, die sich mit sich selber auseinander setzen, die offen und bereit sind für die Wahrnehmung des eigenen Erlebens, können die Gefühle und Erlebnisweisen von Kindern verstehen und fördern. Hierzu gehört z.B. auch das Annehmen und Zulassen von eigener Unsicherheit. Durch die den Kindern gegenüber gezeigte Achtung lernen diese Achtung vor sich selbst und erwerben eine positive Gefühlseinstellung gegenüber sich selbst.

Indem die Erzieherin dem Kind ermöglicht, positive Erfahrungen mit seinen Fähigkeiten, Fertigkeiten und Gefühlen zu machen, hilft sie ihm beim Aufbau eines positiven Bildes von sich selbst. Die beste Voraussetzung für Kinder stellen Erzieherinnen dar, die sich selbst als Lernende begreifen, die *mit* den Kindern lernen und nicht lediglich auf sie einwirken und sie beeinflussen wollen, die den Kindern das Gefühl geben, dass es sich lohnt, mit ihnen zusammen zu sein. (Zum Erzieherinnenverhalten siehe auch Hunger 2000).

7. Psychomotorische Erziehung

Psychomotorisch orientierte Bewegungserziehung

Da das in diesem Buch vorgestellte und begründete Konzept von Bewegungserziehung sehr viele Parallelen zur Psychomotorischen Erziehung aufweist, ja sogar als eine *„psychomotorisch orientierte Bewegungserziehung“* verstanden werden kann, sollen – zur besseren Einordnung der bisherigen Ausführungen – im folgenden Abschnitt die Grundgedanken der psychomotorischen Erziehung dargestellt werden (vgl. hierzu ausführlich Zimmer 2004). Die anschließenden Praxisbeispiele wurden aus dem Bereich der für die Psychomotorik typischen Geräte ausgewählt, um damit sowohl spezifische als auch ähnliche oder sogar identische Inhalte von frühkindlicher Bewegungserziehung und Psychomotorischer Erziehung aufzuzeigen. Im Übrigen gelten die in Kap. 6 beschriebenen Überlegungen zur Auswahl der Inhalte, zu den Vermittlungsverfahren und insbesondere zum Erzieherverhalten auch für die Psychomotorische Erziehung.

7.1 Psychomotorik – Entwicklungsförderung durch Wahrnehmung und Bewegung

Die in Kap. 3 und 4 beschriebenen pädagogischen und entwicklungspsychologischen Grundlagen machen deutlich, dass kindliche Persönlichkeitsentwicklung immer als ein Prozess des Zusammenwirkens psychischer, sozialer, kognitiver und motorischer Faktoren zu verstehen ist. Jede Einwirkung auf einen dieser Bereiche hat gleichzeitig auch Konsequenzen für die anderen. Entwicklungsauffälligkeiten und -störungen treten meist nicht isoliert – z. B. in der Sprache, der Motorik oder der Intelligenz eines Kindes – auf, sie betreffen seine gesamte Persönlichkeit und wirken sich oft auch auf seine emotionale Befindlichkeit und sein Sozialverhalten aus. Folglich kann es nicht das Ziel pädagogischer und therapeutischer Bemühungen sein, bestimmte Teilgebiete zum besseren Funktionieren zu bringen. Das Kind bedarf einer ganzheitlichen Förderung, damit seine Fähigkeiten und Handlungsmöglichkeiten erweitert werden.

Bewegung als Medium der Entwicklungsförderung

Die Annahme einer „psychomotorischen Einheit“ des Menschen führt zu einer Form von Entwicklungsförderung, die zwar ein spezielles Medium – Bewegung – in den Vordergrund stellt, über dieses Medium jedoch die ganze Person erreichen will.

Die Psychomotorik in der Bundesrepublik ist geprägt durch die Arbeiten von Ernst J. Kiphard, die ihren Ausgangspunkt haben in dem

Versuch, Bewegung in die Therapie behinderter, verhaltensauffälliger und entwicklungsgestörter Kinder einzubeziehen (Hünnekens/Kiphard 1985, Kiphard 1989). Die Methode wurde als „psychomotorische“ bezeichnet, weil das körperliche Erleben bei Kindern einen guten Zugang zum Psychischen eröffnet. Das Bewegungsverhalten eines Kindes gibt uns auch Aufschluss über seine psychische Befindlichkeit, über Prozesse, die es u. U. sprachlich nicht ausdrücken kann oder will, die aber zum Verständnis der beim Kind nach außen sichtbaren Probleme von wesentlicher Bedeutung sind. Der Kontakt zum Kind wird außerdem durch Bewegungsspiele und Bewegungsaufgaben erleichtert. Das Kind reagiert auf Bewegungsangebote unmittelbarer und spontaner und lässt sich leichter zur Aktivität anregen.

Inhalte psychomotorischer Erziehung

Psychomotorische Erziehung und Therapie verfolgen einerseits das Ziel, über Bewegungserlebnisse zur *Stabilisierung der Persönlichkeit* beizutragen, indem sie Gelegenheit für den Aufbau von Selbstvertrauen und einem positiven Selbstkonzeptes bieten (vgl. Kap. 2.1.), andererseits soll jedoch auch ein Ausgleich *motorischer Schwächen und Störungen* ermöglicht werden. Sie beinhalten spezielle Fördermöglichkeiten vor allem in den Bereichen der Wahrnehmung, des Körpererlebens und der Körpererfahrung und des sozialen Lernens, die gerade für bewegungsauffällige Kinder integrierend und fördernd wirken können und ihnen den Zugang zur Bewegung wieder erschließen helfen.
Seit der Entstehung der Psychomotorik haben sich also ihre Anwendungsgebiete und ihre Lerninhalte erweitert. Aufgrund der in der praktischen Arbeit mit Kindern beobachteten positiven Auswirkungen bewegungsorientierter Fördermaßnahmen wurde sie nicht nur rehabilitativ, sondern auch als Prävention eingesetzt. An dieser Darstellung wird bereits erkennbar, dass es sich bei der Psychomotorik nicht um ein völlig neues Konzept, das alles bisher Dagewesene ersetzen will und kann, handelt. Vielmehr stellt die Psychomotorik eine spezifische Sicht menschlicher Entwicklung und deren Förderung dar, in der Bewegung als ein wesentliches Medium der Unterstützung und Anbahnung von Entwicklungsprozessen gilt.

Der Begriff „psychomotorisch“ kennzeichnet die funktionelle Einheit psychischer und motorischer Vorgänge, die enge Verknüpfung des Körperlich-motorischen mit dem Geistig-seelischen.

(Zimmer/Cicurs 1997)

Kindliche Entwicklung ist zugleich auch immer psychomotorische Entwicklung. Psychomotorische Erfahrungen sind Erfahrungen, die das Kind mit seinem Leib und seiner Seele, seiner ganzen Person macht.

Ziele psychomotorischer Erziehung

Ziel psychomotorischer Erziehung ist es, die Eigentätigkeit des Kindes zu fördern, es zum selbstständigen Handeln anzuregen, durch Erfahrungen in der Gruppe zu einer Erweiterung seiner Handlungskompetenz und Kommunikationsfähigkeit beizutragen. Somit kann Psychomotorik als ein Konzept ganzheitlicher Erziehung und Persönlichkeitsbildung durch Wahrnehmung und Bewegung verstanden werden, das im Kindergarten als Grundlage jeglicher Entwicklungsförderung gelten kann.

Für die Einbindung der Psychomotorischen Erziehung in die alltägliche pädagogische Arbeit des Kindergartens haben Regel/Wieland (1984), Regel (1988) und Zimmer (1989) Konzepte entwickelt. Einen allgemeinen Überblick über Ziele und Inhalte der Psychomotorik gibt Zimmer (2000).

7.2 Erlebnisorientierte Angebote sind sinnvolle Erfahrungen

Im Mittelpunkt psychomotorischer Erfahrungen steht nicht eine Bewegungsfertigkeit, die es zu erlernen gilt, die Geschicklichkeit, die verbessert werden soll, sondern das sich bewegende, handelnde Kind mit seiner Erlebniswelt, seiner Kreativität und seinem Ausdrucksvermögen.

Erlebniswelt des Kindes

Anstelle des möglichst sachgerechten Umgangs mit einem Gerät, z. B. dem angeleiteten Springen mit dem Seil, tritt die Vorstellung des Kindes, das Seil zu handhaben, ihm eine eigene Bedeutung zu geben, seine Eigenschaften über Bewegung zu erfahren. So kann das Seil zur „Zauberschlange“ werden, die schnell über den Boden geschlängelt und von der Erzieherin oder einem anderen Kind gefangen werden soll; ebenso kann das Seil wichtiges Symbol für ein „Pferdchenspiel“ sein, wenn es einem Kind als Zügel um die Schultern gelegt wird und ein anderes die Rolle des Reiters oder Kutschers übernimmt. Das Seil hat in jedem Spiel eine andere Bedeutung, sie kann schnell wechseln, wenn den Kindern plötzlich eine andere Spielidee wichtiger erscheint.
Unter Umständen kann auch das Seilspringen zu einem interessanten Thema werden, wenn einige Kinder damit anfangen und andere es

ihnen nachmachen wollen, oder es sich aus dem gemeinsamen Spiel der Kinder mit dem Gerät ergibt. In diesem Fall kommt das Bedürfnis nach dem Erwerb einer Fertigkeit – dem Seilspringen – allerdings vom Kind selbst.

Vgl. Kap. 6.6

Für Kinder ist es wichtig, Bewegung in einen Sinnzusammenhang zu stellen, der ihnen einsichtig ist und für sie Bedeutung hat. An die Stelle von Übungen, die dem Kind vorgemacht und dann von ihm übernommen werden, treten ganzheitliche Spiel- und Bewegungshandlungen, die meist in ein umfangreicheres, von den Kindern mitgestaltetes Thema eingebettet werden.

▶ *Spielideen aus der Erlebniswelt der Kinder*

Symbolische Bedeutung des Rollbretts

So kann es z.B. nicht darum gehen, Kindern das Rollbrettfahren in Form einer methodisch aufgebauten Übungsreihe zu vermitteln. Bereits in der ersten Erprobungs- und Erkundungsphase, in der Kinder das Material kennen lernen, wird dem Rollbrett von ihnen oft schon eine Bedeutung gegeben: Meist ist es ein Auto, das man kreuz und quer durch den Raum steuern kann und das vielerlei Geräusche produziert. Wenn die Rollbretter unterschiedliche Farben haben, ergeben sich aus diesen neue Spielideen:

Alle roten Rollbretter stellen eine Feuerwehr, die grünen die Polizei, die gelben ADAC-Autos, die andere abschleppen können, dar. So ergeben sich schnell komplexe Szenen, die denen des alltäglich erlebten Straßenverkehrs ähneln. Klar, dass ein Autofahrer lenken, bremsen, ausweichen und steuern können muss, dass er um Hindernisse herumfahren und Zusammenstöße vermeiden sollte. Also ergibt sich aus der Spielidee „Autofahren" bereits eine ganze Palette von Handlungsmöglichkeiten, die einerseits zur Zunahme der Sachkompetenz und Bewegungsgeschicklichkeit des Kindes führen, andererseits jedoch genügend Spielraum lassen für eigene Spielimpulse, Ideen und Situationsdeutungen. Das Kind wird nicht aufgefordert, in einer bestimmten Form das Material zu handhaben, sondern es setzt sich selbstständig damit auseinander, lernt seine Eigenschaften kennen, passt sich seinen Erfordernissen an und macht es aber auch passend, indem es z. B. selbst darüber entscheidet, welche symbolische Bedeutung das Rollbrett für es hat.

Handeln in Sinnzusammenhängen

Bewegungshandlungen im psychomotorischen Sinne sollten dem Kind sinnerfülltes Handeln ermöglichen. Den Zusammenhang einer Spielhandlung darf es mitbestimmen, die Situation als Ganzes wahrnehmen und ausgestalten. Dabei sind die Einfälle de Kindes genauso wichtig wie die der Erzieherin, denn sie stehen meistens in engem Zusammenhang mit seinen aktuellen Erlebnissen.

Beispiele für Spielideen, die aus der Erlebniswelt der Kinder kommen und sie zum phantasievollen Ausgestalten und zum Übernehmen unterschiedlicher Rollen anregen:

Erwerb eines „Rollbrettführerscheins": Hierzu werden im Raum Hindernisse aufgebaut, um die der Rollbrettfahrer herumfahren muss, Tunnel (Tische, zwischen 2 Kästen gewölbte Matte), durch die er fahren und Absperrungen (z. B. auf dem Boden liegende Seile), vor denen er plötzlich bremsen muss. Haben alle „Verkehrsteilnehmer" bewiesen, dass sie den Parcours bewältigen, ohne andere „Autofahrer" zu rammen oder die Hindernisse umzufahren, erhalten sie einen gemeinsam hergestellten „Führerschein". In einer anderen Phase des Spiels kann es allerdings genauso interessant werden, alle Hindernisse (Keulen, auf Tennisringen liegende dicke Bälle, Schaumstoffstapel) umzufahren oder gegen eine mit einer Weichbodenmatte gesicherte Wand zu prallen.

Bau einer Bärenhöhle: Mehrere Kästen, Matten und Schaumstoffelemente werden zusammen mit Decken und Tüchern zu einer großen Höhle aufgebaut, in der mehrere Bären wohnen. Hier gibt es gefährliche Bären, die fauchen und die Tatzen zeigen, auf allen Vieren um die Höhle streifen und Nahrungsmittel (Tücher, Bälle) suchen, um sie in die Höhle zu bringen. Es gibt aber auch Bärenbabys, die von ihrem Vater oder der Mutter auf dem Rücken getragen werden und die sich auf dem Boden wälzen.

Während die erste Spielidee sich aus der Bereitstellung der Geräte ergibt und somit auch von der Erzieherin provoziert werden kann, entsteht die 2. Szene nur dann, wenn Kinder selbst auf die Spielidee stoßen. Wenn sie also eine Vorstellung von einer Bärenhöhle haben, sich in die Rolle bestimmter Tiere hineinversetzen wollen oder eine für sich selbst passende Rolle dabei finden (z. B. Bärenwärter oder Zoodirektor). Dies ist häufig dann der Fall, wenn Kinder aktuelle Ereignisse nachspielen (z.B. der Besuch eines Zoos oder der Tierschau eines Zirkus) oder Szenen, Rollen und Gestalten aus den Medien ihre Phantasie bewegen (z.B. Balou der Bär aus dem Dschungelbuch).

▶ *Sinn-volle Erfahrungen*

Vgl. Kap. 4.1

Auch die Förderung der Sinneswahrnehmung kann in interessante und erlebnisreiche Spiele eingebunden werden. Während bei den alltäglichen Spiel- und Bewegungsaktivitäten meistens mehrere Sinne gleichzeitig angesprochen werden, kann es im Hinblick auf die Förderung spezifischer Wahrnehmungsformen von Vorteil sein, diese zu isolieren und sie durch die Spielregeln besonders herauszustellen. Im Folgenden sollen einige Spielideen – entsprechend den in Kap. 4.1 aufgeführten Wahrnehmungsbereichen – vorgestellt werden. Dabei ist jedoch unbedingt zu beachten, dass die Spiel- und Übungsvorschläge keineswegs als isoliertes Programm zur Wahrnehmungsförderung gedacht sind. Sie können verbunden werden mit Bewegungsspielen, die sich auch aus den Aktivitäten der Kinder ergeben. Die Erzieherin kann dabei Impulse ins Spiel einbringen, sie kann Anregungen geben und auch gezieltere Problemlöseaufgaben stellen.

Auditive Wahrnehmung

Das Hören wird erst dann intensiviert, wenn das Sehen, der dominanteste unserer Sinne, ausgeschaltet wird. Da auch die Konzentration auf nur einen Sinn viel besser gelingt, wenn die anderen weitgehend ausgeschlossen werden, ist es bei vielen Spielen, die der Sensibilisierung der auditiven Wahrnehmung dienen, hilfreich, die Augen zu schließen.

Für die Praxis der Wahrnehmungsförderung ist es zunächst einmal sinnvoll, Spiele durchzuführen, die ein intensives „Hinhören“ erfordern. Für Kinder kann es z. B. aufregend und spannend sein, eine im Gruppenraum versteckte Geräuschquelle (Spieluhr, die in einer Schublade verborgen ist; ein laut tickender Wecker, der unter einer Matratze liegt) zu finden. Solche Aufgabenstellungen sind Anlass für genaues Zuhören, für konzentriertes Suchen nach der Lösung, ohne dass dabei der Spielcharakter der Situation verloren geht.

Mögliche Schwerpunkte der auditiven Wahrnehmungsförderung:

- Geräusche hören und Geräuschquellen herausfinden,
- Geräusche erzeugen (mit Instrumenten und mit Gegenständen),
- mit Geräuschquellen experimentieren, sie unterschieden,
- Geräusche und Töne mit der eigenen Stimme erzeugen (imitieren, erfinden),
- die Qualität von Geräuschen und Klängen erkennen,
- Klänge und Geräusche in Bewegung umsetzen.

Geräuschquellen erkennen und zuordnen: Die Erzieherin hält 2 geräuschgebende Gegenstände hinter ihrem Rücken verborgen. Sie erzeugt nacheinander mit jedem Geräusche und zeigt die Gegenstände dann den Kindern. Diese sollen nun die Geräusche den Objekten zuordnen. In einem mit einem Tuch verdeckten Karton befinden sich drei geräuscherzeugende Dinge. Eines davon wird betätigt, ohne dass die Kinder den Gegenstand sehen können. Anschließend wird das Tuch entfernt, und die Kinder sollen versuchen, den entsprechenden Gegenstand aus dem Karton herauszufinden.

Geräuschquelle finden: Im Raum versteckt wird ein laut tickender Wecker aufgestellt. Die Kinder schließen die Augen und sollen hören, wo sich der Wecker befindet. Wird anstelle des Weckers eine Zeituhr (Eieruhr o.Ä.) verwendet, kann zusätzlich Spannung ins Spiel kommen: Die Zeituhr wird auf 2 Minuten eingestellt (je nach Schwierigkeitsgrad des Verstecks und nach Lautstärke der Uhr). Schaffen es die Kinder, in dieser Zeit den Wecker zu finden, haben sie gewonnen, klingelt der Wecker bevor die Kinder ihn entdeckt haben, ist aber der Wecker Sieger.

Differenzierung von Lauten

„Tierstall finden": Nach einem Spiel, in dem die Darstellung von Tieren ihren Bewegungsformen und Lauten im Vordergrund gestanden, kann folgende Spielidee eingeführt werden:
Die Gruppe wird unterteilt: Die eine Hälfte spielt Schafe, die andere Kühe. Jedes Tier soll im Dunkeln (geschlossene Augen) in seinen Stall finden. Sowohl im Stall der Schafe als auch in dem der Kühe ist ein Tier zurückgeblieben, das die restlichen Tiere ruft. Finden nun alle Schafe und Kühe in ihren Stall zurück?

Für Kinder ist es auch reizvoll, einmal selbst herauszufinden, ob sie besser hören, wenn die Augen geöffnet oder geschlossen sind. (Als kleines „Experiment" kann das Finden einer Geräuschquelle daher auch einmal mit beiden Varianten durchgeführt werden.) Bei manchen Aufgaben ist es hilfreich, den Kindern ein undurchsichtiges Tuch über den Kopf zu legen oder – sofern sie dazu bereit sind – ihnen die Augen zu verbinden.

Geräuschdosen

Die Qualität von Geräuschen unterscheiden: Kleine Dosen oder Schachteln werden mit unterschiedlichem Inhalt gefüllt: Reis, Nägel, Erbsen, Sand, Stecknadeln, Glasmurmeln, Wattebausche, Radiergummis oder Korken. Es sollte sich dabei um Dinge handeln, die die Kinder kennen. Durch Schütteln der Dosen sollen die Kinder nun herauszufinden versuchen, was sich darin befindet. Die Dosen werden anschließend geöffnet, sodass die Kinder auch nachprüfen können, wie das Geräusch zustande kam.

Elefanten – Katzen

Eine Elefantenherde kann man bereits an ihrem „trampeln" erkennen, bevor man sie sieht; schleichende Katzen bewegen sich dagegen ganz lautlos. Nachdem die Kinder verschiedene „laute" und „leise" Fortbewegungsformen ausprobiert und entsprechende gegensätzliche Tierbeispiele gefunden haben, kann im folgenden Spiel die Fähigkeit zur Unterscheidung von Geräuschen erprobt werden: 4 bis 5 Kinder spielen zuerst eine Elefantenherde und dann eine Gruppe schleichender Katzen. Die restlichen Kinder sollen mit geschlossenen Augen herauszuhören versuchen, um welche Tiere es sich jeweils gehandelt hat.

„Schlafende Gespenster"

Klänge unterscheiden und darauf reagieren – „Schlafende Gespenster": Die Kinder spielen Gespenster, die nur zu einer ganz bestimmten Zeit in der Nacht - zur Geisterstunde - wach sind. Noch liegen sie auf dem Boden und schlafen. Die Geisterstunde wird angezeigt durch einen vorher vereinbarten Ton (Gongschlag o. Ä.), mit ihm werden sie geweckt und tanzen im Raum umher. Ein weiterer Ton gibt das Ende der Geisterstunde an, die Gespenster legen sich wieder hin und schlafen weiter.

Weitere Spielideen zur Einbeziehung auditiver Wahrnehmungsförderung in komplexe Spielsituationen im Kindergarten siehe auch Biermann 1999, Zimmer 2004a, 2003b, Bendels, u. a.

Visuelle Wahrnehmung

Von der Spielzeugindustrie werden eine Reihe von Spielmaterialien hergestellt, die das Zuordnen von Farben, Formen, Größen und Bildern zur Aufgabe machen. Meist sitzen die Kinder bei diesen Spielen am Tisch und müssen sich auf eine kleinräumige Spielvorlage konzentrieren. Ihr Bewegungsdrang lässt sie nur für kurze Zeit die notwendige Konzentration aufbringen, schnell entsteht Unruhe, und vor allem bewegungsfreudige Kinder brechen das Spiel oft nach kurzer Zeit ab.

Farb- und Formdifferenzierung

Spiele zur Förderung der visuellen Wahrnehmung können jedoch sehr gut mit großräumigen Bewegungen verbunden werden. Bei den folgenden Spielideen steht die Farb- und Formdifferenzierung im Vordergrund. Einige der Spiele stellen Reaktionsspiele dar, d. h. auf ein vorgegebenes Signal sollen alle Teilnehmer eine bestimmte Aufgabe erfüllen, wobei es nicht immer darauf ankommen muss, dass dies auch sehr schnell geschieht. Vielmehr sollte jedes Kind die Gelegenheit haben, die Aufgaben in seinem individuellen Zeitmaß zu lösen.

Schätze sammeln: In einem Königreich lebt ein König, der alles sammelt, was die Farbe gelb hat. Seine Untertanen (alle Kinder) werden ausgeschickt, jeder muss etwas mitbringen, was gelb ist. Die Rolle des Königs wird von einem Kind übernommen und wechselt bei jedem Spieldurchgang. Der neue König darf eine neue Farbe bestimmen und überwachen, ob die herbeigebrachten Gegenstände auch die richtige Farbe haben.
Variation: Der König sammelt alles, was rund ist (Reifen, Bierdeckel, Bälle usw.), was viereckig ist (Teppichfliesen, Bauklötze, Tücher usw.). Nach Möglichkeit können die Gegenstände auf Rollbrettern transportiert werden.

Inselspringen: Möglichst viele Bierdeckel werden in den vier Grundfarben rot, gelb, grün und blau bemalt. Sie liegen verteilt im ganzen Raum auf dem Boden und stellen Steine in einem flachen See dar. Jedes Kind sucht sich eine Farbe aus und versucht, von einem Stein zum anderen durch den ganzen See zu gehen. Ob es wohl möglich ist, dabei nur Inseln mit der eigenen Farbe zu betreten?

Farbwahrnehmung und Größenunterscheidung

Partner suchen: Zu einer vorgegebenen Musik bewegen sich die Kinder nach eigenen Vorstellungen im Raum. Wird die Musik unterbrochen, sollen sich alle einen Partner suchen, der
- ein Kleidungsstück der gleichen Farbe anhat,
- die gleiche Haarfarbe hat,
- gleichgroße Schuhe anhat (Größenunterscheidung).

Bei jedem Spieldurchgang wird – auch unter Beteiligung der Kinder – ein neues Merkmal gefunden, nach dem sich die Kinder gruppieren können.

Farbenlaufen: Material: Servietten, Teppichfliesen oder Reifen in den Farben rot, gelb, grün und blau; jeweils ein Tuch (oder eine Serviette) in den gleichen Farben.
Die Fliesen (oder andere Materialien) liegen im Raum verteilt auf dem Boden. Jedes Kind sucht sich eine Farbe aus und setzt sich auf die entsprechende Fliese. Die Erzieherin zeigt jeweils ein Tuch als Signal für

eine vorher vereinbarte Reaktion, die nur die Kinder betrifft, die die entsprechende Farbe haben:

- Alle Kinder laufen um die Fliesen herum; diejenigen, deren Farbe gezeigt wird, haben Pause und ruhen sich auf ihren Fliesen aus.
- Alle nehmen auf ihren Fliesen Platz: Die Kinder, deren Farbe von der Erzieherin (oder einem in der Mitte stehenden Kind) gezeigt wird, laufen eine Runde um alle Fliesen herum und setzen sich wieder hin (es können auch mehrere Farben gleichzeitig gezeigt werden).

Taktile Wahrnehmung

Auch der Tastsinn wird besonders intensiv angesprochen, wenn die Augen geschlossen werden. Zur Vermittlung taktiler Sinneserfahrungen eignen sich Spiele, bei denen z.B.

- mit geschlossenen Augen Gegenstände unter einem Tuch ertastet werden,
- mit den Händen bzw. Füßen Spuren aus Fingerfarbe gelegt werden,
- die Oberflächenbeschaffenheit, Form und Größe von Materialien durch Tasten erkannt und geordnet wird (alles Weiche, Feuchte, Raue usw. herausfinden; was ist aus Holz, was aus Plastik? usw.),
- im Freien auf Plastikplanen Wasserrutschen hergerichtet werden.

Partner erkennen: Zwei Kinder der Gruppe verstecken sich jeweils unter einem Betttuch. Die anderen Kinder sollen durch Tasten herausfinden, wer unter welchem Tuch liegt (auf äußere Merkmale wie Brille, Haarspangen, lange Haare usw. hinweisen).

Vgl. Kap. 4.1

Zeichen erkennen: Ein Kind „malt" einem anderen ein Zeichen auf den Rücken. Dabei soll es sich um einen Kreis, einen Strich oder einen Punkt handeln (einfache Zeichen, die die Kinder sowohl malen als auch erkennen können). Der Partner soll herausfinden, um welches Zeichen es sich handelte.

Taststraßen: Mit Seilen oder Gardinenschnüren werden Wege auf dem Boden gelegt, die ein Spielpartner mit geschlossenen Augen ertasten soll.

Kinästhetische Wahrnehmung

Die kinästhetische Wahrnehmung wird gefördert durch Spiele, die die Propriozeptoren durch starken Zug und Druck auf die Sehnen und Gelenke anregen; ebenso können auch Entspannungsübungen das Gefühl für die Körper- und Bewegungswahrnehmung verfeinern.

- Ring- und Raufspiele mit vorher vereinbarten Regeln;
- Ziehen und Schieben von Gegenständen (z. B. Kasten oder Rollwagen) oder Partnern (z. B. auf einem Rollbrett sitzend);
- aus einem Partner ein Denkmal oder eine Statue bauen;
- einfache Entspannungsübungen, die sich an der kindlichen Vorstellungswelt orientieren.

Tauziehen – Erzieherinnen gegen Kinder: Auf der einen Seite des Taus befinden sich die Erzieherinnen (wenn möglich zwei, ansonsten können auch Kinder mithelfen), auf der anderen Seite die Kinder; jede Gruppe versucht, die andere zu sich herüberzuziehen. Tauziehen kann man auch zu zweit mit einem Seil oder mit einem Tuch durchführen.

Schiebekampf: Zwei Kinder sitzen Rücken an Rücken auf einer Matte und versuchen, sich gegenseitig von der Matte zu schieben. Die Hände dürfen dabei nur zum seitlichen Abstützen benutzt werden.

„Luftballon": Die Kinder stellen einen Luftballon dar, in den Luft hineingepustet wird und aus dem sie dann wieder entweicht: Wenn der Ballon „aufgeblasen" wird, breiten sich die Arme aus, der Körper wird angespannt, beim Ablassen der Luft sinkt der Körper zusammen. (Zur besseren Vorstellung kann die Erzieherin einen echten Luftballon aufblasen.)

Vestibuläre Wahrnehmung

Die Verbesserung vestibulärer Funktionen wird z. B. geübt durch:

- Bewegungsangebote, die Auf- und Abbewegungen des Körpers in der Senkrechten und in der Waagrechten (z. B. Federungen auf elastischem Untergrund, auf Matratzen oder Trampolin) beinhalten;
- schaukelnde Bewegungen (z. B. in Hängematten, Schaukelkombinationen aus Bänken und Tauen);
- Drehbewegungen (z. B. Fahren auf Rollbrettern, auf oder in selbstgebauten Rollkisten);
- Dreh- und Rollbewegungen um die Körperlängs- und -querachse (z. B. sitzend oder liegend in Tonnen, Röhren oder Autoreifen gerollt werden, sich einen Hang hinunterrollen oder -wälzen);
- Balancespiele (das Gleichgewicht auf labilem Untergrund wie z. B. Wackelbrett oder Therapiekreisel halten, Pedalo fahren, Balancieren „mit etwas auf etwas").

Gerätebeispiele

Im Kindergarten sollten möglichst viele solcher Geräte in Spielsituationen den Kindern zur freien Verfügung stehen. Eine Hängematte im Gruppenraum, Schaukeln und Wippen auf dem Freigelände, eine Tonne, die innen mit Kissen ausgepolstert ist und in die man sich hineinlegen kann (kleinere Tonnen eignen sich auch zum Balancieren). Wackelbretter, die selbst hergestellt werden können, und ausrangierte Autoschläuche und Bretter, mit denen die Kinder selbst Wippen oder andere Gerätekombinationen herstellen können.

Sensorische Reize selbst steuern können

Bei all diesen Spiel- und Bewegungsvorschlägen muss allerdings beachtet werden, dass sensorische Erfahrungen nicht verordnet, der Spaß am Schaukeln nicht erzwungen werden kann. Kinder haben eine unterschiedliche Toleranzgrenze hinsichtlich der Intensität der sensorischen Reize: Dem einen wird bereits schwindelig, wenn er nur zwei Stufen auf der Sprossenleiter hochklettert, andere lassen sich an Füßen und Händen gehalten im Kreis herumschleudern und können nicht genug davon bekommen. Das Kind muss selbst das Maß bestimmen, wie hoch, wie weit, wie lange es schaukelt, wie schmal die Unterstützungsfläche beim Balancieren ist oder wie hoch es auf einer Leiter klettert. Solange das Kind sich der Spiel- und Bewegungssituation aufmerksam widmet, solange sein Interesse und seine Konzentration anhält, kann man davon ausgehen, dass das Angebot richtig ist, dass es den Voraussetzungen des Kindes entspricht und es weder über- noch unterfordert wird.

7.3 Psychomotorische Geräte

Bekannt wurde die Psychomotorik zunächst vor allem durch die Entwicklung spezifischer, die Wahrnehmung und das Gleichgewicht ansprechender Geräte, wie z. B. Pedalos, Balancierkreisel und Rollbretter, die zunächst zur Förderung entwicklungs- und bewegungsauffälliger Kinder bestimmt waren, dann aber zunehmend auch in die Sport- und Bewegungserziehung Eingang fanden. Es handelt sich hierbei um Materialien und Geräte, die Kinder in hohem Maß zur Bewegung animieren, dabei aber auch ganz bestimmte *motorische Anpassungsleistungen* erfordern.

Aber nicht allein die Verwendung eines Schwungtuches oder das Spiel mit einem Zeitlupenball machen ein Bewegungsangebot schon zur Psychomotorischen Erziehung; zwar haben diese Materialien die Vielfalt der kindlichen Bewegungserlebnisse erheblich bereichert, viel wichtiger als der Einsatz bestimmter Geräte ist jedoch die Art und

Weise, wie Kinder sie entdecken und mit ihnen umgehen können und in welchem Sinnzusammenhang die Bewegungsangebote für sie stehen.
Psychomotorische Erziehung ist nicht auf den Einsatz ganz bestimmter Geräte und Materialien angewiesen, auch *Alltagsmaterialien* und die im Sport üblichen *Groß- und Kleingeräte* können im Sinne Psychomotorischer Erziehung verwendet werden.
Im Folgenden werden die für Kinder im Kindergartenalter geeigneten Geräte vorgestellt:

▶ *Das Rollbrett*

Rollbretter gehören zu den bei Kindern beliebtesten Geräten. Sie erfordern kaum motorische Voraussetzungen und können in sehr vielseitige Spielsituationen eingebunden werden. Allerdings benötigt ihr Einsatz in einer Gruppe von Kindern einen größeren Raum mit einem festen Bodenbelag (kein Teppichboden). Darüber hinaus sollten mit den Kindern einige Sicherheitsregeln besprochen werden:

Sicherheitsregeln

- Lange Haare und weite Kleidungsstücke können unter die Rollen geraten (Haare zusammenbinden, störende Kleidungsstücke ausziehen);
- nicht auf dem Rollbrett stehen, da man leicht das Gleichgewicht verliert und das Brett dann weggeschleudert wird und andere verletzen kann;
- beim fahren die Hände möglichst auf das Rollbrett aufsetzen, da sonst bei Zusammenstößen die Finger gequetscht werden können.

Das Rollbrett eignet sich

Fahren

- zum Fahren in verschiedenen Körperlagen und -positionen (Bauchlage, Rückenlage, im Sitzen und Knien – nicht im Stehen), mit Abstoß von der Wand, mit den Händen oder Füßen während des Fahrens;

Transportieren

- zum Transportieren von Gegenständen und Materialien (Kleingeräte wie Schaumstoffteile, Sandsäckchen, Teppichfliesen, aber auch „wackelige" Dinge wie Keulen, Bälle usw.), aber auch zum Transportieren eines Partners;

Schleudern

- zum Drehen und Schleudern (Kind liegt oder sitzt auf dem Brett und wird von der Erzieherin an einem Seil gezogen und – je nach Raum größe – im Kreis geschleudert);

Kombinieren und Bauen

- zum Kombinieren mit anderen Geräten: Eine Langbank wird auf 2 Rollbretter gestellt und so zum fahrbaren Bus, Kastenteile und Holzkisten machen aus dem Brett ein Boot oder ein Taxi (zum Transportieren anderer Mitspieler), ein größeres Schiff erhält man, wenn eine Matte auf vier Rollbretter gelegt wird;

- zum Spiel mit verteilten Rollen im Straßenverkehr (Polizeiautos, Krankenwagen, Abschleppwagen, Feuerwehr usw.).

▶ *Das Pedalo*

Eines der bekanntesten psychomotorischen Geräte ist das Pedalo, das in verschiedenen Variationen hergestellt wird. Im Kindergarten ist das Doppel- und das Reha-Pedalo, das an den vorderen Rädern zwei Stützen hat und von mehreren Kindern gleichzeitig benutzt werden kann, am besten einsetzbar.
Das Pedalo stellt hohe Ansprüche an die Gleichgewichtsfähigkeit und die Koordination seiner Benutzer. Um sich auf ihm stehend vorwärts zu bewegen, muss das Gewicht auf den Trittbrettern ständig von der einen Seite auf die andere verlagert werden. Für Kinder ist es daher zunächst einmal hilfreich, auf allen Vieren das Pedalo auszuprobieren. Dabei können die Trittflächen mit den Händen bewegt werden, oder die Kinder knien auf dem Pedalo und stütztеn sich mit den Händen am Boden ab. Beim Fahren im Stehen geben sich die Kinder auch gegenseitig Hilfestellung.
Das Pedalo wird mit Vorliebe zum Vorwärts- und Rückwärtsfahren in langen Fluren und auch (auf Plattenbelag) im Freien eingesetzt. Da aufgrund der Anschaffungskosten meist nur wenige Pedalos zur Verfügung stehen, eignet es sich gut für offene Bewegungsangebote; hier können Kinder sich im Gebrauch gegenseitig anregen, sich abwechseln und helfen.

▶ *Schwungtuch*

Bei dem Schwungtuch handelt es sich um ein quadratisches oder rundes leichtes Tuch aus Kunstfaser, das in verschiedenen Größen erhältlich ist. Es ist gut für Gruppenspiele verwendbar, denn nur, wenn mehrere Kinder mitmachen, lässt es sich hochschwingen oder in seiner ganzen Größe ausbreiten.

Neben dem „Schwingen" kann man aber noch eine Reihe anderer Spielideen damit erfinden:

„Meereswellen": Die Gruppe steht um das Tuch herum, schüttelt es kräftig auf und ab, so dass viel Wind und Wellen entstehen. Einige Kinder können sich dabei auch auf das Tuch legen und den „Wind" auf der Haut spüren.
Variation: Durch die Wellen laufen und in sie hineinspringen. Das flatternde Tuch irritiert die Kinder oft in ihrem Gleichgewicht, daher sollten nur wenige Kinder sich auf dem Tuch bewegen; sie sollten auch darauf hingewiesen werden, dass unter dem (weich aussehenden) Tuch weiterhin harter Boden ist, ein zu wildes Hineinspringen also weh tun kann.

Kombination mit Bällen, Ballons, Sandsäckchen

„Tanzende Ballons": Auf das Schwungtuch werden mehrere Luftballons gelegt. Durch die Bewegungen des Tuches sollen sie hochgeworfen und in der Luft tanzen gelassen werden. Ein Ball oder ein Sandsäckchen wird hochzuwerfen und wieder aufzufangen versucht.
Mehrere Bälle können auch über das Tuch gerollt werden, wie muss man es bewegen, damit kein Ball herunterrollt?

Körperteile ertasten: Einige Kinder liegen unter dem Tuch. Die anderen sollen ihre Körperteile ertasten. Wo ist ein Kopf, wo ein Bein, ein Rücken? Die Ertastenden sollen dabei außerhalb des Tuches bleiben, damit sie nicht versehentlich auf jemanden treten.

„Riesenzelt": Das Schwungtuch gemeinsam (mit Ansagen der Erzieherin) hochschwingen, ohne es loszulassen, einen Schritt nach vorne gehen und sich draufsetzen. So entsteht ein großes Zelt, in dem alle Sitzen können.

„Transporttuch": Einige Kinder setzen oder legen sich auf das Tuch und werden von den anderen gezogen.

▶ *Zeitlupenbälle*

Bei den Zeitlupenbällen handelt es sich um große, leichte Bälle („Latexblasen"), deren Flugverhalten verlangsamt ist. Die Bälle sind stabiler als Luftballons, man kann sie ähnlich wie normale Bälle einsetzen, Kinder können sich ihnen jedoch leichter anpassen und haben außerdem weniger Angst vor dem Auffangen, da sie aus weicherem Material sind. Zeitlupenbälle kann man in der Luft tanzen lassen, an die Wand oder auf den Boden prellen, auf verschiedene Körperteile aufprallen lassen (Kopfball, Fußball, Armball spielen), einem Partner zuwerfen usw.

▸ *„Pezzi" Bälle*

Die dicken Kunststoffbälle in unterschiedlichen Größen sind durch ihr stabiles Material so belastbar, dass Kinder sich auf sie setzen, legen, auf ihnen hopsen, über sie rollen können. Ihre Elastizität gestattet es aber auch, sie zu prellen, und ihr Gewicht ermöglicht sogar das Werfen und Fangen.

Zu den psychomotorischen Geräten gehören auch Wackelbretter und -scheiben und die sog. Therapiekreisel, die vor allem das Gleichgewicht ansprechen und sich gut für die Bewegungserziehung im Kindergarten eignen (vgl. auch Bendels u.a. 1994, Schraag/Jansen 1996, Zimmer/Cicurs 1997, Zimmer 2001a, Zimmer2004b).

8. Bewegungsräume – Bewegungsgeräte

Rahmenbedingungen der Bewegungserziehung

Kinder brauchen Spielraum in mehrfacher Hinsicht: Sie benötigen Orte zum Spielen und Sichbewegen, die in ihrer architektonischen Gestaltung und materiellen Ausstattung auf die kindlichen Bedürfnisse abgestimmt sind und die ihnen die Möglichkeit des Entdeckens, Ausprobierens, Erkundens und „Selbertuns" eröffnen.
Sie benötigen jedoch auch – wie dies in den bisherigen Ausführungen mehrfach betont wurde – Spielraum für eigene Entscheidungen und selbstständiges Handeln. Während diese das Erzieherverhalten und die Entscheidungen über Ziele und Inhalte betreffenden Aspekte bisher im Vordergrund standen, werden im folgenden Kapitel die äußeren Rahmenbedingungen der Bewegungserziehung im Kindergarten behandelt. Häufig lassen sich nämlich sinnvolle, die Entwicklung des Kindes unterstützende Maßnahmen nicht umsetzen, weil die räumlichen Voraussetzungen nicht gegeben sind.

Raumgestaltung

Der erste Schritt, den Bewegungsbedürfnissen der Kinder nachzukommen, liegt im *Überdenken der Raumgestaltung.* Auch bei scheinbar unveränderlichen räumlichen Bedingungen sollten im Mitarbeiterteam alle Möglichkeiten überprüft werden, wie den Kindern zu mehr freien Spiel- und Bewegungsmöglichkeiten verholfen werden kann. Ist ein spezieller Bewegungsraum vorhanden, lässt seine Gestaltung und Ausstattung häufig zu wünschen übrig. Die Geräte- und Materialausstattung wird daher als weitere wesentliche Rahmenbedingung angesprochen.
Meist zählt das *Außengelände des Kindergartens* zu den Spielbereichen, die in der Planung als letzte bedacht werden und für die dann meist nur noch beschränkte Mittel vorhanden sind. Da das Draußenspielen im häuslichen Umfeld der Kinder heute jedoch meist sehr eingeschränkt ist, muss diesem Bereich im Kindergarten vermehrt Aufmerksamkeit geschenkt werden.
Bei allen Bewegungsaktivitäten wird sich die Erzieherin die Frage stellen, wie viel Freiraum sie den Kindern zugestehen kann, ohne die erforderliche Aufsichtspflicht zu verletzen. Dieser Punkt soll daher abschließend ausführlich behandelt werden.

8.1 Die Gestaltung von Bewegungsräumen

Im Mittelpunkt der Überlegungen, welche Bewegungsangebote im Kindergarten sinnvoll sind, steht meist nicht die Frage, was Kinder für eine gesunde Entwicklung brauchen, sondern was unter den

gegebenen räumlichen Bedingungen machbar ist. Dabei wirken sich gerade ungünstige Raumbedingungen besonders stark auf das Verhalten der Kinder aus: Je eingeengter die Bewegungsmöglichkeiten im Gruppenraum sind und je weniger Ausweichmöglichkeiten außerhalb des Gruppenraums zur Verfügung stehen, umso häufiger treten körperliche Auseinandersetzungen und Bewegungsunruhe bei Kindern auf.
Nur durch eine flexible Raumgestaltung (vgl. Haucke 1993) kann man den individuell ganz verschiedenen, von der Tageszeit, der aktuellen Situation und auch von der Person des Kindes abhängigen Bedürfnissen nach Ruhe und Bewegung gerecht werden.

▶ *Der Bewegungs- bzw. Mehrzweckraum*

Ideale Voraussetzungen liegen beim Vorhandensein eines – genügend großen – Mehrzweck- oder Bewegungsraumes vor. Dieser Raum darf allerdings nicht zum Alibi für eine Eingrenzung der Bewegungsmöglichkeiten im Gruppenraum und im Kindergartenalltag werden. Wenn er jedoch nicht nur einmal pro Woche für zeitlich festgelegte Bewegungserziehung genutzt wird, sondern den Kindern jeden Tag – wenn auch unter Festlegung bestimmter Regeln – offen steht, wird sich das Zusammenleben im Gruppenraum sehr wahrscheinlich ohnehin ruhiger und konfliktloser gestalten.

Gestaltung des Bewegungsraums

Bei der Planung und Gestaltung eines Bewegungsraumes (evtl. auch bei einer späteren Umgestaltung) sollten folgende Gesichtspunkte berücksichtigt werden:
1. Der Raum muss ausreichend groß sein (ca. 100 qm); ein Nebenraum (ca. 20 qm) mit Regalen an den Wänden erleichtert die Aufbewahrung von Materialien und Geräten. Frei im Bewegungsraum herumstehende Geräte oder ein offenstehender „Rhythmikwagen" überschütten die Kinder mit Reizen, überfordern ihre Aufnahme- und Strukturierungsfähigkeit und engen ihre Bewegungsmöglichkeiten zusätzlich ein. Ein leerer Raum kann dagegen jedes Mal neu gestaltet und der augenblicklichen Situation entsprechend eingerichtet werden.
2. Der Raum sollte eine freundliche und behagliche Atmosphäre haben, dazu tragen natürliche Lichtquellen, helle, warme Farben, die Verwendung natürlicher Materialien (Holz) und eine regulierbare Wärme- und Luftzufuhr bei.

Flexible Raumnutzung

3. Eine flexible Raumnutzung kann durch Wand- und Deckenschienen, an denen Seile, Schnüre, Ringe oder ein Trapez angebracht werden kön-

nen, erreicht werden. Ösen und Haken müssen in solchen Schienen höhenverstellbar sein (zur Anbringung und Nutzung solcher „Helferschienen" in einem Bewegungsraum (Wendler 1991).

Wände

4. Auf die Wände gemalte Symbole und Figuren reizen zum Zielwerfen, ansonsten sollten die Wände möglichst glatt (ohne Bilder u. Ä) sein, damit sie bei Bedarf in das Spiel einbezogen werden können (als Aufprallfläche für Ballspiele usw.).

Akustik

5. Da Bewegungsaktivitäten bei Kindern fast immer mit einem hohen Geräuschpegel verbunden sind, ist größter Wert auf eine gute Akustik des Raumes zu legen (Berücksichtigung bei der Deckengestaltung, unter Umständen textiler Wandbelag.

Klettergelegenheiten

6. Feste Einrichtungen zum Klettern (Kletterwände, Kletternetze) können in einer Raumnische oder an einer Raumseite angebracht sein.

Bodenbelag

7. Als Bodenbelag geeignet ist Holzparkett oder Kunststoff (Schwingboden). Markierungen auf dem Boden (ein Kreis in der Mitte oder wenige Linien, die den Raum unterteilen) erleichtern die Raumorientierung.

Die Ausstattung des Bewegungsraumes mit mobilen Geräten und Kleinmaterialien wird im nächsten Abschnitt 8.2.b besprochen.

▶ *Bewegungsgelegenheiten im Gruppenraum*

Verfügt der Kindergarten nicht über einen speziellen Mehrzweck- oder Bewegungsraum, ist es besonders wichtig, im Gruppenraum neben der üblichen Bau-, Rollenspiel- oder Leseecke auch eine Zone für bewegungsintensivere Aktivitäten der Kinder einzurichten. Z. B. kann eine Ecke mit Matratzen, Kissen und einigen Schaumstoffblöcken ausgestattet werden. Diese Bewegungsecke schützt auch die Kinder, die ruhebedürftiger sind und sich gerade auf eine ganz andere Beschäftigung konzentrieren, vor den lebhaften Spielen der anderen.

Einrichtung

Bei der Einrichtung des Gruppenraums sollte auch überlegt werden, ob es erforderlich ist, dass jedes Kind einen Platz an einem Tisch hat. Manchmal genügt es, ausreichend Stühle (z.T. in einem Nebenraum gelagert) zur Verfügung zu haben, denn für viele Aktivitäten bevorzugen Kinder sowieso den Fußboden.

Vgl. Kap. 6.1

Im Rahmen offener Kindergartenarbeit wird die Gestaltung der einzelnen Gruppenräume vor allem auch unter dem Aspekt der Bewegungsbedürfnisse der Kinder vorgenommen. In einem Kindergarten mit mehreren Gruppen kann z. B. ein Gruppenraum so umgestaltet (bzw. ausgeräumt und mit mobilen Materialien versehen) werden, dass er ganz den Bewegungsspielen der Kinder vorbehalten bleibt.

▶ *Flure und Nebenräume als „Bewegungsnischen"*

Auch andere Räume und Nischen des Kindergartens können für Bewegungsspiele „freigegeben" werden:

- Flure eignen sich zum Pedalo fahren; haben sie einen glatten, rutschigen Bodenbelag, kann man sie zum „Schlittschuh laufen" benutzen (auf zwei Staubtüchern oder weichen Putzlappen rutschen und schlittern).
- Eingangshallen kann man in eine Bewegungslandschaft verwandeln. Durch das Bereitstellen von Bewegungsgeräten kann hier ein situativ zu nutzender Bewegungsraum entstehen, der sogar keiner unmittelbaren Aufsicht durch eine Erzieherin bedarf, da die Halle meist von verschiedenen Gruppenräumen her einsehbar ist.
- Nischen und Ecken können mit einem weichen Teppich und Matten oder Matratzen ausgelegt und so zu einer „Tobeecke" umfunktioniert werden.
- Ein an der Decke angebrachtes Klettertau nimmt wenig Platz in Anspruch; wird es dicht an einer Wand angebracht, kann diese sogar in das Klettern einbezogen werden.
- Auch wenig genutzte kleine Räume lassen sich im Sinne einer Erweiterung der Spiel- und Bewegungsmöglichkeiten nutzen: Mit Schaumstoffteilen, Styroporblöcken, Decken und wechselnden Kleinmaterialien ausgestattet, laden sie die Kinder zum Bauen und zu Bewegungsspielen ein.

8.2 Geräte und Materialien

Spiel- und Bewegungsanregungen gehen bei Kindern meistens von Spielgeräten und -objekten aus. Kinder sind neugierig und wollen wissen, wie die „Dinge" funktionieren. Sie lassen sich von Bewegungsgeräten schnell zum Ausprobieren auffordern und finden im Umgang mit dem Material oft Spielideen, die dem Erwachsenen nie einfallen würden. Im spielerischen Umgang mit den Geräten lernen Kinder so, sich auf die Materialeigenschaften einzustellen, sich den gerätespezifischen Besonderheiten anzupassen; sie müssen jedoch auch Gelegenheit haben, Geräte ihren eigenen Vorstellungen entsprechend zu handhaben, sie ihren Fähigkeiten gemäß zu benutzen, d.h. sie sich passend zu machen.
Bei der Anschaffung von Geräten für die Bewegungserziehung im Kindergarten sind nicht allein finanzielle Gesichtspunkte ausschlaggebend; die Auswahl sollte vor allem unter dem Aspekt der Eignung

für die Altersstufe der 3- bis 6-Jährigen getroffen werden. Zur Beurteilung sind folgende Kriterien hilfreich:

Die Geräte und Materialien sollten

- *altersgerecht und entwicklungsgemäß* sein. Kinder sollten in der Hand habung nicht überfordert werden, sondern sich möglichst selbstständig und ohne fremde Hilfe damit betätigen können;
- *bewegungsanregend und auffordernd* wirken, die Neugierde der Kinder wecken, ihre Phantasie herausfordern und ihre Selbsttätigkeit unterstützen;
- *Veränderungen zulassen* und vieldeutige Spielmöglichkeiten beinhalten;
- so *vielseitig verwendbar* sein, dass jüngere und ältere Kinder, schwächere und leistungsstärkere gleichermaßen Betätigungsmöglichkeiten mit ihnen finden;
- *robust und stabil* sein, sodass auch eine unsachgemäße Handhabung sie nicht zu schnell beschädigt oder zerstört.

In der Bewegungserziehung sollten sowohl Geräte eingesetzt werden, die die *individuelle Betätigung eines einzelnen Kindes* ermöglichen (um Konflikte zu vermeiden, sollte für jedes Kind der Gruppe ein Exemplar vorhanden sein), als auch Material, das zum *Zusammenspiel mehrerer Kinder* anregt (z.B. Schwungtuch, Plastikplanen, großes Schwungseil usw.) und zum gemeinsamen Bauen und Konstruieren benutzt werden kann (z.B. Schaumstoffwürfel in verschiedenen Größen, Matten, Balancierbretter usw.).

▶ *Das Un-fertige fordert heraus*

Spielzeug und auch Sportgeräte werden immer spezialisierter, monofunktionaler in ihrem Gebrauch. Vorgefertigte Bauteile erübrigen Fantasie und eigenes Denken. Mit ihnen macht man das, wofür sie gedacht sind, erkennbar an Abbildungen und Gebrauchsanleitungen. Eigene Spiele lassen sich damit oft kaum mehr erfinden. Manches Spielzeug spielt sogar von selber (Puppen, die sprechen, Hunde, die laufen können), das Kind muss sie nur noch bedienen. *„Von der Funktionsspezialisierung der Dinge, mit denen Kinder umgehen, geht ein Stück sachimmanenter Herrschaft über Kinder aus. Das Herrschaftsmittel ist hier nicht Gewalt, sondern Attraktivität"* (Preissing u.a. 1990, 15 f.) Kinder brauchen aber vor allem das Unfertige. In einer Welt technischer Perfektion leiden sie Mangel am noch Formbaren, am Un- oder Halbfertigen, das zu eigener Gestaltung einlädt. Nur so kann Kreativität her-

Eigene Gestaltungsmöglichkeiten

ausgefordert, eigenes Denken und Handeln ermöglicht werden. Unfertiges fordert zum Weiterentwickeln auf, es enthält die Möglichkeit, umgestaltet werden zu können. Wenn alles komplett und perfekt ist, bleibt Kindern oft nur eins: Die Zerstörung. Destruktive Handlungen sind manchmal auch eine Reaktion der Kinder auf eine allzu perfektionierte, wohlgestaltete, fertige Umwelt, in der kein Platz mehr für kindliche Ideen und Fantasie ist. Sie wehren sich gegen eine übermächtige, nicht kalkulierbare und beeinflussbare Welt, die ihnen keinen Spielraum lässt.

Kreativität

Die Verwendung ungewöhnlicher Materialien und die *zweckentfremdete Nutzung von Alltagsgegenständen* regt die Kreativität der Kinder an.
So erfahren sie z.B., wie auch scheinbar eindeutige Dinge – eine Zeitung oder ein Staubtuch – im Spiel eine neue Bedeutung erlangen können: Die Zeitung wird zum raschelnden Gespenstermantel, und auf zwei Staubtüchern kann man auf glattem Boden Schlittschuh laufen. Der Spielwert dieser Materialien muss allerdings erst von den Kindern entdeckt werden. Dabei können anfangs Impulse durch die Erzieherin erforderlich sein, um den Kindern den Anstoß für die erweiterte Sicht der Verwendungsmöglichkeiten der Materialien zu geben.

▶ *Zweckentfremdete Gebrauchsgegenstände und Alltagsmaterialien*

Zeitungen, Bierdeckel, Joghurtbecher – dies sind scheinbar wertlose Materialien, die Erwachsene nach kurzzeitigem Gebrauch meistens wegwerfen.
Kinder sammeln solche Dinge, ihre Zimmer füllen sich mit Papprollen, und in den Regalen werden alle möglichen Schachteln aufgetürmt. Viele der Dinge sind tatsächlich nicht nur aus der Sicht der Kinder zum Wegwerfen viel zu schade. Mit etwas Fantasie werden aus vermeintlichem Abfall Spielobjekte, die sich hervorragend für Bewegungsspiele eignen:

Fantasieanregende Materialien

Durch Papprröhren kann man Bälle kullern lassen, man kann sie als Fern- oder Sprachrohre benutzen; Bierdeckel werden zu Flugscheiben, und aus Pappkartons kann man Buden bauen.

Die meisten Kindergärten sind nicht gerade großzügig mit Geräten und Materialien ausgestattet, der Rhythmikwagen verliert nach häufigem Einsatz der üblichen Handgeräte auf die Dauer seinen Reiz,

und die Erzieherin macht sich Gedanken, wie sie die Bewegungsspiele der Kinder abwechslungsreicher gestalten und damit auch deren Bewegungserfahrungen erweitern kann.
So wird aus mancher Not eine „Tugend“, denn die Zweckentfremdung von Gebrauchsmaterialien ist nicht nur ein Notbehelf für den Ausgleich von Mangelsituationen. Sie kann dazu beitragen, Kindern in der Wahrnehmung ihrer Spielumwelt neue Perspektiven zu eröffnen und dem monofunktionalen Gebrauch der Dinge entgegenzuwirken.
In der Aufstellung der Geräte und Materialien, die für die Bewegungserziehung mit Kindern geeignet sind, ist daher auch eine große Auswahl an Alltagsmaterialen aufgeführt. An einem Beispiel soll deren vielseitige Verwendbarkeit erläutert werden.

Teppichfliesen kann man in verschiedener Ausführung bei Bewegungsspielen einsetzen. Sie haben meist eine quadratische Form (ca. 45x45 cm); man kann anstelle der farbigen, käuflich erwerbbaren Fliesen aber auch sehr gut ausrangierte Mustermappen aus dem Teppichbodenhandel benutzen.

Spielideen:

- Fliese als Rutschhilfe (flauschige Seite liegt auf dem Boden: Verschiedene Formen des Rutschens und Schlitterns über den Boden finden (auf einem Fuß „rollern", mit beiden Füßen auf der Fliese stehen und hüpfen, unter jeden Fuß eine Fliese legen und gleiten, mit Händen und Füßen jeweils auf einer Fliese stehen bzw. stützen und so durch den Raum rutschen, im Sitzen rutschen usw.).
- Ziehen und Abschleppen mit Partner: Den auf der Fliese sitzenden Partner ziehen oder schieben, den auf der Fliese liegenden Partner mit einem Seil „abschleppen".
- Fliese als Markierungsmal im Raum: Umlaufen aller im Raum ausgelegten Fliesen, überspringen, von einer Fliese zur anderen springen (von einem „Stein" zum anderen), mit anderen Kindern Plätze auf den Fliesen tauschen, ohne dabei auf den Boden zu treten.
- Hüpfstraße und -kästchen: Die Fliesen werden in verschiedenen Formen als Straße oder Hüpfkästchen aneinander gelegt. Man kann daran Hüpfspiele erfinden oder beim Springen versuchen, so viele Fliesen wie möglich zu überqueren.

Die in der folgenden Liste zusammengestellten Gerätesollten zur Grundausstattung eines Kindergartens gehören. Die angegebene Zahl bezieht sich auf eine Gruppengröße von 25 Kindern.

	Geräte	**Anzahl (ca.)**
1. Kleingeräte	Schwungtuch (3x3m)	1
	Schaumstoffelemente	20
	Gymnastikbälle/Plastikbälle (verschiedene Größen)	25
	Softbälle (aus Schaumstoff	25
	Reifen (Durchmesser 70—80 cm)	25
	Springseile	25
	Ziehtau	2
	Zauberschnüre (Gummischnur)	2
	Sandsäckchen/Bohnensäckchen	25
	Gymnastikstäbe	25
	Rhythmiktücher (farbig sortiert)	25
	Luftballons	25
	Wasserbälle	10
	Riesenluftballons	10
	Tennisbälle	50
	Tischtennisbälle	25
2. Alltags-materialien	Bettlaken, Wolldecken	
	Vogelschutznetz, Teppichfliesen	
	Bierdeckel, Pappteller	
	Pappröhren (von Haushaltspapier, Geschenkpapier)	
	Keine und große Pappkartons	
	Autoreifen und Autoschläuche	
	Baumwollschnüre, Bleischnüre (versch. Längen)	
	Bretter und Latten in versch. Längen und Breiten	
	Baumwolltücher, Chiffontücher, Wäscheklammern	
	Heulrohre	
	Joghurtbecher, Plastikbecher	
	Größere Papprollen (Teppichboden)	
	Getränkekisten	
3. Psychomotorische Geräte	Rollbretter	12
	Pedalos	3
	Reha-Pedalos	1
	Pezzibälle	12
	Therapiekreisel	6
	Schwungtuch	1
	Wackelbrett	1
4. Großgeräte	Turnmatten	8
	Kleine Kästen	4
	Turnbänke	4
	Sprossenwände, Balancierbalken	
	Weichbodenmatte	1
	Große Kästen	1
	Kombinationsgeräte zum Klettern	
	Große Schaumstoffelemente	10-12

8.3 Draußen spielen

Mit dem Schwinden natürlicher Bewegungsräume im häuslichen Umfeld der Kinder wird es vor allem im Kindergarten besonders wichtig, dem Spielen im Freien mehr Raum zu geben.
Das veränderte Spielverhalten von Kindern – zurückzuführen auf die Lebensbedingungen unter denen Kinder heute aufwachsen, macht es erforderlich, dass im Kindergarten mehr Wert gelegt wird auf die Zurückeroberung natürlicher Bewegungsräume.
Die im Kapitel 2.2 geschilderte Tendenz der Kinder zum Drinnenspielen ist auch im Kindergartenalltag zu beobachten: Auch hier halten sich die Kinder die meiste Zeit des Tages in den Räumlichkeiten auf. Unpassende Kleidung, fehlende Einsicht der Eltern, wenn die Kinder schmutzig nach Hause kommen, schlechtes Wetter werden von Erzieherinnen als Grund für die Bevorzugung „innerhäuslicher" Aktivitäten im Kindergarten angeführt. Dabei gibt das Spiel im Freien, also auf dem Außenspielgelände des Kindergartens, aber auch bei Erkundungen der näheren Umgebung (Wald, Wiesen, Spielplätze usw.) Kindern weitaus mehr Gelegenheit, ihren Körper und ihre Sinne zu gebrauchen, als dies beim Spielen drinnen der Fall sein kann.
Die Natur bietet *situative Bewegungsanlässe,* die die Kinder herausfordern, die ihr Bewegungskönnen auf die Probe stellen und erweitern. Gleichzeitig lernen sie die räumliche und gegenständliche Umwelt in einer ungewohnten Art kennen, machen z. B. Erfahrungen mit unterschiedlicher Bodenbeschaffenheit:

Bewegungsgelegenheiten in der Natur

Auf weichem Waldboden läuft man anders als auf hartem Asphalt oder auf Sand oder Kiesflächen; die Geräusche auf einer Wiese sind andere als die auf einer Straße. Im Wald kann man eine „Laubschlacht" veranstalten, ohne sich dabei wehzutun; in große Laubmulden kann man sich aus der Höhe fallen lassen; bei Regen kann man erleben, wie sich die Wiese in einen Sumpf verwandelt und auf der Straße Pfützen zum Überspringen einladen.
Sinnliche Erfahrungen des Tastens, Fühlens, Riechens, Hörens, Sehens werden im Freien fast selbstverständlich gewonnen, daher bedarf es auch oft der Hinweise und Fragen durch die Erzieherin, um sie den Kindern bewusst zu machen. Dies kann durchaus in spannende, erlebnisreiche Spiele eingebunden werden.

fühlen tasten riechen

So sollte die Erzieherin die Kinder im Sommer – bei warmem Wetter – häufig zum Barfußlaufen auf der Wiese anregen: Gras kitzelt unter den Fußsohlen, der Sand rinnt zwischen den Zehen hindurch, Steine fühlen sich in der Sonne warm, im Schatten kalt an, Moos ist weich, Schotter-

steine dagegen hart. Mit geschlossenen Augen kann man mit den Fußsohlen zu ertasten versuchen, auf welchem Untergrund man sich befindet. Ebenso kann die Erzieherin die Kinder dazu auffordern, einmal die Vielfalt der Gerüche draußen bewusst wahrzunehmen. Wie riecht Moos, welchen Geruch haben Tannenzapfen, Blumen, ein Nadelbaum, frisch gesägtes oder vermodertes Holz? Mit geschlossenen Augen kann versucht werden, eine Pflanze oder einen Gegenstand am Geruch zu erkennen. Draußen spielen können und sollten Kinder nicht nur bei schönem, warmem Wetter. Manchmal zieht es sie gerade bei Kälte und Regen ins Freie. Es ist vor allem eine Frage der Kleidung, ob Kinder unabhängig vom Wetter draußen spielen können. Gummistiefel, Regenjacken und Kleidungsstücke zum Wechseln sollten für jedes Kind vorhanden sein. Bereits bei der Aufnahme der Kinder in den Kindergarten sollten die Erzieherinnen die Eltern darauf hinweisen, dafür zu sorgen, dass die Kleidung der Kinder auch bei schlechterem Wetter das Spielen im Freien zulässt.
Draußen spielen hat dann zu allen Jahreszeiten seinen Reiz: Kinder erfahren die Wirkung von Kälte und Wärme, von Wind, Regen und Nässe. Sie erfahren, dass Bewegung gegen das Frieren hilft und dass man sogar bei Eis und Schnee schwitzen kann. Je nach Jahreszeit können die Kinder erleben,

- wie man sich vom Wind treiben lassen kann (evtl. mit einem aufgespannten Regenschirm, der den Luftwiderstand und damit auch die Antriebskraft vergrößert) oder wie man gegen den Wind ankämpfen muss, wenn man in Gegenrichtung läuft;
- wie prasselnder Regen die Haut massiert;
- dass man Hagelkörner zwar anfassen kann, wie schnell sie aber auch in der Hand zerschmelzen;
- dass Wasser, wenn man es bei entsprechenden Außentemperaturen über asphaltierte Flächen gießt, zu einer Eisfläche wird;
- wie man im Schnee eine Höhle bauen und in ihr Schutz vor Wind und Kälte finden kann.

▶ *Das Außenspielgelände des Kindergartens*

Dem Außenspielgelände wird beim Bau eines Kindergartens meist erheblich weniger Beachtung geschenkt als der Innenraumgestaltung. Die meisten Außenbereiche sind nach dem gleichen Muster mit Klettergerüst, Rutsche und Sandkasten ausgestattet. Es fehlen vor allem einfache, mobile Gegenstände und Geräte, die veränderbar sind; es mangelt an Dingen, deren Bedeutung von den Kindern im Spiel erst definiert wird.

Ein fantasieloses Spielgelände, das Kindern keine Betätigungsmöglichkeiten eröffnet, provoziert Streit, Zank, Langeweile. Das hält Erzieherinnen häufig davon ab, auch bei weniger gutem Wetter nach draußen zu gehen. So reduziert sich das Draußenspielen im Winter oft auf wenige Minuten, in denen die Kinder frische Luft schnappen. Je mehr attraktives Spielmaterial das Außengelände bietet, umso mehr werden auch Kinder von sich aus den Wunsch äußern, im Freien zu spielen.
Die Ausstattung der Außenspielflächen hängt natürlich sehr von der Lage des Kindergartens (ländliche oder städtische Wohnumgebung), der Größe des Geländes und den finanziellen Möglichkeiten des Trägers ab. Aber auch kleinere Außenflächen können durch geschickt ausgewählte und arrangierte Geräte, vor allem aber auch durch mobiles Material, das zum Bauen und Selbergestalten anregt, der Fantasie und der Bewegungsfreude der Kinder entgegenkommen.
Bäume und Büsche dienen nicht nur der landschaftlichen Gestaltung und der Einfriedung des Spielgeländes, sie eignen sich auch zum Klettern, Verstecken und zum Befestigen von Spielgeräten. Mauern fordern zum Besteigen und Balancieren auf, Wände zum Ballspielen und Zielwerfen.

Die üblichen, fest installierten Großgeräte, mit denen das Außenspielgelände des Kindergartens meistens ausgestattet ist, können mit ein bisschen Fantasie und Eigeninitiative (und vielleicht auch mit der Hilfe durch die Eltern) z. B. folgendermaßen ergänzt werden:

Gestaltung des Spielgeländes

An stabilen Bäumen können **Taue zum Klettern und Schaukeln** und Strickleitern angebracht werden; geeignete Bäume auf dem Gelände sollten auch als Kletterbäume „freigegeben" werden, denn hier ist das Klettern oft viel interessanter als auf künstlichen Eisengerüsten. Ist der Abstand zwischen den Bäumen nicht allzu groß, können Hängematten aufgehängt und Seile zwischen 2 Bäumen gespannt werden.

Abgeholzte Bäume oder Baumstämme bieten – auf einer Wiese liegend – hervorragende Gelegenheiten zum Klettern, Balancieren, Steigen und Springen. Baumabschnitte in unterschiedlichen Höhen können zum Sitzen verwendet oder aber ebenfalls zum Balancieren und Springen genutzt werden.
Fensterlose Gebäudewände eignen sich für Ballspiele. Besonders reizvoll ist das Werfen, wenn man ein Ziel anpeilen kann. Freie Wandflächen können mit großflächigen Zeichnungen (z.B. ein Clown, an dessen Hand ein Eimer ohne Boden – oder ein Basketballkorb angebracht ist)

versehen werden. Auch einfache geometrische Symbole (Kreise oder Vierecke in verschiedenen Größen und unterschiedlich hoch aufgemalt) werden von den Kindern als Zielscheiben benutzt.

Auf Asphaltflächen oder Plattenbelag können Hüpfkästchen und Spielmarkierungen aufgezeichnet werden; am liebsten malen die Kinder mit Straßenkreide selber Bilder auf die Erde.

▶ *Material zum Bauen und Selber gestalten*

Fantasievolles Spielen kommt vor allem dann zustande, wenn mobile Materialien, also Kleingeräte, ausrangierte Alltagsgegenstände, Werkzeug und Baumaterial zur Verfügung stehen.
Hier eine Auswahl von geeigneten Geräten und Gegenständen, die sich beim Draußenspielen bewährt haben:

Mobile Geräte und Materialien

- Stelzen in verschiedenen Größen,
- Seile in unterschiedlichen Längen,
- verschieden große und schwere Bälle: z. B. Physiobälle (Gummibälle mit einem Durchmesser von 50–90 cm), Wasserbälle, Schaumstoff bälle, Tennisbälle,
- Getränkekisten zum Bauen von Türmen, Balancierstraßen und Brücken
- Pappkartons in verschiedenen Größen (zum Hineinkriechen, Verstecken, zum Bauen von Tunnels und Höhlen),
- Autoreifen und Autoschläuche (zum Springen, Balancieren und Rollen, zum Bauen von Wippen, Klettertürmen und Balancierinseln),
- Bretter mit unterschiedlicher Breite und Länge (zum Kombinieren mit Kisten, Reifen und Schläuchen),
- Dreiräder, Roller, Fahrräder und Rollschuhe, aber auch Schubkarren, ausrangierte Kinderwagen oder Buggys.

„Baumaterialien"

Zum Spielen gehören auch Sachen, die noch nicht von vornherein eine festgelegte Bedeutung haben, also Bretter, Kisten, Steine, Holzklötze, Latten, Tonnen, Rohre. Mit diesem Material können die Kinder Buden bauen, Brücken und Boote herstellen, und mit der ihnen eigenen Fantasie ganze Kletterlandschaften erstellen. Von Erwachsenen wird das unstrukturierte „unfertige" Material leicht als Müll oder Abfall degradiert, es stört ihre Vorstellung von Ordnung und von einem „schönen" Spielplatz. Kindern werden damit jedoch eine Menge kreativer Spielmöglichkeiten erschlossen, die sie im alltäglichen Umfeld nirgendwo mehr vorfinden. Hier haben sie die Chance, selber etwas schaffen und konstruieren zu können, selbst tätig zu werden und damit auch Erfahrungen aus erster Hand zu gewinnen.

Die oben genannten Materialvorschläge lassen sich weiter ergänzen, denn jeder Kindergarten wird unterschiedliche Voraussetzungen hinsichtlich der Ausstattung mit Bewegungsgeräten und der Beschaffung von Alltagsmaterialien haben.

Wichtig ist ein *Ort zum Aufbewahren der Geräte,* damit sie bei längerem Nichtgebrauch untergebracht werden können. Nach Möglichkeit sollte daher auf dem Spielgelände eine Gerätehütte oder wenigstens ein Abstellraum zur Verfügung stehen.

Geräteaufbewahrung

Ein bei Kindern besonders beliebtes Betätigungsfeld stellt das Matschen und Spielen mit Wasser dar. Ein Wasserschlauch, der in den Sandkasten geleitet wird, lässt den Sand erst richtig formbar werden, Flussstraßen können angelegt und ein kleiner See gestaut werden.

▶ *Spielen im Freien – freies Spielen?*

Freispiel draußen

Nicht alle Kinder haben zur gleichen Zeit das Bedürfnis, zum Spielen nach draußen zu gehen. Um jedem Kind gerecht werden zu können, ist es deswegen erforderlich, auch *Freispielphasen auf dem Außengelände* zu gestatten und den Zeitpunkt des Rausgehens von den Kindern selbst bestimmen zu lassen (auch ohne dass sie immer gleich von einer Erzieherin zur Aufsicht begleitet werden müssen).
Kinder widmen sich im Freien vor allem dem *großräumigen Spiel,* das in der Wohnung und auch innerhalb der Räumlichkeiten des Kindergartens oft zu kurz kommt. Hier ist selbstgesteuertes Lernen möglich, denn die Kinder müssen sich sowohl über die Spielidee als auch über die jeweiligen Rollen im Spiel einigen. Die Erzieherin hilft bei der Bereitstellung der Materialien und schafft dadurch die Rahmenbedingungen für das Spiel, sie sollte den Kindern jedoch überlassen, wie, mit wem und was sie spielen.

Aufgaben der Erzieherin

Die Aufgabe der Erzieherin besteht neben dem Bereitstellen der Rahmenbedingungen darin, das Spiel der Kinder zu begleiten, zu beobachten, vielleicht auch mitzuspielen, ohne jedoch zu sehr das Spiel zu bestimmen. Sie sollte nur dann eingreifen, wenn Kinder sie darum bitten oder wenn Konflikte nicht von der Gruppe selbst gelöst werden können. So kann für Kinder ein Raum geschaffen werden, in dem sie die Voraussetzungen für selbständiges Handeln gewinnen können.

Traditionelle Kinderspiele aufgreifen

Manchmal kann es sinnvoll sein, neben den freien Spielsituationen auch *Impulse und Anregungen* zu geben, um das Spielrepertoire im Sinne der früher selbst organisierten Straßenspiele zu erweitern. Durch das Aufgreifen *traditioneller Kinderspiele* wie Ballprellen an

der Hauswand, Kreisspiele, Reifentreiben, Seilspringen oder Hopsespiele kann die Spielkultur der Kinder bereichert werden (vgl. Jost 1985, Trautwein 2002). Vor allem Spiele, für die eine große Anzahl von Mitspielern benötigt werden, geraten heute schnell in Vergessenheit, da außerhalb des Kindergartens meist nicht genügend Kinder zusammenkommen, um diese Spiele spielen zu können.
Solche Spielanregungen sollten jedoch Angebote bleiben. Die Kinder sollten selbst entscheiden, ob sie daran teilnehmen oder lieber selbstbestimmten, eigenen Spielideen nachgehen.

▸ *Spielorte außerhalb des Kindergartengeländes*

Öffnung des Kindergartens

Draußenspielen kann sich auch auf das nähere Umfeld des Kindergartens erstrecken. Vor allem für Einrichtungen mit kleinräumigem Außengelände ist es wichtig, öfter einmal die Enge des Kindergartenbereichs zu verlassen und nahe gelegene Spielplätze oder auch öffentliche Plätze, die sich zum Spielen eignen, aufzusuchen.

So kann die Erzieherin z. B. mit den Kindern in einen Wald oder in den Stadtpark gehen, eine Wanderung über Wiesen machen, das Wohnviertel um den Kindergarten herum erkunden. Auf dem Weg ist es vor allem wichtig, dass die hier vorgefundenen Bewegungsgelegenheiten genutzt werden dürfen: Über Bordsteinkanten balancieren, auf Mauern klettern, über Gräben springen, Treppenstufen ersteigen.

Situative Bewegungsanlässe

Draußen spielen beinhaltet daher auch, die situativen Bewegungsanlässe der Natur zu nutzen für grundlegende Betätigungsformen: Rennen und laufen, springen und klettern, balancieren und steigen, kriechen und hängen, rutschen und ziehen, rollen und wälzen, heben und tragen – all das ist z. B. bei einem Spaziergang durch den Wald möglich.

Kinder nehmen ihre Umwelt als Bewegungswelt wahr. Erwachsene sollten dies zu verstehen versuchen und Kindern zum Erobern ihrer Umwelt ausreichend Zeit und Gelegenheit geben.

8.4 Aufsichtspflicht bei Bewegungsaktivitäten

Da Spielen und Sichbewegen nicht immer unter der Aufsicht von Erwachsenen steht und viele der genannten Bewegungsaktivitäten von den Kindern selbst initiiert und organisiert werden können,

sollte bei der Ausstattung von Spiel- und Bewegungsräumen darauf geachtet werden, dass sie möglichst sicher und frei von Gefahren sind, die die Kinder noch nicht einschätzen können.
Andererseits sind bei Bewegungsgeräten nie alle Gefahrenquellen ganz auszuräumen, und der Reiz mancher Spielgeräte liegt ja manchmal auch in der Ungewissheit, inwieweit die hier gestellten Anforderungen bewältigt werden können oder nicht.
Den *Vollkasko-Spielplatz* gibt es nicht, und es ist ja gerade ein pädagogisches Ziel, dass Kinder lernen, ihre eigenen Fähigkeiten einzuschätzen, sich auf Gefahren einzustellen, ihr Handeln danach auszurichten.

▶ *Aufsichtspflicht und Erziehung zur Selbstständigkeit – ein Widerspruch?*

Im Kindergarten wird sich die Erzieherin häufig vor allem bei den freien Bewegungsspielen, aber auch bei offenen Bewegungsangeboten die Frage stellen, wie viel Freiraum sie den Kindern zugestehen kann, ohne die erforderliche Aufsichtspflicht zu verletzen. Da gerade die Überlegungen zur vollständigen Absicherung von Spielsituationen und Bewegungsangeboten Erzieherinnen wie auch Kinder in ihren spontanen Aktivitäten sehr behindern können, andererseits die Rolle der Erzieherin jedoch auch die Übernahme von Verantwortung mit sich bringt, gerät sie hier oft in Konflikte.
Ein wesentliches Ziel des Kindergartens – die Erziehung zur Selbstständigkeit und zur Eigenverantwortlichkeit – muss nicht im Gegensatz stehen zur Pflicht der Erzieherin, das Kind vor Schäden zu bewahren: *„Das pädagogische Ziel der Erziehung zur Selbständigkeit begrenzt ... die zumutbaren Aufsichtsmaßnahmen“* (MAGS 1981,18).

Gerade Bewegungssituationen werden häufig als Beispiel dafür herangezogen, wie die Erzieherin Geräte absichern muss und welche Regeln sie aufstellen sollte, um Gefahren zu vermeiden.
Gleichzeitig sind aber Bewegungsangebote besonders gut geeignet, Kindern die *Einschätzung ihrer eigenen körperlichen Kräfte* und ihrer Leistungsfähigkeit zu ermöglichen. Hierfür bedarf es jedoch auch eines ausreichend großen Handlungsspielraums, der nicht durch ständige Reglementierung und Bevormundung von Seiten der Erwachsenen eingeschränkt werden darf.
Zwar müssen Materialien und Geräte vor dem Gebrauch auf mögliche Gefahrenquellen hin untersucht werden, und diese sollten auch soweit wie möglich entschärft werden. Aber nicht alle Geräte, die

Kinder zur Bewegung nutzen und die sie zu fantasievollem Umgang animieren, sind „TÜV-geprüft" und entsprechen einer „Sport- und Spielgeräte-Norm". Gerade Alltagsmaterial und ausrangierte Gebrauchsgegenstände haben einen hohen Spielreiz für Kinder, und nicht immer ist ein offiziell anerkanntes Spielgerät auch das beste Gerät zum Spielen.

Mit Gefahren umzugehen lernen

Kinder müssen auch lernen, mit Gefahren umzugehen, sie einzuschätzen und sich in ihrem Verhalten auf sie einzustellen. Ob also die zuvor beschriebenen Autoschläuche und -reifen in Verbindung mit mehreren, verschieden langen und breiten Brettern auf dem Außengelände des Kindergartens als willkommene Balancier-, Schaukel- und Wippgelegenheit oder als zu große Gefahrenquelle gesehen werden, ist vor allem davon abhängig, wie groß das Vertrauen der Erzieherin in die Fähigkeit der Kinder ist und *wie die Kinder den selbstständigen Umgang mit Spiel- und Bewegungsgeräten bisher gewohnt waren.* Ein Brett kann auf einem Schlauch nie vollkommen sicher aufgelegt werden, es wird immer wackelig und kippelig sein, und gerade das macht ja den Reiz der Geräte aus. Kinder werden die Reifen auch manchmal zu hoch aufeinander türmen, sodass sie beim Hinaufklettern mitsamt dem Reifenberg umfallen. In der Unberechenbarkeit und vielseitigen Nutzbarkeit liegt jedoch die besondere Attraktivität dieser durch keine DIN-Norm und keine Vorschriften vollkommen absicherbaren Geräte. Genauso wenig ist es erforderlich, dass die Erzieherin bei allen Aktivitäten unmittelbar anwesend ist, also neben den Kindern steht und das Spielgeschehen überwacht, um sofort eingreifen oder Verbote aussprechen zu können. *„Kinder lernen das richtige Verhalten in Gefahrensituationen oder den Umgang mit gefährlichen Gegenständen am besten, indem sie dieses Verhalten oder diesen Umgang selbst und weitgehend ohne aktives Eingreifen des Erziehers einüben. Diese Methode setzt sie besser instand, sich und andere nicht zu gefährden, als wenn sie durch Verbote vom Tun abgehalten und jahrelang nur durch Belehrungen theoretisch auf Gefahren vorbereitet würden"* (*MAGS* 1981,14).

Risiken einschätzen lernen

▸ *Bewegungserziehung als aktive Sicherheitserziehung*

Ergebnisse von Untersuchungen zu Unfallursachen

Nach einer Erhebung der Eigenunfallversicherung (EUV) der Stadt Frankfurt sind die meisten Unfälle im Kindergarten mit mangelnden motorischen Fähigkeiten der Kinder verbunden. Rund 70 Prozent der Kindergartenunfälle sind Stürze, den Kindern gelingt das Abfangen ihres eigenen Körpergewichtes nicht, es fehlt ihnen an Reaktionsschnelligkeit und an Kraft in den Armmuskeln (Kunz 1989). Die Ergebnisse veranlassten die EUV zur Durchführung einer spezifischen Bewegungsförderung bei einer Versuchsgruppe von 400 Kindern. Sie führte nicht nur zu einem Anstieg der motorischen Fähigkeiten, es wurde auch ein deutlicher Rückgang der Unfallzahlen während der Zeit der Förderungsdauer festgestellt, ein Nebeneffekt, der sich z.B. bei den – nicht geförderten – Kontrollgruppen nicht zeigte (vgl. Kunz 1989).

Bewegungssicherheit kann nur durch Bewegung erworben werden

Es klingt fast paradox, dass ausgerechnet ein Unfallversicherungsverband darauf kommt, *dass zu viel Sicherheit für Kinder unfallträchtig ist.* Kinder, die nicht gelernt haben, wie man fällt, können im Ernstfall ihre eigenes Gewicht nicht mehr auffangen, sie verletzen sich oft schon beim Sturz aus geringer Höhe. Bewegungssicherheit kann nur durch Bewegung erreicht werden, durch die *Bewältigung von Risikosituationen.* Wie man richtig fällt, kann man eben nur durch Fallen lernen. Und wenn der Boden überall durch weiche Matten abgepolstert ist, verlieren Kinder schnell den Bezug zur Realität. Sich bewegen ist immer mit einem Risiko verbunden, und mit diesem Risiko umzugehen lernt man nur durch vielseitige Bewegungserfahrungen.
Bei allen Fragen nach der Aufsichtspflicht kommt es sehr darauf an, das Verhalten der Kinder einschätzen zu können, zu wissen, was man ihnen zutrauen kann und was nicht.
Damit wird Bewegungserziehung nicht – wie so oft befürchtet – zum Ort ständig drohender Gefahren und Verletzungen, sondern infolge der Verbesserung der motorischen Fähigkeiten auch zu einer Maßnahme aktiver Sicherheitserziehung.
Die Erzieherin sollte jedoch auch bedenken, dass viele Ängste, die sie hinsichtlich möglicher Gefahrenquellen bei den Bewegungsaktivitäten von Kindern hat, evtl. auch aus ihrer eigenen Beziehung zur Bewegung resultieren. Erwachsene, die selbst wenig Sport treiben und denen Bewegungssituationen eher unangenehm sind, sind meist auch unsicher in dem, was sie Kindern zutrauen können.

Ängste der Erzieherin

Für die Erzieherin kann es daher auch wichtig sein, z.B. in Fortbildungsveranstaltungen wieder eigene Erfahrungen mit ihrem Körper zu machen und sich selbst in Bewegung zu erleben. Dies kann auch über die hier angesprochene Frage der Einschätzung der kindlichen Fähigkeiten hinaus eine wertvolle Hilfe für die Gestaltung von Bewegungsangeboten sein und die Erzieherin darin unterstützen, sowohl die Ängste von Kindern als auch ihre Bedürfnisse besser zu verstehen.

9. Vom „Bewegten Kindergarten" zum „Bewegungskindergarten"

In den vergangenen 10 Jahren haben die Institutionen des Elementarbereichs zunehmend ein individuelles eigenes Profil entwickelt. Die Berücksichtigung veränderter Lebensbedingungen von Kindern, die Einsicht in die Bedeutung einer „Bildung der Sinne", die Sicht des Kindes als Bewegungswesen, das über seinen Körper sich selbst und die Wirklichkeit erfährt, die Verbreitung der Psychomotorik als kindzentrierte Methode einer ganzheitlichen Entwicklungsförderung führte zu einer Aufwertung des Stellenwertes der Bewegungserziehung. Der „Sitzkindergarten", in dem Tische und Stühle das Bild der Gruppenräume prägten, in dem vorwiegend Bastelaktivitäten angeboten wurden und der Aufenthalt im Freien sich auf verordnete, festgelegte Zeiten beschränkte, gehört heute der Vergangenheit an. Stattdessen dominiert in vielen Einrichtungen ein

Leitbild, das sich am „aktiv die Welt erkundenden", durch Selbsttätigkeit lernenden Kind orientiert. Das Kind wird als „Akteur seiner eigenen Entwicklung" gesehen.

So entstanden unter anderem Konzeptionen wie der „Waldkindergarten" (Schede 2000) oder der „Bewegungskindergarten" (Krawietz 1997), die ein deutliches Profil zugunsten von Bewegung, Sinneserfahrung und naturnahem Spielen aufweisen (vgl. Zimmer 2001b).

In einem Bewegungskindergarten wird Bewegung als das Gestaltungsinstrument der pädagogischen Arbeit gesehen. Die Bedeutung von Bewegung als einem besonders wichtigen Medium der Entwicklungsförderung von Kindern wird ausdrücklich hervorgehoben und entsprechende Konsequenzen für die Raumgestaltung und die Angebote gezogen.

In der Zwischenzeit gibt es in Deutschland viele Initiativen, Kindergärten bewegungsfreudiger zu gestalten und sogar „Bewegungskindergärten" einzurichten (zur historischen Entwicklung und zum pädagogischen Konzept siehe Zimmer 2001b).

Allen Initiativen gemeinsam ist, dass sie die Bewegungsförderung der Kinder ausdrücklich zum Schwerpunkt ihrer pädagogischen Konzeption machen. Oft sind sie in der Trägerschaft eines Sportvereins entstanden, nutzen die Sportstätten und kooperieren mit dem hauptamtlich tätigen Personal. Trotz der Nähe zum Sport stehen die Spiel- und Bewegungsbedürfnisse der Kinder im Vordergrund, die selbstverständliche, tägliche Einbeziehung von Bewegungsaktivitäten. Die Nutzung unterschiedlicher Bewegungsräume kann zu einer erheblichen Bereicherung des kindlichen Lebens- und Erfahrungsfeldes führen.

Ein Kindergarten kann sich aufgrund seiner pädagogischen Konzeption, seiner räumlichen Gestaltung, der besonderen Qualifikationen der Erzieherinnen das Profil „Bewegungskindergarten" geben.

Ein solches Etikett ist nicht geschützt, es liegt jedoch auf der Hand, dass die Rahmenbedingungen des Kindergartens eine Schwerpunktsetzung auf Bewegung ermöglichen müssen. Dazu gehören zwar auch die räumlichen Voraussetzungen und die Ausstattung mit Geräten, insbesondere aber die fachliche Kompetenz und das Interesse der Erzieherinnen.

Besonders erfreulich ist, dass auch Einrichtungen mit einem eher bescheidenen räumlichen Umfeld sich bemühen, ihr pädagogisches

Konzept ganz auf die Spiel- und Bewegungsbedürfnisse von Kindern abzustimmen. So berichtet Karin Schaffner über den Bewegungskindergarten Christuskirche in Schweinfurt: *„In unserem Kindergarten ist Bewegung zur pädagogischen Leitidee geworden. Atmosphäre und Umgebung fördern Neugierverhalten, Kreativität, Spontaneität und Sozialverhalten, damit unsere Kinder zu selbstbewussten, gesunden und fröhlichen Menschen heranwachsen können. Wir beziehen die Bewegung in alle anderen Lernbereiche ein!*
Schon auf dem Gehweg vor dem Kindergarten laden gemalte Phantasietiere zum Balancieren und Hüpfen ein. in allen Gruppenräumen gibt es mehrere Spielebenen mit Tobe-Ecke, Kletterwand und – tau, Hängematte, Höhlen, Minitrampolin, Riesenkreisel, Gummi-twist, Steckenpferde, Dosenstelzen, Tast-, Hör- und Riechspiele und eine Werkbank mit allen gängigen Werkzeugen". (Schaffner 2001, 203)

Die Umgestaltung des Kindergartens zu einem Bewegungskindergarten beruht hier vorwiegend auf der Initiative engagierter Erzieherinnen. Sie schafften es, auf einem kleinen, ungünstig zugeschnittenen Außengelände ein kleines Bewegungsparadies mit einer „echten" Baustelle, einem Indianerdorf, einem Kletterbaum, einer Fußfühlstraße mit Naturmaterialien und einem Summstein zu kreieren. Die Kinder besuchen regelmäßig ein nahe gelegenes Schwimmbad einer Grundschule, die Schlittschuhbahn und den Rollschuhverein.
Es hängt also nicht allein vom Vorhandensein von Sporthallen und optimalen Geräteausstattungen ab, ob ein Kindergarten umfassende Möglichkeiten für Spiel und Bewegung und damit die Voraussetzungen für eine kindgerechte Entwicklungsförderung schaffen kann, sondern eher vom Engagement und der Überzeugung der Erzieherinnen.

Nicht jeder Kindergarten muss ein Bewegungskindergarten sein, aber Bewegung gehört in jeden Kindergarten. Dies ist verpflichtend und herausfordernd zugleich, wenn er seinen Anspruch auf ganzheitliche Bildung und Erziehung von Kindern erfüllen will.

10. Literatur / Medien

Affolter, F.: Wahrnehmungsprozesse, deren Störung und Auswirkung auf die Schulleistung, insbesondere Lesen und Schreiben. In: Zeitschrift für Kinder- und Jugendpsychiatrie 1975, 3
Arbeitsgruppe Vorschulerziehung (Hrsg.): Anregungen I: Zur pädagogischen Arbeit im Kindergarten. München: Juventa 1974
Arbeitsgruppe Vorschulerziehung (Hrsg.): Anregungen II: Didaktische Einheiten im Kindergarten. München: Juventa 1976
Ayres, A. J.: Bausteine der kindlichen Entwicklung. Berlin: Springer 2002
Bach, F./Haupt, U.: Lernbereich Sport. Bewegungserziehung der 4- bis 6-Jährigen. München: BSV 1975
Bandura, A.: Lernen am Modell. Stuttgart 1976
Baur, J.: Motorische Entwicklung. Konzeptionen und Trends. In: Baur, J. u.a.(Hrsg.):Motorische Entwicklung. Schorndorf: Hofmann 1994, 27–47
Bayrischer Erziehungs- und Bildungsplan für Kinder in Tageseinrichtungen bis zur Einschulung. Weinheim: Beltz 2003
Beins, H.J./Cox, S.: „Die spielen ja nur!?" Psychomotorik in der Kindergartenpraxis. Dortmund: Borgmann 2001
Belser, H. u.a.: Curriculum-Materialien für Vorschule und Eingangsstufe.Weinheim: Beltz 1975
Bender, S.: Sprache ist mehr als Sprechen – psychomotorische Kommunikationsförderung als Perspektive für die logopädische Therapie. In: Motorik (27) 2004, S. 24–30
Bergemann, M.: Leibeserziehung im Vorschulalter. München: Bardtenschlager 1983
Betsch, W. (Red.): Bewegungserziehung im Vorschulalter. Schorndorf: Hofmann 1979
Beudels, W. u.a.: Das ist für mich ein Kinderspiel. Dortmund: Borgmann 1994
Biermann, I.: Spiele zur Wahrnehmungsförderung. Freiburg: Herder 1999
Blumenthal, E.: Kooperative Bewegungsspiele. Schorndorf: Hofmann 2001
Blumenthal, E.: Bewegungsspiele für Vorschulkinder. Schorndorf: Hofmann 1996
Brinckmann, A./Treess, U.: Bewegungsspiele. Reinbek: Rowohlt 1980
Brodtmann, D.: Sportunterricht und Schulsport. Bad Heilbrunn: Klinkhardt 1984
Brodtmann, D.: Die Frage nach dem wie. In: Sportpädagogik 9 (1985), S. 32–38
Büchsenschütz, J./Regel, G. (Hrsg.): Mut machen zur gemeinsamen Erziehung. Hamburg: EBV Rissen 1992
Bühler, Ch.: Kindheit und Jugend. Göttingen 1964
BZgA (Bundeszentrale für gesundheitliche Aufklärung (Hrsg.): Lied und Bewegung. Köln: Eigenverlag 2002
Cicurs, H.: Körperliche Gesundheit, Belastbarkeit und Leistungsfähigkeit. In: Zimmer, R. 1990, a.a.O.
Cicurs, H./ Ferié, C./ Langer, H.: Bewegungsangebote für übergewichtige Kinder. In.: Zimmer, R./ Hunger, I.(Hrsg.): Wahrnehmung – Bewegung – Lernen. Schorndorf: Hofmann 2004. S.48–53.
Clausmeyer, I.: Gebundene Tanzformen – Internationale Kindertänze. In: Zimmer, R. (Hrsg.) 1990, a.a.O. S. 38–56
Colberg-Schrader, H. u.a.: Soziales Lernen im Kindergarten. München: Kösel 1991
Diem, L.: Sport für Kinder. München: Kösel 1973
Diem, L.: Spiel und Sport im Kindergarten. München: Kösel 1980
Doering, W. u. W.: Sensorische Integration. Dortmund: Borgmann 1999
Dornes, M.: Der kompetente Säugling. Frankfurt: Fischer 1996
Drygula, A.: Der Situationsansatz Ende der 80iger Jahre. In: Engelhard, D., u. a. (Hrsg.): Handbuch der Elementarerziehung. Seelze: Kallmeyer 1989
Eberspächer, Hans: Sportpsychologie. Reinbek: Rowohlt 1993
Eliot, L.: Was geht da drinnen vor? Die Gehirnentwicklung in den ersten fünf Lebensjahren. Berlin: Berlin 2002
Engelhard, D.: Vom Kindergarten zur Tageseinrichtung. In: Engelhard, D. u.A. (Hrsg.): Handbuch der Elementarerziehung. Seelze: Kallmeyer 1992
Eppstein, S.: Entwurf einer integrativen Persönlichkeitstheorie. In: Filipp, S. (Hrsg.) 1993, a.a.O.
Erath, P.: Von der Kinderkrippe zur altersgemischten Gruppe in der Tagesstätte. In: Theorie und Praxis der Sportpädagogik 99 (1991) 3, S. 137–140
Filipp, S.: Selbstkonzeptforschung. Stuttgart: Klett-Cotta 1993
Fluri, H.: 1012 Spiele und Übungsformen in der Freizeit. Schorndorf: Hofmann 1996
Franzkowiak, P.: Entwicklungsaufgaben und Psychohygiene vom dritten bis zwölften Lebensjahr. In: Hamburg Münchener Krankenkasse (Hrsg.): Präventionsstrategien für eine gesunde Kindheit. Hamburg 2003, S. 24–45
Fthenakis, W.E. (Hrsg.): Elementarpädagogik nach Pisa. Freiburg: Herder 2003
Gesell, A.: Körperseelische Entwicklung in der frühen Kindheit. Jena 1929
Gopnik, A. u.a.: Forschergeist in Windeln. München, Piper 2003
Grabbet, R.: Laufen, Toben, Springen, Loben. Offenbach: Burckhardthaus-Laetare 1987
Grupe, O.: Bewegung, Spiel und Leistung im Sport. Schorndorf: Hofmann 1982

Grupe, O.: Zur Bedeutung von Körper-, Bewegungs- und Spielerfahrungen für die kindliche Entwicklung. In: Altenberger, H./Maurer, F. (Hrsg.): Kindliche Welterfahrung in Spiel und Bewegung. Bad Heilbrunn: Klinkhardt 1992. S.9–38 Vorschule, Elternhaus und Verein. Bonn: Dümmler 1987
Haucke, K.: Mit Räumen spielen. In: Welt des Kindes 1984, S. 18–26 Klett 1980
Heckhausen, H./Roelofsen, I.: Anfänge und Entwicklung der Leistungsmotivation. In: Psychologische Forschung 28 (1965) 179–235
Heckhausen, H.: Förderung der Lernmotivierung und der intellektuellen Tüchtigkeiten. In: Deutscher Bildungsrat: Begabung und Lernen. Stuttgart: Klett 1974, S. 192–228
Heckhausen, H.: Motivation und Handeln. Berlin: Springer 2003
Heckhausen, H./Rauh, H.: Studienbegleitbrief 3. Funkkolleg Pädagogische Psychologie. Weinheim 1972
Hellbrügge, T.: Biologische Grundlagen zur Bewegungserziehung und zum Kindersport. In: Zimmer, R./ Cicurs, H. (Red.): Kinder brauchen Bewegung. Brauchen Kinder Sport? Aachen: Meyer & Meyer 1997. S. 188–202
Hentig, H.v.: Bildung. München: Hanser 1996
Hering, W.: Spiel-Lieder mit Pfiff. Reinbek: Rowohlt 1999
Herm, S.: Psychomotorische Spiele für Kinder in Krippen und Kindergärten. Weinheim: Beltz 2001
Herm, S.: Bewegungsangebote in der Kinderkrippe. In: Zimmer, R./Cicurs, H. (Red.): Kinder brauchen Bewegung. Brauchen Kinder Sport? Aachen: Meyer & Meyer 1997, S. 126–129
Hessisches Sozialministerium (Hrsg.): Bewegung und Spiel im Kindergarten. Wiesbaden: Selbstverlag 1983
Hessisches Sozialministerium (Hrsg.): Vorläufige Richtlinien Frühförderung in Hessen. Wiesbaden 1987
Holle, B.: Die motorische und perzeptuelle Entwicklung des Kindes. München – Weinheim: Beltz 2000
Hollmann, W.: Körperliche Aktivität und Gesundheit in Kindheit und Jugend. In: Zimmer, R./ Hunger, I. (Hrsg.): Wahrnehmen – Bewegen – Lernen. Schorndorf: Hofmann 2004, S. 32–42
Hünnekens, H./Kiphard, E.J.: Bewegung heilt. Gütersloh: Flöttmann 1985
Hunger, I.: Handlungsorientierungen im Alltag der Bewegungserziehung. Schorndorf: Hofmann 2000
Huppertz, N.: Brauchen wir einen neuen Kindergarten? In: Kindergarten heute 22 (1992) 3, S. 26–32
Hurrelmann, K.: Sozialisation und Gesundheit. München: Juventa 1994
Hurrelmann, K.: Kinder brauchen Spielraum. In: Spielraum und Freizeitwert 12 (1991) 2, S. 66–71
Hurrelmann, K.: Entwicklungs- und Gesundheitsprobleme von Kindern. In: Zimmer, R./ Hunger, I.(Hrsg.): Wahrnehmen – Bewegen – Lernen. a.a.O. 2004, S. 19–31
Jost, E.: Spielanregungen – Bewegungsspiele. Reinbek: Rowohlt 1985
Kater, E.: Hilf mir, dass ich lernen kann. In: Welt des Kindes 65 (1987) 1, 62–69
Kautter, H. u.a.: Das Kind als Akteur seiner Entwicklung. Heidelberg: Winter 1998
Kemper, F. J.: Motorik und Sozialisation. Bad Homburg: Limpert 1982
Kiphard, E. J.: Motopädagogik. Dortmund: Modernes Lernen 2001
Kiphard, E. J.: Psychomotorik in Praxis und Theorie. Gütersloh: Flöttmann 1989
Kleine, W. (Hrsg.): Bewegung im Kinderzimmer. Aachen Meyer & Meyer 1997
Kleinke, C.: Sprechreime und Singspiele. In: Zimmer, R. (Hrsg.) 1990, a.a.O. S. 19–37
Krawietz, C.: Das Weiterstädter Modell. In: Zimmer, R. (Hrsg.): Bewegte Kindheit. Schorndorf: Hofmann 1997, S. 192–197
Krenz, A.: Der „Situationsorientierte Ansatz“ im Kindergarten. Freiburg: Herder 2002
Kunz, T.: Voraussetzungen und Möglichkeiten der Sicherheitserziehung im Kindergarten. Herausgeber: BAGUV. Oberhausen 1989
Laewen, H.J./Andres, B. (Hrsg): Forscher, Künstler, Konstrukteure. Weinheim/München: Beltz 2002
Lenneberg, E. J.: Biologische Grundlagen der Sprache. Frankfurt: Suhrkamp 1998
Liebisch, R./Weimann, R.: Haltungsförderung – auch ein Thema für Vorschulkinder? In: Zimmer, R./Cicurs, H. (Red.): Kinder brauchen Bewegung. Brauchen Kinder Sport? Aachen: Meyer & Meyer 1997. S. 207-211
Liegle, L.: Curriculumkonzepte für die Kindergartenarbeit. In: Mörsberger, H. u. a. (Hrsg.): Der Kindergarten. Freiburg: Herder 1991
Lorenz, H.-H./Stein, G.: Eltern-Kind-Turnen, Bewegung und Spiel miteinander erleben. Celle: Pohl 1988
Lüthje-Klose, B.: Szenen psychomotorischer Sprachentwicklungsförderung. In: Motorik 27(2004)1, S. 31–39
MAGS (Ministerium für Arbeit, Gesundheit und Soziales NRW): Aufsichtspflicht in Kindergärten und Horten. Düsseldorf 1981
MAGS (Ministerium für Arbeit, Gesundheit und Soziales NRW): Bewegungserziehung im Kindergarten. Rahmenkonzeption zur Integration von Spiel und Bewegung im Kindergartenalltag. Düsseldorf 2001
Michaelis, H./Treess, U.: Lernbereich Bewegungsspiel und Sport. In:Belser, H., a.a.O., S. 113–224
Miedzinski, K.: Die Bewegungsbaustelle. Dortmund: Modernes Lernen 2000
*Mietzel, G.:*Wege in die Entwicklungspsychologie. München: PVU 2002
Montessori, M.: Das kreative Kind. Freiburg: Herder 2002
Möckelmann, H.: Leibeserziehung und jugendliche Entwicklung. Schorndorf: Hofmann 1967
Mörsberger, H./Moskal, E./Pflug, E. (Hrsg.): Der Kindergarten. Freiburg: Herder 1983
Mrazek, J.: Einstellungen zum eigenen Körper – Grundlagen und Befunde. In: Bielefeld, J. (Hrsg.): Körpererfahrung. Göttingen: Hogrefe 1991

Mussen, P. H./Conger, J. J./Kagan, J.: Lehrbuch der Kinderpsychologie. Stuttgart 1999
Neubauer, W. F.: Selbstkonzept und Identität im Kindes- und Jugendalter. München: Reinhardt 1976
Nickel, U.: Kinder brauchen ihren Sport. Celle: Pohl 1990
Oerter, R.: Moderne Entwicklungspsychologie. Donauwörth: Auer 1973
Olbrich, I.: Auditive Wahrnehmung und Sprache. Dortmund: Modernes Lernen 2002
Pauly, P./Gebhardt, M.: Mit Kindern turnen. Niedernhausen: Falken 1991
Polinski, L.: PEKiP: Spiel und Bewegung mit Babys. Reinbek: Rowohlt 2001
Pulkkinen, A.: Babys spielerisch fördern mit dem Prager-Eltern-Kind- Programm. München: Gräfe und Unzer 1999
Petersen, G.: Erfahrungen mit altersgemischten Gruppen in NRW. In: Theorie und Praxis der Sozialpädagogik 99 (1991) 3, S. 133–136
Piaget, J.: Das Erwachen der Intelligenz beim Kinde. Stuttgart: Klett 2002
Piaget, J.: Theorien und Methoden der modernen Erziehung. Frankfurt: Fischer 1976
Piaget, J./Inhelder, B.: Die Psychologie des Kindes. Frankfurt: Fischer 1986
Pikler, E.: Lasst mir Zeit. München: Pflaum 2001
Pott, E.: Zentrale Gesundheitsprobleme im Kindesalter und Entwicklung von Interventionsstrategien. In: BZgA (Hrsg.): „Früh übt sich..." Gesundheitsförderung im Kindergarten. Köln BZgA 2002, S. 22–27
Preissing, Ch./Preuss-Lausitz, U./Zeiher, H.: Veränderte Kindheitsbedingungen: Neue Freiheiten, neue Zumutungen, neue Chancen? In: Preuss-Lausitz, U./Rülcker, T./Zeiher, H.: Selbständigkeit für Kinder – die große Freiheit? Weinheim: Beltz 1990
Regel, G. (Hrsg.): Psychomotorik im Kindergarten II. Rissen: EBV 1988
Regel, G.: Zusammenwirkende Strukturelemente offener Kindergartenarbeit. In: Kindergarten heute 22 (1992) 3, S. 36–44
Regel, G./ Kühne, T.: Arbeit im offenen Kindergarten. Freiburg: Herder 2001
Regel, G./Wieland, A. J. (Hrsg.): Psychomotorik im Kindergarten. Rissen: EBV 1984
Retter, H.: Zum gegenwärtigen Stand der Lehre von den Entwicklungsphasen in der Leibeserziehung. In: Die Leibeserziehung 18 (1969) 1, S. 4–11
Rolff, H. G./Zimmermann, P.: Kindheit im Wandel. Weinheim: Beltz 2001
Roth, H.: Pädagogische Anthropologie. Hannover 1966
Roth, K.: Strukturanalyse motorischer Fähigkeiten. Bad Homburg: Limpert 1982
Schäfer, G.E.: Sinnliche Erfahrung bei Kindern. Weinheim/München: Beltz 1999
Schäfer, G.E. (Hrsg.): Bildung beginnt mit der Geburt. Weinheim: Beltz 2003
Schaffner, K.: Die Welt ist schön. Band I. Celle: Pohl 1991
Schaffner, K.: Der Bewegungskindergarten Christuskirche in Schweinfurt. In: Zimmer, R./ Hunger, I.(Hrsg.): Kindheit in Bewegung. Schorndorf: Hofmann 2001, S. 203–206
Schede, H.G.: Der Waldkindergarten auf einen Blick. Freiburg: Herder 2000
Scheid, V.: Bewegung und Entwicklung im Kleinkindalter. Schorndorf: Hofmann 1989
Scheid, V./Prohl, R.: Kinder wollen sich bewegen. Dortmund: Modernes Lernen 1988
Schenk-Danzinger, L.: Zur entwicklungspsychologischen Bedeutung des Spiels. In: Kreuzer, K. J. (Hrsg.): Handbuch der Sielpädagogik Band 1. Düsseldorf: Schwann 1983, S. 369–384
Scherler, K.: Sensomotorische Entwicklung und materiale Erfahrung, Schorndorf: Hofmann 1975
Scherler, K.: Die Regelung von Bewegungsspielen als Thema des Sportunterrichts. In: Sportwissenschaft 7 (1977) 4, S. 341–360
Schönrade, S.: Kinderräume – Kinderträume. Dortmund: Borgmann 2001
Schraag, M./Jansen, W. (Red.): Geräte und Materialien in der Bewegungserziehung. Schorndorf: Hofmann 1996
Schüttler-Janikulla, K.: Arbeitsmappen zum Sprachtraining und zur Intelligenzförderung. Oberursel 1968
Seligman, M.: Erlernte Hilflosigkeit. München: Urban und Schwarzenberg 2000
Singer, R.: Psychologische Aspekte des Lernens. In: Gabler, H./Nitsch, J. R./Singer, R.: Einführung in die Sportpsychologie. Schorndorf: Hofmann 2000
SPI (Sozialpädagogisches Institut für Kleinkinder und außerschulische Erziehung des Landes Nordrhein-Westfalen): Kennen Sie den Hort? Köln: Selbstverlag 1990
Stein, G.: Kinder und Eltern turnen. Aachen: Meyer & Meyer 1997
Szagun, G.: Wie Sprache entsteht. Weinheim: Beltz 2001
Tausch, R./Tausch, A.: Erziehungspsychologie. Göttingen: Hogrefe 1977
Trautner, H. M.: Lehrbuch der Entwicklungspsychologie Band 1. Göttingen: Hogrefe 1992
Trautwein, G.: Die schönsten alten Kreisspiele – Freiburg: Herder 2004
Ungerer-Röhrich, U. u. a.: Praxis sozialen Lernens im Sportunterricht. Dortmund: Borgmann 1990
Verlinden, M./Haucke; K.: Einander annehmen. Soziale Beziehungen im Kindergarten. Köln: Kohlhammer 1995
Vogt, U.: Die Motorik 3- bis 6-jähriger Kinder. Schorndorf: Hofmann 1978
Vogt, W.: Bewegungsförderung. Hannover: Schroedel 1975
Volkamer, M./Zimmer, R.: Kindzentrierte Mototherapie. In: Motorik 9 (1986) 2, S. 49–58
Vokamer, M./Zimmer, R.: Vom Mut, trotzdem Lehrer zu sein. Schorndorf: Hofmann 2000
Watson, J. B./Graumann, C. F.: Behavorismus. Eschborn: Klotz 2000

Weber, S.: Die Bildungsbereiche im Kindergarten. Freiburg: Herder 2003
Wehrmann, I.: Zukunft der Kindergärten – Kindergärten der Zukunft: Neue Formen der Kindergartenbetreuung. In. Fthenakis, W.E. (Hrsg.): a.a.O. 2003, S. 294–316
Wendler, M.: Die Gestaltung eines Bewegungsraumes unter motopädagogischen Gesichtspunkten. In: Motorik 14 (1991) 3, S. 9–109
Willimczik, K./Roth, K.: Bewegungslehre. Reinbek: Rowohlt 1985
Winter, R.: Die motorische Entwicklung des Menschen von der Geburt bis ins hohe Alter. In: Meinel, K./Schnabel, G.: Bewegungslehre und Sportmotorik. München 2004
Wygotski, L. S.: Denken und Sprechen. Weinheim: Beltz 2002
Zeiher, H.: Die vielen Räume des Kindes – Zum Wandel räumlicher Lebensprägungen seit 1945. In: Preuss-Lausitz, U. u. a.: Kriegskinder, Konsumkinder, Krisenkinder. Weinheim: Beltz 1999
Zimmer, R.: Motorik und Persönlichkeitsentwicklung bei Kindern im Vorschulalter. Schorndorf: Hofmann 1996
Zimmer, R. (Hrsg.): Bewegte Kindheit. Schorndorf: Hofmann 1997a
Zimmer, R.: Sinneswerkstatt. Projekte zum ganzheitlichen Leben und Lernen. Freiburg: Herder 1997b
Zimmer, R.: Schafft die Stühle ab. Freiburg: Herder 1999
Zimmer, R. (Hrsg.): Spielformen des Tanzens. Dortmund: Verlag modernes Lernen 2000
Zimmer, R.: Kreative Bewegungsspiele. Psychomotorische Förderung im Kindergarten. Freiburg: Herder 2001a
Zimmer, R.: Alles über den Bewegungskindergarten. Freiburg: Herder 2001b
Zimmer, R.: Bewegung und Entspannung. Freiburg: Herder 2002
Zimmer, R.: Sport und Spiel im Kindergarten. Aachen: Meyer & Meyer 2003a
Zimmer, R.: Was Kinder stark macht: Fähigkeiten wecken – Entwicklung fördern. Freiburg: Herder 2003b
Zimmer, R.: Handbuch der Sinneswahrnehmung. Grundlagen einer ganzheitlichen Erziehung. Freiburg: Herder 2004a
Zimmer, R.: Handbuch der Psychomotorik. Theorie und Praxis der psychomotorischen Förderung von Kindern. Freiburg: Herder 2004b
Zimmer, R.: Toben macht schlau. Bewegung statt Verkopfung. Freiburg: Herder 2004c
Zimmer, R./Cicurs, H. (Hrsg.): Kinder brauchen Bewegung – Brauchen Kinder Sport? Aachen: Meyer & Meyer 1997
Zimmer, R./Cicurs, H.: Psychomotorik. Schorndorf: Hofmann 1997
Zimmer, R./Clausmeyer, I./Voges, L.: Tanz – Bewegung – Musik. Situationen ganzheitlicher Erziehung im Kindergarten. Freiburg: Herder 1991
Zimmer, R./Hunger, I.: Kindheit in Bewegung. Schorndorf: Hofmann 2001
Zimmer, R./Hunger, I (Hrsg.).: Wahrnehmen, Bewegen, Lernen. Kindheit in Bewegung. Schorndorf: Hofmann 2004
Zimmer, R./Vahle, F.: Ping Pong Pinguin. Spiel- und Bewegungslieder zur psychomotorischen Förderung. Freiburg: Herder 2000
Zimmer, R./Volkamer, M: Motoriktest für vier- bis sechsjährige Kinder (MOT 4–6). Weinheim: Beltz 1987
Zinnecker, J.: Stadtkids. Kinderleben zwischen Straße und Schule. Weinheim, München 2001

Medien und Informationen

Als Arbeitsmaterial für die Aus- und Fortbildung im Bereich Bewegungserziehung sind folgende Medien geeignet:

Videofilme:
Zimmer, R.: Immer in Bewegung – Die Bedeutung der Bewegung für die Entwicklung des Kindes
Zimmer, R.: Psychomotorische Entwicklungsförderung
Zimmer, R.: Bewegter Kindergarten

Informationen über den Bezug:
Prof. Dr. Renate Zimmer,
Universität Osnabrück,
Postfach, 49069 Osnabrück
www.renatezimmer.de